• 二十一世纪"双一流"建设系列精品教材

供应链金融风险管理

GONGYINGLIAN JINRONG FENGXIAN GUANLI

主　编　苏应生　张红历
副主编　郭建军　李　可

西南财经大学出版社
中国·成都

图书在版编目(CIP)数据

供应链金融风险管理/苏应生,张红历主编;郭建军,李可副主编.—成都:西南财经大学出版社,2024.1
ISBN 978-7-5504-6018-8

Ⅰ.①供… Ⅱ.①苏…②张…③郭…④李… Ⅲ.①供应链管理—金融风险防范—研究 Ⅳ.①F252.2

中国国家版本馆 CIP 数据核字(2023)第 227194 号

供应链金融风险管理

主　编　苏应生　张红历
副主编　郭建军　李　可

策划编辑:何春梅　雷　静
责任编辑:雷　静　王青杰
责任校对:高小田
封面设计:墨创文化
责任印制:朱曼丽

出版发行	西南财经大学出版社(四川省成都市光华村街55号)
网　　址	http://cbs.swufe.edu.cn
电子邮件	bookcj@swufe.edu.cn
邮政编码	610074
电　　话	028-87353785
照　　排	四川胜翔数码印务设计有限公司
印　　刷	郫县犀浦印刷厂
成品尺寸	185mm×260mm
印　　张	13.375
字　　数	295 千字
版　　次	2024 年 1 月第 1 版
印　　次	2024 年 1 月第 1 次印刷
书　　号	ISBN 978-7-5504-6018-8
定　　价	35.00 元

1. 版权所有,翻印必究。
2. 如有印刷、装订等差错,可向本社营销部调换。
3. 本书封底无本社数码防伪标识,不得销售。

前　言

中小企业为我国的经济发展做出了重大贡献：其贡献了 50% 以上的税收、60% 以上的 GDP、70% 以上的技术创新、80% 以上的城镇劳动力就业、90% 以上的企业数量。但是，它们长期面临"贷款难、贷款贵"的困境，导致其金融需求难以得到满足，企业发展缺乏足够的资金支持，从而阻碍了我国经济的跨越式发展。缺少足够的抵押和担保等"硬信息"来帮助金融机构识别风险，绝大多数的金融机构很难为他们提供传统的金融服务。

国家对中小企业的发展一直很重视。为了改善中小企业经营环境，促进中小企业健康发展，扩大城乡就业，发挥中小企业在国民经济和社会发展中的重要作用，2002 年 6 月 29 日，九届全国人大常委会第二十八次会议通过了《中华人民共和国中小企业促进法》。2017 年 9 月 1 日，十二届全国人大常委会第二十九次会议，高票通过了新修订的《中华人民共和国中小企业促进法》。新的《中华人民共和国中小企业促进法》在做好与原法的继承与衔接的同时，坚持发挥市场决定性作用，加大政府支持力度，着力解决突出问题，注重增强法律的可操作性，为促进我国中小企业发展提供了法律依据，对促进中小企业持续健康发展具有十分重要的意义。

修订后的《中华人民共和国中小企业促进法》，从金融服务中小企业、推进普惠金融服务、完善金融组织体系、实行差异化监管、创新金融服务和担保方式、大力发展直接融资和多层次资本市场、建立社会化的信用信息征集与评价体系等方面做出一系列具体规定，加强对中小企业特别是小型微型企业的融资支持。该法第二十条，明确指出"国家鼓励中小企业及付款方通过应收账款融资服务平台确认债权债务关系，提高融资效率，降低融资成本。"

应收账款是流动资产，它不像固定资产那么好监管。换句话说，金融机构必须做出相应的制度安排来规避其中的风险。2002 年开始，深圳发展银行（现在的平安银行）提出了深发展供应链金融模式，即"把供应链上的相关企业作为一个整体，根据交易中构成的链条关系和行业特点设定融资方案，将资金有效注入处于相对弱势的中小企业，并为大型企业提供资金理财服务，从而解决供应链中资金分配的不平衡问题，并提升整个供应链的企业群体竞争力"。然而，供应链融资作为一种新的融资模式，涉及供应链参与者之间错综复杂的财务关系，这与一般的企业融资有很大的不同。因此，供应链融资的风险与风险管理有其自身的特点和难点。如果不从技术上突破风险控制的难点，那么，要么金融机构为了规避风险而不愿发展供应链金融模式，要么金融机构就索取较高的风险酬金从而导致中小企业"融资贵"的现象出现。本书以习近平新时代中国特色社会主义思想为指导，研究中小企业融资和金融风险管理，从普惠金融的角度阐述了党的二十大精神。

本书结构上在每一章均提供了相应的参考文献，便于同学们进一步理解本章节的内容。从内容上，本书的第一部分介绍供应链金融风险的基础知识，包括供应链金融风险概述和供应链金融风险理论基础；第二部分针对供应链金融各种模式讨论风险管理相应模型，包括保兑仓融资模式风险管理、双保理融资模式风险管理、P2P供应链融资模式风险管理、电商担保融资模式风险管理、3PL金融服务模式风险管理和绿色供应链金融模式风险决策六类供应链金融的风险管理模式；第三部分对数据资产质押融资模式和智慧供应链金融模式等未来新型金融模式进行了分析和展望。

在本书的写作过程中，编者得到了师生们的大力支持！特别是易慧媛、赵欣、樊华、肖璐晴、张宇航、王新权、周倩和王雨馨等师生对本书写作做出了重要贡献，本书的出版是团队协作的结果，在此对大家的贡献表示诚挚的谢意。

西南财经大学出版社的编辑为此书的写作提供了多方面的支持，在此对他们表示真诚的感谢。在本书的写作过程中，编者参考了国内外同行的许多著作等文献，引用了部分资料，特向这些文献的作者表示感谢。

数字经济蓬勃发展，微观经济体新模式和新业态不断出现，各种新生事物不断涌现。受研究资料、数据和时间的限制，加之编者水平有限，本书一定存在不足之处，恳请各位读者批评指正！

苏应生　郭建军　张红历
2023年9月

目 录

第一部分　供应链金融风险基础知识

1　供应链金融风险概述 …………………………………………………… (3)
　学习目标 …………………………………………………………………… (3)
　1.1　供应链金融的时代背景 ………………………………………………… (3)
　1.2　供应链金融商业模式 …………………………………………………… (4)
　1.3　供应链金融风险识别 …………………………………………………… (5)
　1.4　供应链金融风险防范 …………………………………………………… (6)
　课后习题 …………………………………………………………………… (8)
　案例分析 …………………………………………………………………… (8)
　参考文献 …………………………………………………………………… (9)

2　供应链金融风险理论基础 ……………………………………………… (11)
　学习目标 …………………………………………………………………… (11)
　2.1　基础理论 ………………………………………………………………… (11)
　2.2　供应链决策理论 ………………………………………………………… (16)
　2.3　供应链融资理论 ………………………………………………………… (21)
　2.4　供应链风险理论 ………………………………………………………… (25)
　课后习题 …………………………………………………………………… (27)
　案例分析 …………………………………………………………………… (27)
　参考文献 …………………………………………………………………… (29)

第二部分　供应链金融风险管理实战

3　保兑仓融资模式风险管理 …………………………………………… (33)
　　学习目标 …………………………………………………………………… (33)
　　3.1　供应链金融保兑仓模式概述 ………………………………………… (33)
　　3.2　供应链金融保兑仓运作模式 ………………………………………… (36)
　　3.3　保兑仓模式合约风险识别、评估与控制 …………………………… (39)
　　3.4　保兑仓合约关键指标风险控制仿真分析 …………………………… (44)
　　课后习题 …………………………………………………………………… (48)
　　案例分析 …………………………………………………………………… (48)
　　参考文献 …………………………………………………………………… (49)

4　双保理融资模式风险管理 …………………………………………… (51)
　　学习目标 …………………………………………………………………… (51)
　　4.1　双保理融资模式概述 ………………………………………………… (51)
　　4.2　信息不对称模式下双保理商的博弈分析 …………………………… (54)
　　4.3　双保理业务模式下合谋风险防范机制设计 ………………………… (59)
　　4.4　双保理模式风险策略仿真分析 ……………………………………… (75)
　　课后习题 …………………………………………………………………… (87)
　　案例分析 …………………………………………………………………… (87)
　　参考文献 …………………………………………………………………… (89)

5　P2P 供应链融资模式风险管理 ……………………………………… (92)
　　学习目标 …………………………………………………………………… (92)
　　5.1　P2P 供应链融资模式概述 …………………………………………… (92)
　　5.2　P2P 借贷平台参与的供应链金融模型 ……………………………… (95)
　　5.3　P2P 供应链线上融资风险控制策略仿真分析 ……………………… (104)
　　课后习题 …………………………………………………………………… (112)
　　案例分析 …………………………………………………………………… (113)
　　参考文献 …………………………………………………………………… (114)

6 电商担保融资模式风险管理 ……(117)

学习目标 ……(117)

6.1 电商担保融资模式概述 ……(117)

6.2 传统银行贷款融资模式分析 ……(117)

6.3 电商担保融资模型 ……(127)

6.4 电商担保融资模式仿真分析 ……(134)

课后习题 ……(139)

案例分析 ……(139)

参考文献 ……(141)

7 3PL 金融服务模式风险管理 ……(144)

学习目标 ……(144)

7.1 3PL 金融服务模式概述 ……(144)

7.2 3PL 参与的供应链融资运营决策 ……(147)

7.3 3PL 参与的供应链融资 CVaR 风险仿真分析 ……(153)

课后习题 ……(162)

案例分析 ……(162)

参考文献 ……(164)

8 绿色供应链金融模式风险决策 ……(166)

学习目标 ……(166)

8.1 绿色供应链金融模式概述 ……(166)

8.2 政府不提供补贴的绿色供应链金融决策分析 ……(167)

8.3 政府提供补贴的绿色供应链金融决策分析 ……(172)

8.4 绿色供应链金融决策仿真分析 ……(174)

课后习题 ……(185)

案例分析 ……(185)

参考文献 ……(187)

第三部分 未来与展望

9 数据资产质押融资模式 (193)
学习目标 (193)
9.1 数据资产质押融资模式概述 (193)
9.2 区块链技术下的数据资产质押融资模式 (194)
9.3 数据资产质押融资模式下的中小企业信用风险指标 (196)
课后习题 (197)
案例分析 (197)
参考文献 (198)

10 智慧供应链金融模式 (200)
学习目标 (200)
10.1 中小企业智慧供应链的信用共享风险 (200)
10.2 智慧供应链导向的企业风险管理 (201)
10.3 现代 ICT 赋能的智慧供应链金融创新与发展 (201)
课后习题 (202)
案例分析 (202)
参考文献 (203)

第一部分
供应链金融风险基础知识

1 供应链金融风险概述

■ 学习目标

1. 了解供应链金融的兴起背景与发展趋势。
2. 了解不同供应链金融商业模式的概念及作用，理解导致供应链金融产生风险的可能因素。
3. 学习供应链金融风险控制的难点，了解不同融资模式下供应链金融的风险防范机理。

1.1 供应链金融的时代背景

在我国，中小企业在社会经济发展中发挥了十分重要的作用，但是其所获得的金融资源相对有限。截至2021年年末，全国中小微企业数量达4 800万户，比2012年年末增长2.7倍；2021年我国规模以上工业中小企业平均营业收入利润率6.2%，比2012年年末高0.9%。从贡献看，我国中小微企业法人单位数量占全部规模企业法人单位的99.8%，吸纳就业占全部企业就业人数的79.4%，中小企业既提供了大量物质产品和服务，又成为吸纳和调节就业的"蓄水池"。正如数据所展示的，长期以来，中小企业一直是我国经济和社会发展中的一支重要支撑力量，在确保国民经济稳定增长、缓解社会就业压力、拉动民间投资、优化经济结构、促进市场竞争、推进技术创新、保持社会稳定等方面具有不可替代的重要作用。

然而，向中小企业提供的信贷规模扩大比例仍不及中小企业需求的增长速度，占全国企业总数九成以上的中小微企业却只能获得三成左右的贷款金额，大部分的中小企业依然面临着资金短缺的状况。世界银行2018年公布的《中小微企业融资缺口：对新兴市场微型、小型和中型企业融资不足与机遇的评估》中提到，中国中小企业潜在的融资需求高达4.4万亿美元，而相对应的融资供给只有2.5万亿美元，其中的潜在缺口高达1.9万亿美元，缺口所占比重高达43%。

融资难的困境限制了中小企业的发展，在一定程度上可以说，如果不打破融资难这个瓶颈，中小企业就只能永远是中小企业，无法成长。而一旦解决了这个问题，中小企业难保不会像森林中长期被大树遮蔽的小树，终于摆脱出来，在充足的阳光与养分的滋养下，飞速成长为大企业，进而成为名企强企。因此积极探讨解决中小企业融资难问题成为我国当前经济发展必不可少的一环。

国家对中小企业"贷款难"和"贷款贵"的问题越来越重视，各类金融机构不断创新，研发多类型的融资产品，旨在帮助中小企业缓解资金紧张局面。从增速的角度来看，大型企业贷款需求的增速远远不及中小企业，这从侧面表明国内银行等金融机构逐渐将更多业务转向了中小企业。为解决中小企业融资难的问题，供应链金融应运而生。供应链金融是资金方通过中小企业与供应链中核心企业的交易凭证作为授信依据，在某种意义上来说这种交易凭证可看作信誉高、抗风险能力强的核心企业的担保，这种模式在一定程度上解决了中小企业授信和融资难的问题。贸易活动的日益频繁、赊购模式的盛行、友好的政策环境等因素为中国供应链金融行业的快速发展提供了充足的养分。2022年，我国供应链金融行业余额规模达到了36.9万亿元，过去五年CAGR为16.8%，高于中国企业贷款规模增速和小微企业贷款规模增速。2023全国专精特新中小企业发展大会上，工业和信息化部、中国人民银行、国家金融监督管理总局、中国证监会、财政部近日联合印发通知，组织开展"一链一策一批"中小微企业融资促进行动。

1.2　供应链金融商业模式

供应链金融行业的参与主体囊括了银行、保理公司、电商企业、P2P和供应链核心企业等各类企业，本书主要探讨供应链保兑仓融资模式、供应链双保理融资模式、P2P在线贷款融资模式、电商担保融资模式、3PL参与的供应链融资模式、绿色供应链融资模式。

供应链金融是伴随着20世纪全球经济一体化的深入而产生的一种新型融资模式。商业银行为放贷主体的供应链保兑仓融资模式的出现打破了商业银行对单一贷款企业信用评估的传统方式，将整个供应链中的企业规模、商业信用、物流监管、信息传递进行综合考虑，尤其关注与具有融资需求的中小企业建立商业关系的核心企业的资信水平。

商业保理公司为放贷主体的供应链双保理融资模式是特别针对中小企业以提供转让其应收账款为前提的一种融资服务，也是在国外早已发展成熟并且在国内仍存在较好发展前景的一种金融服务。目前双保理融资模式主要出现于国际保理业务中，一般来说该业务的债务人与债权人是处于两个不同国家的企业。

在P2P产业发展瓶颈和政策监管频繁的背景下，P2P在线贷款也在积极寻求优质资产，供应链金融与P2P在线借贷的结合已成为帮助P2P在线借贷服务走出困境的最佳选择。P2P作为一种快速的融资渠道，在供应链金融中复制了其自身业务模式，即无担保无抵押快速获得额度，风控基本依靠外部企业，因而这也是风险较大的模式。

随着线上购物市场规模的扩大，更多的企业选择加入在线零售市场，有资本的大型企业通常选择建立电商平台或网上商城等方式开通线上直销渠道，而对于有资金约束的中小型供应商则选择与大型电商合作，通过电商巨头的平台销售自己的产品。考虑到大型电商处于供应链中的核心地位，而与其合作的供应商具有生产资金约束这一情况，电商给供应商提供担保，向银行承诺替供应商偿还贷款，并考虑存在缺陷产品退货与无缺陷产品退货问题，探讨电商的最优决策。

第三方物流企业参与供应链金融是一种新型的供应链融资模式。除我国以外的多个物流企业已经加入金融投资服务领域，例如美国邮政、马士基、UPS等，这些企业提供金融服务的利润也成了这些企业的重要利润来源之一。国外的物流提供金融服务的主要推动者是金融机构，而国内是第三方物流企业。随着第三方物流企业的发展，物流企业开展金融服务应运而生。

绿色供应链金融在传统的供应链金融基础上考虑了绿色发展，更加强调了环境管理。绿色供应链金融，除了满足供应链金融的各项条件外，还要求中小企业提供绿色生产或污染物排放相关证明，银行根据企业提供的绿色文件判断其是否符合贷款条件，再根据企业的绿色等级提供相应规模的贷款。绿色供应链金融能够帮助供应链上下游中小企业进行融资，并将资金投入环境保护生产行为中，以降低生产过程中由于环境破坏而承担的赔偿金成本。

1.3 供应链金融风险识别

目前，供应链金融的发展面临的首要难题是如何解决企业信用传递的问题，即供应链金融应当如何"迎难而上"有效破解企业信用逐级传导、确权的难题，使得核心企业信用价值可向外传递，让更多供应链上下游中小企业也能够受惠于核心企业的信用价值从而享受更好的金融服务。信用能否有效传导，关键在于风险管控。常见的供应链金融风险包括核心企业信用风险、上下游中小企业信用风险、贸易背景真实性风险、物流监管方风险以及抵质押资产风险。

1.3.1 核心企业信用风险

供应链金融中，一条供应链的核心价值掌握在核心企业手中，核心企业的经营状况和未来发展前景很大程度上决定了上下游企业的生存状况和交易质量。然而，信用评级高的核心企业同样存在信用风险。例如核心企业由于负债超出其承受能力而不能负担对整个供应链的担保作用，或者核心企业在出现问题时可能隐瞒信息，甚至利用其在供应链中的地位要求上下游企业与其串谋融资，导致银行面临巨大的信贷风险。一旦核心企业信用出现问题就会以很快的速度顺着供应链条传导到上下游企业，从而影响整个供应链的安全。

1.3.2 上下游中小企业信用风险

供应链金融通过各种信用支持技术已经很大程度上降低了银企间的信息不对称

及信贷风险,但直接承贷的中小企业,因存在资产规模小、经营不稳定、公司治理不健全、抗风险能力低等问题,仍然存在信用风险。由于处在供应链中,一个中小企业除自身风险外,还受整个供应链的影响,各种因素皆有可能导致信用风险的发生。

1.3.3 贸易背景真实性风险

在供应链金融中,银行是以实体经济中交易各方真实的交易为基础的,交易过程中产生的应收账款、预付款、存货等资产作为质押/抵押,为企业提供融资服务。因此,一旦交易背景不真实,出现伪造贸易合同、融资对应的资产不存在或质量有问题、买卖双方虚构交易套取银行资金等情况,银行若给予借款人授信将面临巨大信贷风险。

1.3.4 物流监管方风险

供应链金融模式下,银行为降低质押贷款成本将质物监管外包给物流企业,由其代为实施货权监督。而后,银行可能会减少对质押物各类信息的动态管理,由于信息不对称,物流监管方可能为追求自身利益而做出损害银行利益的行为(如与企业串通出具无实物仓单或入库凭证向银行骗贷,或伪造出入库登记单等,在未经银行同意情况下擅自处置质物),或者未尽职履行监督责任导致质物受损。这样便产生了物流监管方风险。

1.3.5 抵质押资产风险

抵质押资产是供应链金融中贷款的第一还款来源,其价值直接影响银行信贷回收的成本和企业的还款意愿。如果抵质押资产的价值低于企业的信贷敞口,企业的违约动机将加大,银行的损失难以用抵质押资产来弥补。

1.4 供应链金融风险防范

1.4.1 供应链金融风险防范的特点和难点

供应链融资作为一种新的融资模式,其包含供应链参与者之间错综复杂的财务关系,这与一般的企业融资有很大的不同。因此,供应链融资的风险与风险管理有其自身的特点和难点。

首先,供应链融资的核心价值之一就是解决供应链中小企业的财务困境。由于中小企业固有的高风险问题是无法避免的,如何进行合理的风险控制是供应链财务风险管理技术面临的关键问题之一。

其次,供应链金融中的融资服务涉及多种金融信用产品及其组合。近年来,金融领域的理论和实践探索不断发展,新的金融信用产品层出不穷。信贷创新容易受到合同设计和流程操作方面的漏洞的影响,而且有可能触及法律的边缘,可能侵犯金融机构的权益。

再次,融资服务的对象主要是中小企业。金融机构必须分析供应链中各成员企业的经营状况和整个供应链的发展前景。受供应链中其他企业和行业环境的影响,融资企业的经营存在很大的不确定性。而且供应链的行业与金融机构业务相比跨度比较大,这增加了分析行业前景的难度。信贷人员除了要掌握融资企业的财务状况外,还需要有更多的专业知识来分析企业的经济技术水平。这些因素增加了金融机构判断是否为融资企业提供贷款的难度。

最后,当金融机构为供应链中的企业融资时,确定还款来源和保证还款的一个重要手段就是抵押贷款和抵押品。然而,在保兑仓融资方式下,它是通过第三方物流公司来监控产品的,如果融资企业和物流公司相互串通,骗取金融机构和抵押贷款,再加上抵押物的流动性非常大,这些因素使其很难在银行取得抵押贷款。

1.4.2 供应链融资模式风险一般化解措施

由于供应链金融存在上述风险,学术界和实业界认为如何防范该创新业务的风险与采用某种合适的融资模式同样重要。

中国存在大量的中小企业,巨大的中小企业数量为供应链金融业务的参与提供了前提,而不同的企业发展状况成为风险的诱因,因而可以从企业和市场角度出发规定市场准入标准防范风险。根据参与该业务的中小企业的发展状况设置市场准入标准,比如注册资本、规模大小、固定资产、存货资产等。对这些准入标准的考察可以通过融资贷前审查实现,达到既定标准的企业准予进行融资,未达标企业不能进入市场,从源头上降低融资风险。

从商业银行角度出发为整条供应链提供综合授信,将对融资企业单一授信融资模式转变成为整条供应链综合授信融资模式,以达到授信配额适度分散化的目的,可以在一定程度上消除对中小企业进行单一授信的负面影响,提高供应链融资业务的有效性。设置供应链节点企业的弹性信用额度,当节点企业的发展状况良好时,商业银行根据融资企业发展的实际情况采用匹配的信用额度;当节点企业的发展状况不明朗时,商业银行可以采取降低信用额度措施以防止风险的发生,将部分信用额度转向发展状态良好的融资企业既能降低银行面临的风险又能促进该类企业的发展,不仅有利于提高商业银行对资本运作的效率,也有利于促进中小企业的新陈代谢,还有利于促进整个行业资源的合理利用。

加强贷后动态跟踪管理。贷后动态监管是防范风险的重要措施。当融资企业出现不良经营状况或未按照约定用途使用资金时,银行能通过贷后动态管理获知企业经营状况与资金运用状况,采取相应的放款措施以降低中小企业给银行带来的损失。银行根据监管反馈的信息对不同企业采取不同放款措施,不仅能预防融资企业产生坏账,还可以适当改变资金投放方向,将银行资金投放至发展状况良好的企业确保银行资金的使用效率。

建立风险预警应急处理机制。企业发展状况良好并不意味着该企业不存在潜在风险,建立风险应急处理机制对于应对突发情况是必要的。风险应急处理机制不仅能及时对中小企业产生的突发事件提出预警，帮助节点企业对突发事件做出迅速处理以免事态恶化影响企业的发展，同时还能为中小企业之外的节点企业提供预警，帮助其他企业采取应对措施对突发事件做出处理以避免突发事件对各个节点企业带来的风险，降低企业损失，为各个企业开展后续业务做准备，保证整条供应链的健康、持续发展。

面临风险是供应链金融节点企业的共性，企业生产、商品销售、用户需求等环节都面临不确定因素，防范风险的措施首先应该以保证供应链中核心企业的行业地位为前提，以建立核心供应链为手段，以培育良好的行业环境为目标，以实现整条供应链利益的最大化为宗旨，以确保企业健康长远发展为核心。其次，应该重视培养专业人士以适应该业务的变化与发展，缩小高等教育与企业实践需求的距离。最后，还应适当提高违约金，增加节点企业的违约成本，保障参与者具有真诚合作的意愿。

■ 课后习题

1. 传统信贷业务的主要矛盾为：银行偏向选择信用评级较高的大型企业为授信对象，而最需要资金支持的往往是供应链上下游供应商、分销商等中小企业。试分析供应链金融如何解决该主要矛盾。

2. 商业银行主导的供应链金融可分为应收账款融资、预付款融资、动产质押融资三种模式，试分析各种模式的风险点及识别方法。

3. 试分析供应链金融在风险控制方面遭遇了哪些难点。

4. 试阐述供应链金融不同的商业模式，以及不同商业模式下如何进行风险防范。

■ 案例分析

深圳市怡亚通供应链股份有限公司作为供应链专业化服务公司（以下简称怡亚通），自成立之日起不断完善与创新供应链服务模式，为品牌企业、经销商/渠道商、物流商、金融机构、增值服务商等各大群体提供更优质的供应链服务，致力于打造一个跨界融合、共享共赢的 B2B2C/O2O 供应链商业圈，并以"新流通"积极推动我国流通商业变革，引领行业发展。

怡亚通提供的服务业务主要分为广度供应链业务、深度供应链业务、产品整合业务和供应链金融业务。广度供应链业务主要服务于生产环节和生产制造环节，为客户提供一体化的原料采购、物料供应、生产管理、仓储及物流管理、进出口物流等服务。深度供应链业务主要服务于销售流通环节和商品流通环节，提供产成品到最终消费者的一站式整合供应链服务，包括采购、深度物流、销售、收款等，是怡亚通近几年来重点发展的战略业务。通俗而言，即按照品牌商要求，将商品配送到卖场、超市、小卖部等零售终端。在广度供应链业务和深度供应链业务的基础上，怡亚通作为第三方物流企业，为拓展业务及提升企业竞争力，开展供应链金融业务。其以自身信用为供应链中融资者担保获得银行授信，将资金投放给融资者，从中赚取"息差"及服务费，并对这些资产进行重组并推荐给不同的金融平台或机构。

（资料来源：黄景怡.怡亚通公司供应链金融运作模式及信用风险度量案例分析［D］.广州：广东财经大学，2019.）

分析问题

1. 请画出怡亚通主营业务示意图。
2. 分析怡亚通提供产成品到最终消费者的一站式整合供应链服务的实践推广意义。

■ 参考文献

［1］黄景怡.怡亚通公司供应链金融运作模式及信用风险度量案例分析［D］.广州：广东财经大学，2019.

［2］周倩.3PL参与供应链融资的运营决策和CVaR风险分析［D］.成都：西南财经大学，2020.

［3］王雨馨.政府补贴下绿色供应链金融风险控制研究［D］.成都：西南财经大学，2021.

［4］张玮.供应链金融风险识别及其信用风险度量［D］.大连：大连海事大学，2010.

［5］SMITH J K. Trade credit and informational asymmetry［J］. The journal of finance，1987（62）：863-871.

［6］COHEN M A，LEE H L. Strategic analysis of integrated production-distribution systems: modeling and methods［J］. Operation research，1988（2）：216-228.

［7］LEE H L，BILLINGTON C. Supply chain management: pitfalls and opportunities［J］. Sloan management review，1992（3）：65-73.

［8］LEE H L，WHANG S. Decentralized multi-echelon inventory control systems: Incentives and information［J］. Management science，1992（5）：633-640.

［9］LEE, H. L., C. S. TANG. Modeling the costs and benefits of delayed product differentiation［J］. Management science，1997（1）：40-53.

［10］GAVIRNENI S，KAPUSCINSKI R，TAYUR S. Value of information in capacitated supply chain［J］. Management science，1999（1）：16-24.

［11］JOHN A. BUZACOTT，ZHANG RACHEL Q. Inventory management with asset-based financing［J］. Management science，2004（9）：1274-1292.

［12］BARDIA K，AKHTAR S. Supply contracts, profit sharing, switching, and reaction options［J］. Management Science，2004（1）：64-82.

［13］MIKE B，TORE ELLINGSEN. In-kind finance: A theory of trade credit［J］. The American economic review，2004（3）：569-590.

[14] BERGER NA. A more complete conceptual framework for SME finance [J]. Journal of Banking and Finance, 2006, (11): 2945-2966.

[15] GUILLEN G, BADELL M, PUIGJANER L A. Holistic framework for short-term supply chain management integrating production and corporate financial planning [J]. Production economics, 2007 (106): 288-306.

[16] HERTZELA G M, LI Z, OFFICER M S. Inter-firm linkages and the wealth effects of financial distress along the supply chain [J]. Journal of financial economics, 2008 (87): 374-387.

2　供应链金融风险理论基础

■ **学习目标**

1. 掌握供应链金融发展的理论基础，并且能够运用相关理论解释供应链金融模式。
2. 掌握供应链金融理论与方法，分析供应链资金流变化规律、优化策略、风险管理以及影响因素。
3. 根据国家宏观经济政策要求，应用相关理论与方法分析供应链金融的相关管理问题。

2.1　基础理论

2.1.1　信息不对称

信息不对称理论起初是由美国经济学家（斯蒂格利茨、阿克尔洛夫、斯彭斯）提出的。该理论指出在任意市场经济活动背景下，参与人员对活动的相关信息了解程度是各不相同的，其中那些拥有充分信息的参与者将会在经济活动中处于较有优势的位置，相反，那些信息缺乏的参与者将处于不利的位置，这样的局面将导致参与双方难以做出正确有利的决策，信息不对称也会给经济业务中的某些参与方带来危害。

然而起初人们大多忽视了信息不对称情况在经济活动中的重要性，他们大多认为市场本身完全可以进行自我调节来消除这一现象。但随着经济的发展，越来越多的经济学者开始研究这一理论，这才使之逐渐被大众接受且重视。在市场经济状况下，一般买方会比卖方拥有的信息更少，为了获取更多相关信息，买方便会努力寻求解决方法，使得专业化行为得以发展。

信息不对称一般按时间的先后分为事前和事后两大类，其中我们常说的逆向选择是由事前信息不对称导致的，而另外一种道德风险则是由事后信息不对称导致的。利用信息不对称理论能为诸如股市沉浮、失业、市场价格及市场占有率做出合理的解释，慢慢地延伸到现代金融、传统农业市场等多个领域。

2.1.2 报童模型

报童模型是库存理论的主要基石之一。该模型于1956年被首次提出，其名字来源于一个必须决定订购多少份报纸的报童面临随机需求的典型情形：现有过多的未售出量解决方案，需发掘供方的投资成本和放弃的潜在利润之间的最佳平衡。

在日常生活中，普遍存在具有季节性强、不易保存，抑或是更新快特点的商品，比如服装的季节更替、新鲜的海产品不易储藏、报纸的实时性等。这种商品在进货的时候，一般均需要预测一个特定时间内的市场需求。如果大批的进货超过市场的需求时，虽然批量进货能降低进货成本，但是一定时期内销售不完的产品只能以低价销售甚至无法再次销售成为废品；如果进货数量未能满足市场的需求，缺货问题的出现会使厂商流失销售的潜在利润。因此，进货商在进货时会面临这样一个问题：若进货过多，销售不完出现多余产品，就造成利润的丢失；若进货过少，流失可能的货物出售机会，利润将会丢失。而进货商面对的市场需求常常是无法确定的，所以怎么做出准确的订货决策，达到商品的购进数量与实际的市场需求最贴近，令进货商的利润达到最大。基于以上现象，以报童贩卖报纸为例，从而引出了报童问题。

作为供应链管理中的一个最基本的模型，报童模型能够应用在供应链研究所涉及的方方面面，但是其研究的对象一般局限在拥有时效性的单位，如报纸、杂志、时装等商品，是单周期随机性存储模型，在单周期内进货并面向市场出售，其面临的是不确定的市场需求。进货量与市场需求的偏离程度对报童的利润产生了关键影响。这类问题的决策目标为怎么确定一个周期内的进货商的最优进货数量，最终实现利润最大化。

2.1.2.1 模型描述

报童模型研究的是报童销售报纸的问题，其面对的是不确定性市场，报纸每日的需求是不确定的，需要研究报童每天的报纸进货份数来使得报童当天的收益达到最大化。研究的周期为报童进货与销售报纸的一天，若报纸的订购量少于当天的实际市场需求，当天收入无法达到最大；若报纸的订购量多于当天实际的市场需求，则存在卖不掉的报纸，就会造成多余的损失，因此报童只有制定最合理的进货量，才能达到最大利润。假设一份报纸的零售价 p，进货价为 g，退货价为 t，它们之间存在 $p>g>t$，因此有报童卖一份报纸得到 $p-g$，退一份报纸失去 $g-t$。由于市场上每天需求的报纸是无法确定的，因此每日报童所获得的收入也是无法确定的，他只能根据过去的市场需求量数据来预测当天的市场需求量，报童需要做出进多少货的决策使自身收益达到最大。基于该背景，做如下假设：

(1) 报纸的订购为单周期。报童需当天早晨做出进货的决策，预测一天的市场需求量。

(2) 供应商能够满足报童的任意进货数量。

(3) 市场需求是不确定的。

(4) 不考虑缺货成本。

(5) 没有售出的报纸，报童可以退回给制造商。

参数表见表2-1。

表2-1 参数表

参数符号	参数含义
r	市场的随机需求
$F(r)$	市场需求的累积分布函数
$f(r)$	市场需求的概率密度函数
p	报纸的销售价
g	报纸的进货价
t	未售出报纸的退货价
n	报纸的进货量
$L(n)$	报童的利润函数

2.1.2.2 模型的建立与分析

根据上述经典报童模型的描述，报童某天进货 n 份报纸，每售出一份报纸获利 $p-g$，每退回一份报纸失去 $g-t$，他当天的期望利润函数为 $L(n)$。当天的报纸市场需求量为 r，若 $r \geq n$，说明报童的进货数量不能满足市场对报纸的需求，n 份报纸全部售出，报童获利 $(p-g)n$，因为在假设中不存在缺货成本，所以报童没有额外损失；若 $r \leq n$，说明报童的进货量超过市场对报纸的需求，此时只能销售 r 份报纸，多余的 $n-r$ 份报纸只能退回给生产商，报童获利 $(p-g)r$，但是会损失 $(g-t)(n-r)$。

因此可以得到报童的期望利润函数为

$$L(n) = \sum_{r=0}^{n} [(p-g)r - (g-t)(n-r)] F(r) + \sum_{r=n+1}^{\infty} (p-g)nF(r) \quad (2.1)$$

其中 $F(r)$，$r = 0, 1, 2, \cdots$，r 为连续变量，$f(r)$ 为报纸随机需求的概率密度函数，那么有

$$L(n) = \int_{0}^{n} [(p-g)r - (g-t)(n-r)] f(r) \mathrm{d}r + \int_{n}^{\infty} (p-g)nf(r) \mathrm{d}r \quad (2.2)$$

求解报童的利润最大化函数，即对进货数量 n 求导，可得

$$\frac{\mathrm{d}L(n)}{\mathrm{d}n} = (p-g)\int_{n}^{\infty} f(r) \mathrm{d}r - (g-t)\int_{0}^{n} f(r) \mathrm{d}r \quad (2.3)$$

令 $\frac{\mathrm{d}L(n)}{\mathrm{d}n} = 0$，即 $(p-g)\int_{n}^{\infty} f(r) \mathrm{d}r - (g-t)\int_{0}^{n} f(r) \mathrm{d}r = 0 \quad (2.4)$

得到 $\dfrac{\int_{0}^{n} f(r) \mathrm{d}r}{\int_{n}^{\infty} f(r) \mathrm{d}r} = \dfrac{p-g}{g-t} \quad (2.5)$

令 $\int_{0}^{n} f(r) \mathrm{d}r = p_1$，$\int_{n}^{\infty} f(r) \mathrm{d}r = p_2$

取 n 使 $\dfrac{p_1}{p_2} = \dfrac{p-g}{g-t}$，$p_2$ 表示报童订购的报纸不满足市场需求的概率，p_1 表示报童订购的报纸超过了市场需求的概率，$g-t$ 为退回一份报纸的损失，而 $p-g$ 即销售一份报纸的获利。可见 $p-g$ 即销售一份报纸的获利越多，n 越大，即报童的进货数量越大；$g-t$ 即退回一份报纸的损失越多，n 越小，即报童的进货数量越少。

2.1.3 博弈理论

博弈论又被称为对策论（game theory），诞生于 1928 年，由冯·诺依曼首次证明其基本原理。博弈论主要研究参与者的最优策略，通过分析参与者的个体预测行为和实际行为，得到其各自会采取的对抗策略，对于研究具有竞争性质的现象颇有意义。作为运筹学的一门重要学科，博弈论以其数学理论和方法在策略研究中发挥着重要的作用。而随着冯·诺依曼和摩根斯坦共同研究的《博弈论与经济行为》于 1944 年发表，博弈论被应用到经济领域，并在随后科学家们的研究中发展成为经济学的重要分析工具。现阶段，对于博弈论的研究已经拓展到生物学、经济学、计算机科学、政治学、国际关系和军事战略等多个领域，已经发展为一门较为完善的学科。常见博弈模型包括斯塔克尔伯格博弈、双层博弈、重复博弈等。

2.1.3.1 斯塔克尔伯格博弈

斯塔克尔伯格博弈是 1934 年由德国经济学家斯塔克尔伯格建立的一种寡头市场产量博弈模型。在该模型中，各个竞争厂商的市场地位并不对称，通常来说，弱小的厂商会在先观察大厂商的行为之后再做出自己的决策。在该模型中，寡头们被划分为"引领者"（leader）和"追随者"（follower）两个不同的角色。引领者实力雄厚，而追随者的实力相比之下较为弱小。

从上述描述中可知斯塔克尔伯格博弈中玩家采取的策略存在次序性，属于动态博弈。该博弈主要包括两个阶段，第一阶段，引领者先行选择自己的策略而跟随者不执行任何动作；第二阶段，跟随者由于已经观察到了引领者所选择的策略，会依照引领者的策略相对应地挑选出一个能够使得自身收益最大化的策略。由于跟随者总是在引领者之后才制定策略，类似于一种主从关系，故又可称其为主从博弈。

2.1.3.2 双层博弈

"双层博弈"（two-level games）是罗伯特·帕特南在《外交和国内政治：双层博弈的逻辑》一文中绘制的博弈理论框架。他表示，国内外政治在某种程度上是相互决定的，讨论国内政治是否决定国际关系或者国际关系是否决定国内政治都没有多少意义，而更有意义的问题是要讨论它们什么时候、如何相互决定。帕特南在分析双层博弈理论时将国内—国际关系文献分为四类：第一类强调国内和国际事务之间的联系，他称之为联系政治学；第二类关注地区一体化中国内政治带来的影响，强调政党和利益集团在欧洲一体化进程中的作用；第三类被称为"对外政策分析"的官僚政治学派，直接关注国内博弈，按照这种思路发展的最终结论是官僚利益在对外政策制定中最重要；第四类则研究对外政策中国内决定因素中的结构因素，特别是国家力量。通过对这四类文献的分析比较，帕特南提出了双重博弈理论，并绘制了博弈框架图。

帕特南引入"赢集"理论探讨了两个合作国家谈判过程中协定生效概率。"赢集"是双层博弈理论中的核心概念之一，是用来描述两个国家进行谈判时达成协定的可能性集合。其具体定义为："赢集"可以被定义为在国内层次的选民，就国际层次达成的协议初步文稿进行表决时，所有可能获得的协定集合（见图2-1）。

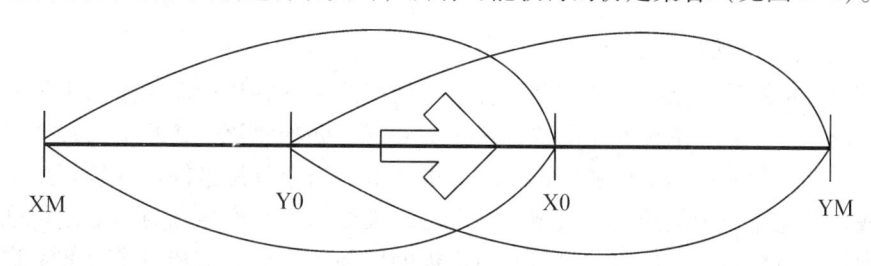

```
XM          Y0          X0          YM
```

图2-1 "赢集"说明图

XM、YM分别表示甲、乙两方能够接受的最大收益。X0、Y0分别表示甲、乙两方能够接受的最小收益。那么箭头所示区域Y0X0则为双方合集，即赢集。X、Y既可以表示国内又可以表示国外各方。因此，赢集具有以下两个特征：一是在条件相同时，国内的"赢集"越大，在国际谈判中对谈判会越有利；二是每个国家的国内层次"赢集"的相对大小，直接影响国际层次谈判的收益分配。帕特南认为影响"赢集"大小的主要因素有三个，即国内层次的偏好和联盟、国内层次的制度以及与国际对手谈判时的策略。所以以国际博弈为基础形成的国内博弈在一定程度上决定了双方合作和协议签订成功率。

2.1.3.3 重复博弈

重复博弈理论最初是由罗伯特·约翰·奥曼教授创立的，该理论重点解释了某些频繁出现的问题，例如在一项合作活动中，合作产生的矛盾冲突会随着参与者的数量增加而增加，活动也会随着参与者的某些表现而关系瓦解。随后有大量学者开始参与到重复博弈现象的研究中。

重复博弈（又名"超级博弈"）是一种较为特殊的博弈，它指在不变的状态结构下，博弈有限次甚至延伸到无限次，其中每一次的博弈行为被称为"阶段博弈"，因此重复博弈简单来说就是阶段博弈的一系列重复，若重复次数有限则称为有限次博弈，反之无限次博弈即次数延伸至无限次。在每一次的博弈中，参与方做出的选择是可变的，而他在每个阶段博弈中做出的决策判断也是与他过去博弈的行为选择息息相关。

重复博弈具有的三个基本特征如下：

（1）在进行重复博弈的过程中，前一次博弈不会改变后一次博弈的状态结构，即每一个阶段博弈之间没有"物质"联系；

（2）在进行新一阶段的博弈时，博弈参与者均可掌握到之前双方博弈的以往历史信息，从而做出决策；

（3）在重复博弈结束后，参与者的全部阶段博弈贴现收益总和或其加权平均数确定为其总收益。

2.2 供应链决策理论

2.2.1 闭环供应链决策

2.2.1.1 闭环供应链概述

供应链指的是产品生产和流通过程，包括产品原材料供应、制造、销售所涉及的供应商、生产商、销售商、消费者等成员及其之间的物流、信息流、资金流等构成的网络，最初所指的供应链即该正向的供应链。当今资源紧缺和环境污染形势日益严峻，环境保护相关的法律法规不断出台，人们绿色生产生活意识不断增强，企业作为社会中重要的一部分，自然应当积极响应绿色发展。如何科学有效地进行废旧产品的回收，自然也成为企业发展过程中兼顾经济、环境、法律和社会效益，建立绿色形象的同时，抓住新的获利机遇应思考的新问题。废旧产品的回收涉及的即逆向的供应链。逆向供应链指的是从消费者处回收产品，对回收产品进行检测、分解、再制造、报废处理等过程，获取废旧产品中的可利用价值。其涉及的成员可能包括但不限于用户、回收商、检验方、制造商、销售商等。

闭环供应链整合了正向供应链与逆向供应链，实现了对产品从设计到最终的再利用或处理全生命周期中的循环链中的物流、信息流、资金流的协调管理。由此可见，闭环供应链在正向供应链基础上加入逆向供应链，除原有的供应链设计原则外，闭环供应链的设计需额外考虑产品的设计更加模块化与标准化，更利于回收再利用或处理；回收网络的设计与回收模式的选择与匹配；更创新的模式应对回收过程中更多的不确定性；正向与逆向物流的协调等。

闭环供应链网络可应用于废旧产品的回收利用、产品退换货、应急召回及返修等领域，其在传统供应链管理的降低成本、提高竞争力目标的基础上新增了环境保护、减少资源浪费目标，综合了企业经营的经济与环境目标。具体而言，闭环供应链的价值体现在，对于消费者而言，闭环供应链以其更快速的响应，更优质的服务提升用户体验；对于企业而言，一方面，通过废旧产品的回收再利用降低产品制造成本，获取废旧产品的剩余价值，与消费者形成良性的互动与联系，另一方面，通过回收利用塑造绿色环保的企业形象，将承担社会责任融入企业战略，节约资源的同时建立企业核心竞争优势。此外，企业也可通过成熟的闭环供应链催生更多创新的商业模式，例如定制化的产品服务等。这同时也是闭环供应链管理的目标所在。

2.2.1.2 闭环供应链回收模式

闭环供应链的整个流程包括正向的原材料获取、产品设计、生产、销售、逆向的产品回收再利用等。正向的流程因不同的产品而异，且较为普遍，本节仅对逆向的回收流程各环节做详细的解释。

首先，废旧产品的获取。作为废旧产品的拥有者，一方面，消费者出于保护环境的意识，存在主动上交可回收品的意愿；另一方面，消费者出于企业的激励，主动上交可回收品。消费者可能采取的渠道既包括企业指定的渠道，也包括专门的回收中心。

其次,废旧产品的分类检测。回收得到的废旧产品,回收中心对其进行分类,按照不同的指标,例如损耗程度、拆解难易程度、可利用程度等,分为可利用的不同层级,包括可修理后再次售卖的、部分零件可再次使用的以及完全报废的等,同时进行一定的价值评估。

再次,废旧产品的处理。对于可修理后再次售卖的废旧产品,进入修理环节;对于不能再次售卖的废旧产品,按照产品工艺进行拆解;拆解后的零件也进行分类,可重复使用的零件用于产品的再制,需要修理的零件进行修理后也进入再制环节,无法再次利用的零件再次进行细化的分解,提取有价值的材料,也方便后续的分类报废处理。

最后,产品的再制。之前工序中所提取的可再次利用的零件、修理后可再次利用的零件以及有价值的其他材料均可进入原材料再制造或产品再制造环节生产产品的原材料或新的产品,新的原材料同时也可再次用于新产品的制造。

在实际的回收情境中,整个回收环节涉及较多的参与方,包括原材料提供商、制造商、回收商、处理商等,为简化分析,将回收环节中的废旧产品回收、分类检测、处理等功能进行整合,统称为回收活动,且由一个回收中心负责。根据回收中心的不同,目前的单主体回收模式可分为以下三个类型:

(1) 制造商回收模式。

制造商回收即制造商作为主要的回收方,自己建立回收体系,负责获取消费者手中的废旧产品,并进行废旧产品的分类检测、评估、处理、再制造。这也意味着制造商需要承担自建物流体系的成本,并分散一部分精力进行逆向供应链的协调管理,承担一定的经营风险。此外,制造商自身与消费者距离较远,回收过程不论是在物流还是回收点开设等方面均需要更多的投入,也不利于回收活动的开展。

但是制造商进行回收也有如下优点:制造商进行回收可以实现对闭环供应链更好的控制,对于定价、收益等方面更有优势;制造商进行回收可以借助回收活动的开展宣传企业形象,承担社会责任,获得消费者的信任;制造商进行回收可以借助自身对产品设计、生产工艺等方面的了解,对于废旧产品的分类检测、处理等更具有针对性,最大程度符合再制造的要求,获得最大的利益;制造商进行回收可以通过对整个回收过程各环节信息的分析,优化生产工艺,生产更优质、更迎合用户需求的产品,使产品更具竞争力的同时优化消费者对产品的使用体验。

(2) 零售商回收模式。

零售商回收即零售商作为主要的回收方,在正向供应链中,制造商委托零售商进行产品的销售,在逆向供应链中,零售商也被委托进行废旧产品的回收,零售商将回收的废旧产品初步处理后交给制造商,制造商将其用于新产品的制造。零售商回收相对于制造商回收,零售商更贴近消费者,回收更加方便,制造商也不需要专门开辟回收渠道,建立逆向物流网络,减少了回收成本,同时也能为消费者提供更好的服务。

但是零售商在回收技术以及流程上不够专业,会一定程度上降低回收的效率,回收质量不高，资源利用率也存在一定限制；零售商进行回收，使得整个回收过程层级增加，增加了一定的流通成本，制造商也需要付出一定的成本激励零售商在回收时付出一定的回收努力；零售商进行回收，也使得制造商无法获得消费者反馈的一手信息，存在一定的信息损耗，不利于制造商进行生产工艺及生产结构的完善。

（3）第三方回收模式。

第三方回收模式即专业的第三方回收机构作为主要的回收方，制造商委托专业的回收机构进行回收，并向第三方支付一定的转移价格，回收第三方回收商手中的废旧产品用于新产品的制造。同样地，与制造商回收相比，制造商不需要专门开设回收渠道，可以专注于自身原本的业务。而且第三方回收团队更加专业，拥有规模经济的优势，其专业化的处理设备以及规范化的回收流程可以提高回收的效率，保证回收的质量。

但是第三方进行回收，制造商同样面临流通成本的增加，以及信息的损耗，不利于生产流程以及工艺的改进。而且，第三方的处理不一定符合制造商的标准，不利于制造商的产品再制，制造商需要就废旧产品的处理问题与第三方达成协议，其中存在较大的沟通成本，也存在一定的信息泄露风险。

尽管目前的回收模式已不再局限于单主体的回收模式，呈现出多主体、多渠道、线上线下相结合等特点，各种不同回收模式之间取长补短，回收趋于专业化、规模化，但是目前的回收体系仍存在一些共性的，有待解决的问题。

一是回收主体间信息不对称。供应链管理中极为重要的一部分即信息流的管理，产品从原材料开始到最终回收再造，整个过程涉及较多的主体，每一主体进行的工作都会产生同时也需要大量的信息作为支撑。但是在整个过程中，很容易出现因沟通不畅导致的信息损耗。各主体对于其他主体的信息难以知晓，也难辨真假，因而需要投入大量的成本获取经营所需要的信息，不同的主体可能会投入大量成本获取重复的信息。回收商不了解消费者手中的废旧产品信息，消费者也不了解回收的回收方式、回收点；制造商不了解回收商的回收量、回收处理情况，回收商也不了解制造商需要的资源种类，整个过程造成了大量的成本投入与资源浪费。

二是回收主体间不信任。由于回收主体间存在严重的信息不对称，某一主体对于其他主体所做的工作是否符合约定存疑。而且合作企业都以最大化自身利益为出发点，当供应链发生利益波动时，合作关系就可能会产生裂痕，供应链上的主体无法完全信任其他主体。当业务范围不断扩大，部分主体不可避免会产生不规范行为或违反约定的行为，损害全体主体以及整个供应链的利益。当主体间发生纠纷时，由于较大的交易量以及交易的复杂程度，难以采取快速有效的方式解决利益分配或责任归属问题。外部环境的不确定性要求供应链各主体间相互信任以做好对外部环境的快速响应，提升自身以及整个供应链的竞争力。此外，由于产品的回收还会涉及产品的分解等，就制造商来说，也可能会担心产品设计等机密信息的泄露，影响公司的利益，而消费者也会担心自身所上交的废旧产品是否存在信息泄露。

三是回收体系效率低。目前的回收体系仍较为分散，对于回收标准、回收流程缺乏统一的规范，导致回收效率与回收质量都不高，难以实现稳定的收益。废旧回收品的种类较多，还未有完全覆盖的统一的标准，这导致整个回收过程在分类估值等方面存在较大的不确定性，导致整个体系效率低，也不利于整个行业的健康发展；行业中的各种回收机构技术水平差别较大，存在较多小型的回收机构，缺乏专业的废旧品检测处理设备，造成了资源的浪费，甚至可能因处理不当产生更严重的环境污染，也不能为消费者提供优质的服务，同时还会损害专业的处理机构的利益。

四是消费者参与意愿不强。消费者作为废旧物品的拥有者，其主动参与的意愿是影响回收效果的关键因素。目前，尽管消费者已经形成了绿色的生活理念，但是仍未养成主动参与回收的生活习惯。客观上，消费者参与回收可能付出较多的时间及其他成本，而获得的收益较小，综合考虑更愿意选择直接丢弃的方式；针对某些电子产品，消费者对于上交之后的处理方式无从知晓，也会考虑到回收存在信息泄露的可能；消费者对于如何参与回收、回收的方式及回收的渠道等信息均不甚了解，无主动参与回收的动力，同时也无相应的参与回收的约束。

2.2.1.3 闭环供应链决策研究

对供应链的决策研究由来已久，在绿色环保成为发展的新机遇，以及废物回收、退换货等模式日益普遍的情况下，逆向物流成为传统供应链研究基础上的学者研究的重要问题。逆向物流与传统物流相反，关注产品售出后的回收再利用过程中物流、商流、信息流、资金流等的逆向流动。在实际的研究过程中，大多将其与正向物流结合起来，构成闭环供应链。

利用博弈论对闭环供应链的决策研究是其中重要的一部分。最初的研究落脚点多集中于定价决策、契约协调以及回收模式对比上，之后有学者开始将各假设条件放宽进行研究。

总的来说，对于闭环供应链主要的研究集中在定价决策以及契约协调上，其中会涉及不同的权力结构，不同的回收渠道，不同的销售渠道，不同的供应链层级，不同的协调契约之间的对比分析，同时也会考虑到政府补贴、服务水平、消费者环保意识、随机需求、差别定价、回收品质量等因素，随着研究的深入，其更加符合实际，有更大的应用价值。

2.2.2 双渠道供应链决策

2.2.2.1 双渠道供应链概述

双渠道供应链通常指的是供应链中的产品销售环节采用线上与线下相结合的渠道的供应链。线下渠道包括传统的门店、实体店分销、零售等，线上渠道即利用网络进行的销售活动，也包括 B2B、B2C、C2C、O2O 等模式。双渠道供应链的产生起源于互联网技术的发展及电子商务行业的繁荣。

线上销售相对于传统的门店销售，有较多的优势：

（1）节约成本

传统的销售渠道存在较多的层级，制造商生产的产品经由不同层级的销售商到达消费者，整个过程中存在较多的成本投入，包括但不限于门店以及人员等费用。线上销售能够缩短分销环节，节省中间费用，以较低的成本到达大多数的消费者。

同时，依托互联网，企业的产品宣传也可以通过相对较低的成本，依托更多样化的宣传渠道，加大宣传的广度和深度。

（2）信息整合

数据信息是线上销售的重要资源。对于消费者而言，线上销售平台可以对产品进行全方位的展示，使得消费者可以更方便直观地获取产品的相关信息，服务于消费决策；对于企业而言，消费者的每一笔消费信息、浏览信息、点击信息等都有记录，企业可以从消费的大数据中挖掘，分析出有利于销售的数据信息，从而优化企业的产品设计、库存、调度、营销、客户管理等销售环节。

（3）不受时空限制

通过互联网，企业可以为世界各地的消费者提供全天候的服务，而不受传统销售渠道定时定点的约束，使消费者享受到更好的服务的同时，也有利于扩大企业的市场范围，赢得更多的市场机会，助力企业获得更多市场份额。

互联网技术的发展，以及线上销售的显著优势，再加之消费者消费习惯的养成，使得线上销售迅速普及，涌现出了大量的线上销售平台，也有大量的传统销售企业建立起自身的线上销售平台。但是，随着互联网红利的消失，线上销售已不再是获取竞争优势的有力模式。此时传统的门店销售模式的优点重新凸显出来。消费升级背景下，消费者对消费过程的感受与体验有了更高的要求，企业需要更多考虑为消费者提供更优质的服务。相对于线上对产品属性直观全面的展示，线下的产品展示可以提供真实的消费场景，线下门店同时也可以提供更高品质、更个性化以及体验式的服务。

线上流量红利消失，智能技术的进一步发展以及消费者消费观念的变化，催生了线上与线下相结合的新零售商业模式。越来越多的企业也认识到了线上与线下渠道深度融合的模式的价值，实现线上与线下渠道的全面优化升级，开通与打造双渠道的销售模式。双渠道供应链使得线上与线下渠道取长补短，相互依赖，消费者不仅能购买到低价格高质量的产品，还能从更优质的服务体验中获得满足感，企业同时也能开展更多样化的营销活动。

双渠道供应链根据开辟渠道的主体、涉及的企业及开辟的方式，有不同的种类，包括制造商自身同时开辟线上与线下渠道；制造商委托零售商同时开辟线上线下渠道；制造商自身经营线上渠道，委托零售商进行线下销售，以上三种为基础的分类，在实际情境中，由于线上线下模式的不同，存在更精细化、更多样化、更复杂的分类方式。

2.2.2.2 双渠道供应链决策研究

双渠道供应链整合了传统的实体销售渠道以及依托互联网技术的网络销售渠道，二者优势互补，给消费者带来了更大的便利以及更好的购物体验。但是，双渠道涉及更多参与方之间的竞争，如何科学制定竞争策略，协调各参与方之间利益冲突的相关研究是双渠道供应链研究领域的一大热点。

与闭环供应链研究类似，利用博弈分析模型对双渠道供应链的研究最初多集中于定价决策以及利益协调领域，而后进行一定的扩展，放宽假设，考虑更为普遍的情况以及更多因素的影响。例如，不同的销售模式、权力结构、协调契约类型等。关于双渠道供应链的相关研究不论是在决策还是在协调领域都已较为成熟，且双渠道供应链在实际中较为普遍，因而有较多的闭环供应链研究结合了双渠道供应链。

2.3 供应链融资理论

2.3.1 均衡策略

博弈论是研究利益竞争决策者之间行为相互影响、相互作用时如何进行最优决策以及最终均衡问题的理论。其中，常见的均衡策略包括纳什均衡、帕累托上策均衡、风险上策均衡、聚点均衡、防共谋均衡、贝叶斯均衡等。

1950年，约翰·纳什（John Nash）在其博士毕业论文中首先提出了纳什均衡概念，他称之为"均衡点"。在相当广泛的博弈类型中，他证明了混合策略意义上的纳什均衡是普遍存在的。虽然纳什均衡在博弈分析中具有重要的方法论意义，但是纳什均衡分析并不能解决所有的博弈问题。纳什均衡的存在性并不等价于均衡的唯一性，许多博弈问题中纳什均衡是不唯一的，而且同一博弈问题的不同纳什均衡在很多情况下优劣难断，博弈选择会遇到困难，这个问题就是多重纳什均衡导致的选择问题。

当多重纳什均衡中，某纳什均衡给所有博弈方带来的收益都大于其他所有纳什均衡给博弈方带来的收益时，所有博弈方的选择倾向是一致的，且各博弈方不仅自己会选择纳什均衡策略，也可以预料其他博弈方会选择该纳什均衡策略，这个均衡就是帕累托上策均衡。寡头市场的价格竞争以及国家之间的关于战争与和平的选择均可以用上策均衡进行分析。

2.3.2 P2P供应链金融

供应链金融的发展，衍生出多种供应链融资模式，例如应收账款质押融资、仓单融资和已付账款融资等。同时在资金出借端，供应链金融也在延伸和发展。近两年P2P行业发展瓶颈凸显以及政策监管频出的大背景下，P2P网贷开始寻求与供应链合作，开发出不同于传统供应链金融的P2P供应链金融模式，成为供应链融资的创新点。简单来说，P2P供应链金融即个人投资者通过P2P借贷平台作为资金出借方，为企业提供供应链融资服务。P2P在线借贷平台作为供应链金融的重要参与者之一，有三种主要的操作模式：P2P与核心企业合作模式、P2P与核心资产合作模式、P2P与核心数据合作模式。

2.3.3 保理融资

国际保理商联合会（Factors Chain International，FCI）定义保理业务如下：保理业务是一个完整的融资整合，包括信用担保、应收账款簿记和托收服务，是一项保理商和卖方之间的协议，根据该协议，保理商收购卖方的应收账款通常是无追索的，并且假定债务人有能力履行付款。如果债务人倒闭或由于信用原因而无能力支付其债务时，保理商将向卖方支付账款。当买卖双方在不同的国家时，该项服务就被称为国际保理业务。

目前的国际保理发展得相对成熟，国内保理的引入时间较短，发展相对滞后，但是最近几年的发展速度也有很大提高。保理的全称为保付代理，其主要的目的是为中小企业在销售中以赊销方式而产生的综合性的应收账款提供金融服务。保理的运营方式是通过收购供应商的应收账款并为其提供融资的金融业务。目前的研究主要分为国内保理和国际保理两种模式，而本书的研究主要建立在国内保理基础之上，且结合了双渠道供应链的理论知识。

2.3.4 信用担保融资

信用担保融资是指担保方以第三方保证人的身份参与融资服务中，为债务人向债权人提供信用担保，担保债务人履行合同或其他类资金约定的责任和义务。在国外，为了改善中小企业融资困难的处境，政府设置了第三方担保机构。日本政府通过地方信用保证协会为中小企业提供贷款担保。美国政府设立了专门促进小企业发展的机构——小企业管理局SBA，SBA利用美国庞大的银行体系，与许多银行建立了贷款担保合作关系。当小企业向这些银行进行融资时，SBA会为小企业提供担保。韩国政府则是通过联合银行出资设立地方信用担保基金会为中小企业担保。这些第三方担保机构会在中小企业自身无力偿还贷款时，帮其代偿部分比例贷款，担保系数在50%~85%。1993年，中国第一家全国性担保公司——中国经济技术投资担保公司成立，自此独具中国特色的担保行业逐渐开始发展起来。

以上所提到的信用担保都是专业的第三方担保机构或公司为中小企业提供担保的形式，而随着供应链金融的发展，供应链上核心企业为中小企业提供信用担保的方式也逐渐出现。核心企业信用担保融资作为一种系统化的融资方式，结合了银行信贷融资与贸易信贷融资的特点，指供应链上核心企业通过自己良好的信用为中小企业提供担保，核心企业承诺当中小企业无法偿清贷款时，其会承担全部或部分未偿清剩余贷款，以此来获取银行对中小企业的融资。2013年，恒丰银行首先将核心企业提供信用担保的供应链金融业务真正应用到实践当中。具体案例是浙江一小型机械设备零售商资质差，实力弱，无法直接向银行获取资金支持，但是由于其与一家大型机械设备供应商合作，向该供应商订购货物，该供应商凭借自身强大的资信实力为零售商提供了信用担保，恒丰银行基于此为零售商提供了资金服务。2016年，恒丰银行下属昆明分行在实践中运用了基于核心企业信用担保的供应链金融模式。在案例中，核心企业为某一行业的龙头公司，中小企业为供应商，核心企业承诺对中小企业的贷款提供担保，成功为中小企业获取了银行的资金服务，缓解了中小企业的资金周转压力。

核心企业提供信用担保的供应链金融模式同时利用了银行雄厚的资金与核心企业的信用，既为中小企业提供了资金服务，也带动了核心企业的发展，还保证了银行的部分利益，可以在一定程度上实现三方共赢。以核心企业为上游供应商、中小企业为下游零售商为例，当零售商面临资金压力时，没有充足的资金向供应商订货，因此零售商需要进行融资，而银行考虑到零售商规模小，信用评估较难，因此不愿借款给零售商，但是当供应商为零售商提供担保时，银行的利益得到了保证，同意借款给零售商，零售商获取资金后，订购量积极性增加，供应商的供货收入也得以增长。

信用担保供应链金融虽然可以破解中小企业的融资困境，也能带动核心企业的发展，但是核心企业提供担保意味着核心企业需承担一定的风险损失，这可能会影响核心企业提供担保的意愿，因此本书探讨在核心企业提供担保时的供应链金融系统中各参与主体的收益具有一定价值和意义。

2.3.5 电商担保融资模式

随着线上购物市场规模的扩大，更多的企业选择加入在线零售市场，有资本的大型企业通常选择建立电商平台或网上商城等方式开通线上直销渠道，而对于有资金约束的中小型供应商则选择与大型电商合作，通过电商巨头的平台销售自己的产品。线上购物在增加企业销售量的同时，随着越来越宽松的退货政策，居高不下的退货现象也成了零售商和供应商面临的一大难题。

产品退货是指消费者在购买商品后将不符合其要求的产品退还给零售商或者供应商的过程，主要包括零售商与消费者间的退货、供应商与零售商之间的退货两种形式。并且，退货商品又因商品本身是否存在问题，可以分为缺陷产品与无缺陷产品。在零售行业的任何时期，供应商的产品都会出现一定比例的问题，有些产品瑕疵是可以忽略的，而有些产品缺陷是不可忽略的。这些不可忽略的缺陷产品可能因生产流程中某一设计或机械故障等原因呈批次出现，在发现这类产品后，消费者和零售商都会将产品退给供应商，供应商也普遍采取召回的方式回收缺陷商品。国家市场监督管理总局公布的有关数据表明：2018 年 1—6 月，国内由于缺陷消费品而实施的召回活动共有 352 次，同比增长 40%，这次活动所涉及的缺陷消费品总数达 3 625 万件，同比增长 11 倍，相较上年召回总数增长 34.1%。这类因为缺陷产品而导致的退货或召回的行为，会使供应商在这一期生产的商品没有收益，进而可能陷入财务困境，特别是对于本就存在资金约束的中小型供应商。而无缺陷产品退回的行为主要是指消费者在购买商品时无法直接接触商品，而在商品到手后发现不符合自身心理预期或是冲动型消费而产生的退货行为。对于这类商品，零售商通常会折价进行二次销售，一方面会给零售商带来较高的退货成本，另一方面会降低零售商的预期销售收入。

其中，可能存在的缺陷产品是供应商向电商供货后，其选择延期支付货款的关键因素。这与国内各大线上零售巨头的做法相吻合，如京东在与供应商签订订货合约时就约定，京东会在供应商交货后的未来一段时间（如 45 天）才会支付给供应商货款，这是为了确保供应商提供的产品没有缺陷或者可以顺利出售。基于存在这种为保证产品质量而制定的延期支付货款合约，对于供应商而言，尤其是中小型供应商，资金回流慢会产生资金链断裂的问题，因为供应商往往需要比付款到期日更早的现金来支付日常运营成本并继续生产，所以供应商需要从外部获得融资。小型供应商在向第三方银行贷款时，银行由于信息不对称，缺少中小型供应商的信用记录，经常不会选择向供应商放贷。即使银行选择贷款给供应商，在考虑到供应商可能因为产品缺陷被退货或卖不出去而导致破产风险，通常会让供应商抵押一定物品，并收取较高的贷款利率。这就会使得供应商难以或者没有能力获得贷款，也会使得供应链的成本上升，整体效率下降。

基于以上现实问题的考虑，本书的第三部分研究了一种供应链融资方式。考虑处于供应链中核心地位的大型电商，与其合作的供应商具有生产资金约束。电商给供应商提供担保，向银行承诺替供应商偿还贷款，并考虑存在缺陷产品退货与无缺陷产品退货问题，探讨电商的最优决策。

2.3.6 3PL参与的供应链融资模式

第三方物流企业参与供应链金融是一种新型的供应链融资模式，除我国以外的多个物流企业已经加入金融投资服务的领域中，例如美国邮政、马士基、UPS等，这些企业提供的金融服务的利润也成了这些企业的重要利润来源之一。UPS将金融业务与物流业务相融合，借助美国第一国际银行等机构，为客户提供物流金融整体业务。UPS采取的主要模式是垫货付款，开展业务的主要方式和渠道包括兑付出口票据、开具信用证等。作为沃尔玛和东南亚的中小出口商之间的纽带，UPS通过货运及出口清关等业务，进而以从中抽取一定的手续费作为前提条件，两周内把货款先行汇款给出口商，随后UPS附属的银行与沃尔玛在美国进行结算。

从以上可以看出，国外的物流提供金融服务的主要推动者是金融机构，而国内是第三方物流公司。随着第三方物流企业的发展，物流企业开展金融服务应运而生。3PL业务随着物流企业向金融企业发展的过程变得更加复杂，主要体现在需要与金融机构合作提供部分金融服务或直接提供。物流企业的金融服务发展为其提供了更加新颖的利润增长方案，同时促进了中小企业的发展，为我国经济快速发展提供不可或缺的力量。

在供应链的整个流程中，为了使物流企业开展新型的物流金融服务，不依赖银行这些金融机构，3PL同时获得的信息包括物流、信息流、资金流。目前我国有部分物流企业加入了金融物流，主要提供仓单质押和融通仓等服务模式，且银行作为资金持有者处于核心位置，第三方物流公司主要是通过帮助客户看管仓储货物、系统性地对客户的质押产品进行评估、开展授信的评估服务等增值性较小的业务，将中小微企业和银行联系到一起，通过收取佣金的方式获得一定的利润。为了获得更好的发展，物流企业的角色由金融业务的桥梁转变为像金融机构一样直接为供应链下游的中小企业提供融资服务。在国内开展这一金融服务最典型的企业是怡亚通。怡亚通的职能主要有采购和分销职能，提供代付或者代收货款的服务，并且将抽取一定比例的提成作为收益来源。这一业务让怡亚通得到了非常可观的利润收益，也成为怡亚通主流业务中不可或缺的一个业务。与此同时，电子商务加快了各大电商的供应链融资与金融物流结合的进度。电商中排名前几名的京东世纪贸易有限公司首先进入这一金融服务领域，它们对其旗下供应商提供贷款服务，并且不断迅猛地发展金融与物流的融合模式。日常客户订单融资、日常应该到账订单货款及协同投资是京东向供应商提供的主要金融服务。

由此可见，3PL 为供应链提供金融服务主要有两点优势，一是为物流企业带来更多的利润，二是解决中小企业融资难困境。这既是对供应链融资的重要创新和扩展，也是未来物流企业扩展创新业务模式的重要发展趋势。

2.3.7 绿色供应链融资模式

绿色供应链金融在传统的供应链金融基础上考虑了绿色发展，更加强调了环境管理。"供应链金融"，涉及银行等三方金融机构以及供应链中的核心企业和上下游中小企业，是指三方金融机构通过核心企业管理中小企业的资金流，在中小企业满足一定的融资条件的情况下向中小企业提供的金融服务，该种模式将原本的单个企业的不可控风险转变为整条供应链的可控风险。而"绿色供应链金融"，除了满足上述条件外，还要求中小企业提供绿色生产或污染物排放相关证明，银行根据企业提供的绿色文件判断其是否符合贷款条件，再根据企业的绿色等级提供相应规模的贷款。绿色供应链金融能够帮助供应链上下游中小企业进行融资，并将资金投入环境保护生产行为中，以降低生产过程中由于环境破坏而承担的赔偿金成本。

现阶段，我国的绿色供应链金融主要应用在节能减排上，例如融资购买低能耗设备、治理生产过程中产生的"三废"等。相比传统的供应链金融，绿色供应链金融不仅能够鼓励生产企业进行绿色生产，降低环境污染程度的同时提高资源利用程度，还能够让银行等金融机构利用融资的方式发挥环境保护的作用，强调其社会责任。由此可见，绿色供应链金融的价值主要体现在两个方面：经济价值和可持续发展价值。因为在企业融资过程中强调环境保护因素，供应链企业在生产过程中会更加注重环境管理，既可以减少由于环境污染带来的赔偿金成本，还可以降低商业银行的不良贷款，这体现了其经济价值；此外，对中小企业绿色等级的约束，可以鼓励生产企业注重环境保护和资源节约问题，不仅能够提高资源利用率，还能强调商业银行和非银行金融机构在企业价值层面的道德操守，减少公众对金融机构的质疑，这体现了绿色供应链金融的社会和可持续发展价值。

2.4 供应链风险理论

2.4.1 条件风险值 CVaR 理论

供应链中参与者风险规避行为的常用衡量标准有三个：均值方差（MV）、风险价值（VaR）、条件风险价值（CVaR）。MV 方法是第一个提出的衡量参与者风险厌恶态度的准则，从那时起，这一方法被广泛应用在运营和供应链管理领域。但是 MV 方法存在一定的局限性。例如，它对正偏差和负偏差进行了同等的量化，这在面对风险的本质时是不够的。VaR 方法与 MV 不同，VaR 衡量的是在一定概率水平下某一金融资产或投资组合可能发生的最大损失。VaR 方法可以克服 MV 方法的缺点，但不能获得对企业致命的尾部风险。CVaR 方法是一种相对较新的衡量风险规避行为的方法，其重点是风险水平以外的损失。它已经成为建模风险规避供应链的流行工具。

CVaR 因为考虑了超过 VAR 的尾部风险，因此属于一致风险测度，从而满足了可加性。CVaR 不易被操纵，从而不会出现误导投资者的信息，CVAR 的凸性便于基于 CVAR 的投资组合优化，有更为广泛的应用空间，比如确定内部风险资本需求和设定风险限额、投资组合的优化及资本配置。此外，CVaR 还可应用于金融监管部门对金融机构或上市公司信息披露与金融监督、信用风险的测量、舍期保值功能等。

2.4.2 Credit Metrics 模型

Credit Metrics 模型是 1997 年美国 J. P. 摩根等七家国际著名金融机构共同开发的信用风险测度模型。该模型的基础是信用转移分析，是在一定的时间段内（通常为 1 年）一个企业的信用质量由一个等级变为另一个等级的概率。此模型是度量一定的时间（如 1 年）之后贷款资产组合价值的分布情况，同时，该模型假设利率以确定好的轨迹运动，资产组合价值的变化只与信用转移相联系。

Credit Metrics 模型有两个突出优点：一是所计算出的贷款风险价值量可以较为准确地反映不同信用等级和不同时期的贷款在未来发生的价值损失；二是以风险价值来确定防范信用资产风险的最低资本量可以有效地保证银行在遭受信用风险损失的情况下能够继续生存下来。Credit Metrics 模型适用于对公司和大的私人客户信用风险的测度。

2.4.3 KMV 模型

KMV 模型是美国著名的风险管理公司 KMV 公司于 1993 年基于公司理财和期权理论，利用布莱克-斯科尔斯-莫顿模型开发出来的一种资产组合风险管理模型。KMV 模型是基于个体的预期违约频率计算的，模型认为企业信用风险主要取决于企业资产的市场价值、波动率以及负债的账面价值。KMV 模型存在的不足之处在于：KMV 模型的输入数据为公司股票交易数据和财务报表中的财务数据，因此它可以被用于任何股权公开交易的上市公司信用风险度量。对非上市公司的预期违约率进行计算时，往往需要借助很多会计资料，同时还要运用对比分析手段，计算过程复杂。

2.4.4 Credit Risk+模型

Credit Risk+模型是由瑞士信贷银行金融产品部（credit suisse financial products，CSFP）开发并于 1997 年推出的一个新的信用风险测度模型。该模型只考虑违约风险，不考虑降级风险。Credit Risk+模型是通过将度量涵盖部分信用转移风险的信用转移风险来测量信用风险的。该模型假设贷款违约服从泊松分布，其显著的优点是要求输入的数据较少，主要输入数据仅为贷款违约率和给定违约概率下的损失；模型处理能力很强，可以处理数万个不同地区、不同部门、不同时限等不同类型的风险暴露。Credit Risk+模型特别适用于含有大量中小规模贷款的贷款组合信用风险分析。

2.4.5 Credit Portfolio View 模型

Credit Portfolio View 模型是一家著名的咨询公司麦肯锡（McKinsey）开发的用于衡量、评价违约风险的宏观经济模拟模型。该模型通过构造离散的多期模型，度量的是企业的违约风险。该模型是把违约概率看作宏观变量的函数。Credit Portfolio View 模型的优势在于，不仅充分考虑了宏观经济环境对信用等级迁移的影响，而且采用了前瞻性的 VaR 观点，是对 Credit Metrics 模型的补充调整，克服了 Credit Metrics 模型中不同时期的评级迁移矩阵固定不变的缺点，提高了信用风险度量的准确性。Credit Portfolio View 模型适用于对宏观经济因素变化敏感的投机债务人的信用风险测度。

■ 课后习题

1. 试用信息不对称理论解释股市沉浮的原因。
2. 在纯线上 P2P 网络借贷模式中，P2P 网贷公司通过自身的线上网站为出借人与借款人提供自由的资金交易场所。试画出该模式的业务流程图。
3. 试阐述闭环供应链与双渠道供应链的概念与区别。
4. 试分析出/进口商选择国内保理、国外保理的利弊。

■ 案例分析

中信银行融通仓融资业务和保兑仓融资业务

中信银行在进行公司业务的创新时，充分考虑了行业与具体企业的特点，在满足客户差异化需求的同时，也提高了银行的竞争力。通过对供应链中资金流、信息流和物流的管理，中信银行针对钢铁行业与家电行业等重点行业推出了供应链金融独特的运作模式。

一、中信银行融通仓融资业务

（1）钢铁行业融通仓的运作模式

我国的钢铁行业中实力较强的经销商需要从钢铁供应商处采购大量的钢材，钢材从钢铁供应商流向经销商，此时就出现了对仓储服务的需求，同时，经销商的流动资金可能不足以支付大批量采购的货款，也就出现了经销商的融资服务需求。中信银行根据钢铁行业的特点，推出了融通仓融资模式。

在融通仓融资模式中，经销商先将钢材作为质押物，第三方物流企业提供对质物的监管服务，银行在此基础上对经销商进行融资。中信银行操作此业务通常是直接将贷款打给钢材供应商，用来支持经销商接下来再次购买钢材。此次贷款的第一还款来源是出售质押物——钢材后的销售收入。银行根据融资企业缴纳的保证金，批准发货申请，第三方物流企业在收到通知后放货。在实施业务时，经销商和银行要签订一个双方合同，用来解决质押关系；银行、第三方物流、经销商签订一个三方合同，用来确定银行与第三方物流的委托关系。中信银行就是通过这种模式来保持物流和资金流的平衡的。

运用于钢铁行业的供应链金融依靠业务涉及的四方参与主体使供应链中的各环节的资金流、物流和信息流得到平衡，而且也使其参与主体得到诸多益处：通过融通仓融资业务，钢材供应商可以借助银行收集经销商的市场销售信息，保障产品渠道的健康发展，同时可以减少应收账款，加速资金周转，削减经营成本；而且通过融资钢材经销商不仅解决了短期的流动资金缺口，而且增加了钢材的销量，赚取了更多的销售收入，获得了钢材供应商更多的返利优惠；通过此业务，第三方物流公司也可以凭借其提供的增值中介服务，赚取收益。

（2）钢铁行业金融创新产品的风险控制

钢铁行业适合的融资模式不仅可以是融通仓模式，保兑仓融资业务模式也同样适用于钢铁行业。融通仓融资模式实际是对存货质押融资模式中的其中一种模式。动产质押比不动产质押使银行承担的风险变大，所以中信银行应加强其风险管理。在风险控制过程中，中信银行除了要对经销商的资信做严格评估外，还对第三方物流公司进行严格挑选，所委托的物流公司应符合银行规定的要求较高的准入标准。一旦在业务实施过程中发生了风险事件，中信银行应变卖质押的钢材，或是根据协议规定，要求钢铁供应商回购钢材，从而收回贷款。

二、中信银行保兑仓融资业务

（1）家电行业供应链金融的运作模式

我国的家电行业的融资模式与钢铁行业的类似，比较适合融通仓和保兑仓业务模式，但是家电行业在商品销售淡旺季，其销量差别很大，大批量订货可以获得更多的营业利润。这一特点比钢铁行业更加明显。在家电行业，经销商所获利润除了其正常的销售收入之外，另一利润来源就是家电厂家的折扣与季度或年度的返利。所以，家电经销商每次都尽力下大批量的订单。针对家电行业通过大宗订货来实现盈利的这一特点，中信银行专门设计了适合其业务发展的供应链金融模式——保兑仓融资模式。

在保兑仓业务模式中，中信银行首先要向家电经销商收取一定比例的保证金，为其签发专项用于向家电生产厂家支付货款的银行承兑汇票。然后银行根据家电经销商所缴纳的保证金签发存货提单，家电厂商根据货物提单向经销商发货。经销商在拿到销售收入后向银行续存保证金，家电厂商再次根据银行签发的提货单向经销商发货。如此下去，直到保证金账户余额达到银行签发的银行承兑汇票金额。

运用于家电行业的供应链金融业务使得供应链中资金流、信息流和物流得到平衡，也实现了各方参与主体的利益。对于家电生产厂家来讲，其可以通过融资业务增加销量，扩大市场份额。对于家电经销商来讲，其可以通过融资实现在产品销售淡季低价大批量订货，在销售旺季高价销售，并且还可得到家电生产厂家的折扣和返利等多项益处。

（2）家电行业金融创新产品的风险控制

家电行业的供应链金融是基于保兑仓业务的融资模式。中信银行进行风险控制的关键是家电经销商缴纳的保证金。如果在承兑汇票到期时，经销商保证金账户余额低于承兑汇票金额，则由家电生产厂家把差额部分以现款的形式返回给中信银行。这一模式与标准保兑仓业务的优势是银行减少了向物流公司支付的那部分保管费用，而且在家电经销商没有实现销售时，可以更方便地把保证金账户与银行承兑汇票的差额返回银行。但是，此业务模式也有它的缺点，那就是中信银行只控制了信息流和资金流，而不控制物流，因为中信银行对家电生产厂家与经销商的具体交易情况并不十分明确。这种情况下，家电生产厂家很容易与经销商联合欺骗银行或是对经销商的融资变成了对生产厂商的变相融资。中信银行应该适度考察上述标准保兑仓的运作模式，以减低其风险。

（资料来源：张玮. 供应链金融风险识别及其信用风险度量［D］. 大连：大连海事大学，2010.）

分析问题

1. 试分析钢铁行业、家电行业供应链金融运作模式的相同点及区别。
2. 试对以上两个运作模式提出优化建议。

■ 参考文献

［1］GEORGE A A. The Market for "Lemons": Quality Uncertainty and the Market Mechanism［J］. The quarterly journal of economics，1970，84（3）：488-500.

［3］GEARARD C，CHRISTIAN T. Matching supply with demand: an introduction to operations management［M］. New York: McGraw-Hill Education，2012.

［4］王新权. 产品退货情形下的电商担保融资模式的订购策略研究［D］. 成都：西南财经大学，2019.

［5］VON NEUMANN J. Sur la théorie des jeux（"On Game Theory"）［J］. Comptes rendus de l'Académie des sciences，1928，186（25）：1689-91.

［6］VON NEUMANN J. Zur Theorie der Gesellschaftsspiele（"The Theory of Games"）［J］. Mathematische annalen，1928（100）：295-320.

［7］ZHU M，MARTÍNEZ S. Stackelberg-game analysis of correlated attacks in cyber-physical systems［C］. Proceedings of the American control conference，2011：4063-4068.

［8］刘易凯. 基于斯塔克尔伯格博弈的双层网络协作通信安全研究［D］. 西安：西安电子科技大学，2021.

［9］李一骁. 交叉持股对企业均衡策略的影响分析［D］. 济南：山东大学，2021.

［10］John Nash. Non-Cooperative Games［J］. Annals of mathematics，1951，54（2）.

[11] 张宇航. 生产商与零售商同时存在资金约束下的P2P供应链金融风险控制策略研究[D]. 成都：西南财经大学，2019.

[12] GOVINDAN K, SOLEIMANI H, KANNAN D. Reverse logistics and closed-loop supply chain: A comprehensive review to explore the future[J]. European journal of operational research, 2015, 240 (3): 603-626.

[13] YENIPAZARLI A. Managing new and remanufactured products to mitigate environmental damage under emissions regulation[J]. European journal of operational research, 2016, 249 (1): 117-130.

[14] 夏绪辉，刘飞，尹超，等. 供应链、逆向供应链管理与企业集成[J]. 计算机集成制造系统-CIMS, 2003 (8): 652-656.

[15] 姚卫新. 闭环供应链的设计原则[J]. 物流技术，2003 (5): 18-20.

[16] 孙林岩，王蓓. 逆向物流的研究现状和发展趋势[J]. 中国机械工程，2005 (10): 928-934.

[17] 尹欣琪. 考虑区块链的双渠道闭环供应链决策研究[D]. 成都：西南财经大学，2022.

[18] 周倩. 3PL参与供应链融资的运营决策和CVaR风险分析[D]. 成都：西南财经大学，2020.

[19] 张玮. 供应链金融风险识别及其信用风险度量[D]. 大连：大连海事大学，2010.

第二部分

供应链金融风险管理实战

3 保兑仓融资模式风险管理

■ 学习目标

1. 掌握供应链金融保兑仓模式的风险识别、评估与控制相关理论。
2. 分析不同类型保兑仓融资模式的关系及差异。
3. 了解保兑仓合约关键指标风险控制的仿真分析。

3.1 供应链金融保兑仓模式概述

保兑仓融资模式属于预付款融资。该模式具备的条件包括：供应商、融资企业、商业银行、仓储监管方。该模式是原材料仓单质押模式，其主要特点是先领票后取货。票是指商业银行开出的银行承兑汇票，货通常是指原材料。作为融资企业的中小企业先获得银行贷款采购原材料，再将原材料交由物流企业做质押，作为卖方的上游企业有时也承担货物评估、监管作用，这主要取决于业务采用三方保兑仓融资模式还是四方保兑仓融资模式。三方保兑仓和四方保兑仓的相同点与不同点将在下文详细阐释。保兑仓融资模式中的融资企业在贷款期间分次偿还贷款以获得相应数量的原材料。当出现货物不能完全按照规定的条件释放时，作为卖方的原材料供应商应承担回购义务。

根据保兑仓融资业务是否有物流企业的参与，保兑仓融资模式可分为三方保兑仓和四方保兑仓。传统的保兑仓融资模式没有物流企业的参与，即三方保兑仓融资模式。物流企业参与的保兑仓融资模式为四方保兑仓模式。三方保兑仓融资模式流程如图 3-1 所示。

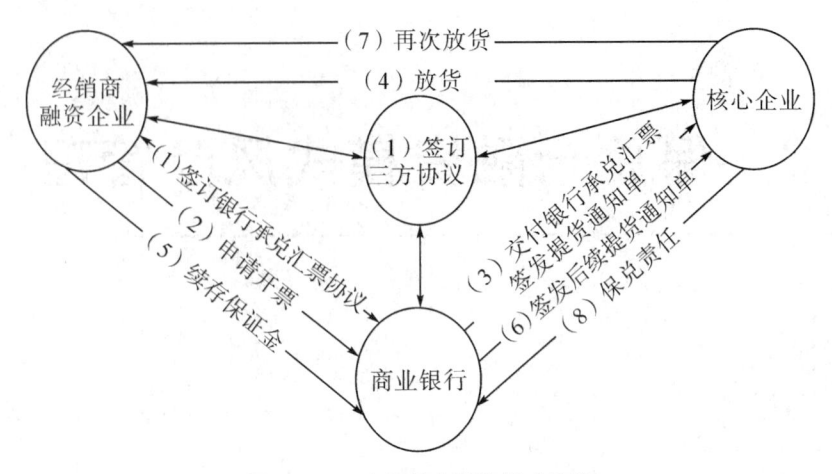

图 3-1　三方保兑仓融资模式流程

四方保兑仓融资模式的具体做法包括两种：

第一种做法为：中小企业向商业银行交纳一定保证金，商业银行开出银行承兑汇票，融资企业凭借银行承兑汇票向供应商购买原材料，将原材料交付给物流企业进行监管，物流企业制作仓单，将该仓单交付给中小企业，中小企业将仓单交付给商业银行做质押，商业银行将在银行承兑汇票到期时进行承兑，将款项划拨给原材料供应商（卖方）。第一种具体做法如图3-2所示。

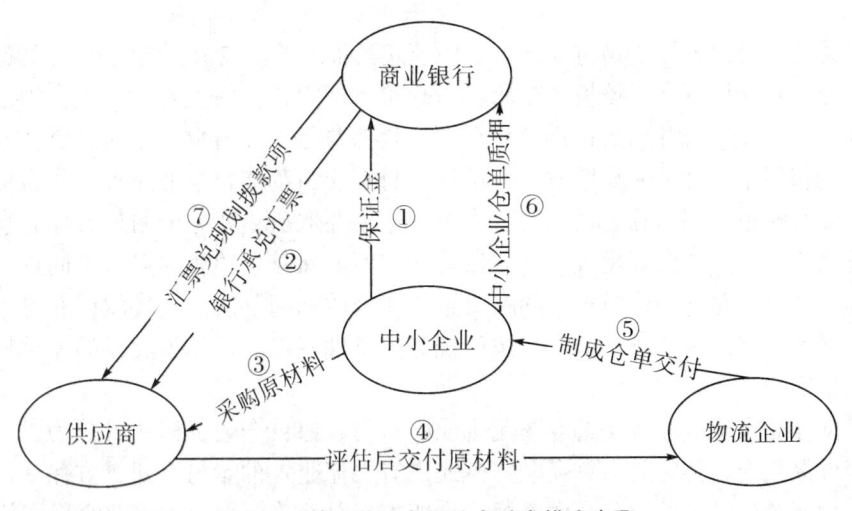

图 3-2　第一种四方保兑仓融资模式步骤

第二种做法为：中小企业将动产做抵押，该动产应首先征得商业银行认同，以认同的动产抵押获得银行承兑汇票，向供应商购买原材料，原材料经评估后交付物流企业，商业银行在银行承兑汇票到期时将汇票兑现，将抵押贷款转为以该原材料为质押物的仓单质押贷款，即先将中小企业的自有动产抵押，再将购买的原材料作为质押。其操作步骤如图3-3所示。

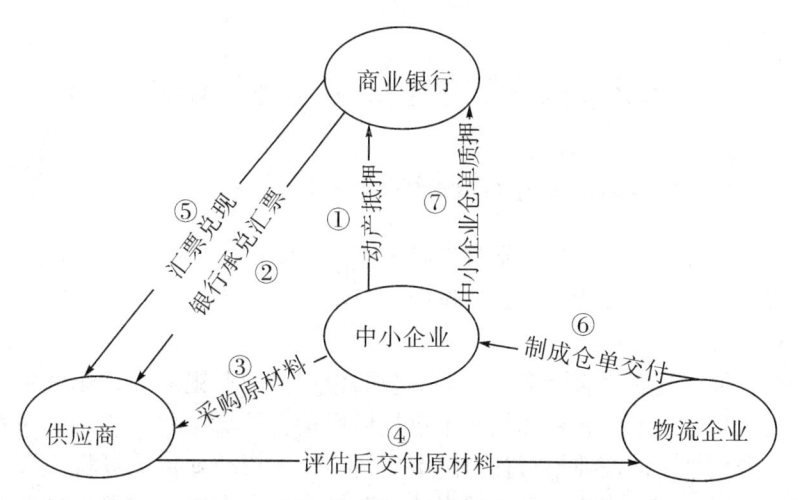

图 3-3　第二种四方保兑仓融资模式步骤

两种四方保兑仓融资模式具体做法的共同点是：中小企业必须先向商业银行提供部分物质抵押或者提供资金作为保证金后，商业银行才愿意开出银行承兑汇票。两种做法的区别是：第一种做法为交纳保证金后仓单质押，第二种做法为先用企业本身动产作为抵押后再转变为仓单质押。以上内容分析了两种四方保兑仓融资模式的异同，图 3-4 整体展示了四方保兑仓模式的操作流程。

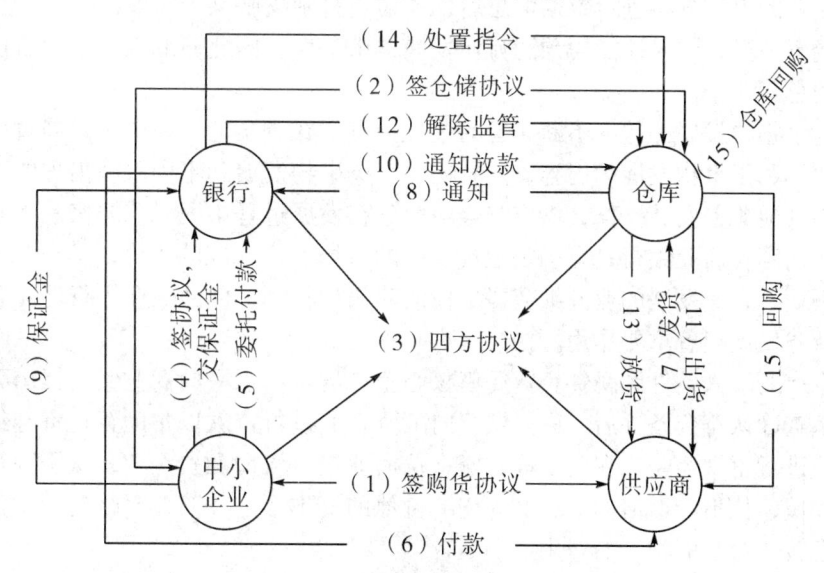

图 3-4　四方保兑仓模式整体操作流程

3.2 供应链金融保兑仓运作模式

3.2.1 供应链金融保兑仓参与主体

保兑仓融资业务参与主体通常包括商业银行、核心企业、中小企业、物流企业。不同主体在业务开展过程中所起到的作用不一样。

3.2.1.1 商业银行

由于商业银行具有集合资金、分散资金的作用，商业银行通常在供应链金融中处于特殊的位置。当融资企业和核心企业签订供销合同后，融资企业通常借助核心企业较高的资信水平向商业银行提出融资申请，待融资企业申请资料的真实性、完整性通过核查后，商业银行将采取适当的融资模式对具有融资需求的中小企业进行融资，并保存融资企业的有关申请资料为后续业务流程的顺利进行提供便利。

在实践中，商业银行通常与中小企业保持资金供需关系，银行处理完每一笔融资贷款后都将把融资企业的资料进行搜集、归类、保管，在必要时能够为特殊机构提供资料查询使用之便，同时为维持其他业务的顺利进行提供便利。对于每一个融资企业而言，向商业银行提供的融资申请资料只能反映特定企业的经营状况，当所有融资企业的申请资料进行数据汇总后，申请资料则反映某个行业的融资贷款情况与基本经营情况，同时还能为预测行业发展提供参考。因此商业银行承担了信息存储者的角色。

任何事物的发展都是在不断完善的过程中螺旋式进步的，在事物发展过程中将不断修改不利于事物发展的内容，同时还要解决事物发展到不同阶段出现的阶段性困境。与其他业务发展一样，供应链金融业务在发展过程中同样需要修改不利于发展方向的内容。商业银行具有确定融资业务的市场准入标准的优势，具有对不符合社会、行业、企业发展的业务细节提出修改建议的权利。因此商业银行对完善供应链金融业务发展起着重要作用。

符合市场准入条件的融资企业凭借核心企业的资信水平向商业银行提出融资请求，经审查确认符合条件后，商业银行向融资企业进行贷款以帮助存在资金约束的中小企业进行正常经营。在此阶段，资金从商业银行流向融资企业，从服务行业流向生产领域，从不能增值的形态变为创造价值的资本形态，商业银行起到将货币从窖藏状态转变为增值状态的作用。

3.2.1.2 核心企业

在传统融资业务中商业银行通常不愿为中小企业提供贷款。在供应链金融业务中，核心企业资信水平将传统融资业务中的银行对中小企业的审查方式转变为银行对核心企业的审查方式。

在传统融资业务中，不能满足一定条件的企业通常难以获得银行贷款以缓解资金压力进行持续生产。融资企业的资金链一旦断裂，将会影响企业的生产状况、经营状况并最终影响企业长远的发展，影响与该企业发展联系紧密的下游企业。所以传统融资业务的审查方式只考虑处在供应链上的某节点的融资企业，不利于该企业的长远发展，也不利于产业链的发展。在供应链金融业务中，由于核心企业的参与，融资企业能够凭借核心企业的资信水平获得贷款以保证资金流动性，保障企业持续生产。因此核心企业的参与促使商业银行从对融资企业发展情况的重视转变为对核心企业的资信水平考察的重视，从对单纯企业资料的审查转变为对交易合同的审查，从对单一企业的考察转变为对整条供应链的考察。

3.2.1.3 中小企业

作为供应链金融业务中的成员，中小企业具有独特的作用。其独特作用表现在以下几个方面：首先，供应链金融的提出正是基于中小企业融资难的现状。由于中小企业规模较小、资金实力薄弱，在融资过程中通常构成了企业融资障碍，为了消除融资障碍，供应链金融才应运而生。因此可以认为中小企业催生了供应链金融。其次，从整条供应链出发，中小企业处在整条供应链中的一个节点，从供应链金融业务出发，中小企业却处在融资业务的始点。因此，中小企业在供应链金融中处在一个特殊的位置，即融资业务的起点，供应链中的节点。

中小企业与核心企业签订购销合同后，中小企业凭借核心企业的较高资信水平向商业银行提供申请资料，这是具有融资需求的企业进行融资申请的第一步，也是向商业银行提供中小企业有关原始资料的第一步。如果信息搜集者是商业银行，信息提供者就是中小企业。

3.2.1.4 物流企业

当货物送至物流企业后，作为第三方，物流企业对货物承担保管、评估、监管、拍卖的义务。

对货物进行保管是物流企业在供应链金融业务中的基本作用。业务中的有关货物不仅是中小企业与核心企业交易的载体，也是业务担保的载体，是开展融资业务的物资前提。物流企业对货物的保管是否完善同样影响供应链金融业务是否能顺利开展，物流企业对交易货物进行保管在一定程度上起到了促进性质的作用。

物流企业还承担着监管义务。物流企业不仅应监管货物的数量、价格、规格、型号、质量等，还应监管交易合同的真实性。如果中小企业与核心企业签订虚假合同，而物流企业渎职，则商业银行将面临融资款项难以回收的困难。此外，虚假合同的签订也将对中小企业和核心企业双方的名誉产生负面影响。所以物流企业对合同的监管不仅有助于银行降低损失还能维护核心企业和中小企业的声誉。因而物流企业的监管对融资业务起到约束和规范性质的作用。

除了上述保管、监管作用外，价值评估、物资拍卖同样是物流企业在供应链金融中的作用，其中价值评估作用先于物资拍卖作用。

在融资业务中，物流企业通过自身物流优势、仓库地点优势、运输优势聚集许多单笔中小企业贷款。虽然这些贷款的业务量较小，但由于办理该类业务的数量较大，因此物流企业分担银行的部分成本，解决商业银行中小企业贷款运营成本相对较高的问题。

3.2.2　三方保兑仓融资模式和四方保兑仓融资模式的异同

首先分析三方保兑仓融资模式和四方保兑仓融资模式的相同点。三方保兑仓和四方保兑仓的相同点主要体现在以下方面：

从宏观方面看：三方保兑仓融资模式和四方保兑仓融资模式都是致力于解决中小企业融资瓶颈难题，帮助中小企业从该融资业务中获得资金支持以缓解企业当前资金压力，帮助其实现健康、稳定、长远发展。三方保兑仓融资模式和四方保兑仓融资模式都能为各方参与者提供好处：两种模式都能为银行开辟业务收入渠道，增加银行的中间费用，提高银行竞争力；两种保兑仓融资模式都能为核心企业销售原材料提供更多下游客户，因为核心企业对下游经销商具有选择过滤的效果，能成为上游核心企业的经销商客户本身较少，保兑仓融资模式为中小企业提供核心企业资信平台的同时也为核心企业选择培育了新的客户群。因此两种模式都能为核心企业开拓新的下游客户。

激烈的行业竞争是两种保兑仓融资业务开展的又一重要前提，因为作为核心企业的上游生产厂商面临激烈的竞争，面对开拓市场的压力，就需要独特的方式开拓市场并稳定企业客户。垄断行业则很少采用保兑仓业务，因为垄断行业通常由少数寡头掌控市场，作为卖方的核心企业不需要通过采取开拓市场的策略就能赢得竞争。因此运用保兑仓融资模式的一个前提是核心企业所在行业客观上存在激烈的竞争，致使核心企业具有拓展下游客户的需求，面临增加市场份额的压力。

从微观方面看：三方保兑仓融资模式和四方保兑仓融资模式都要签订多方协议，前者签订三方协议，后者签订四方协议；三方保兑仓融资模式和四方保兑仓融资模式都必须有商业银行的参与；两种模式的开展过程中都需要银行承兑汇票，并且银行承兑汇票都将流向核心企业；三方保兑仓融资模式和四方保兑仓融资模式都由商业银行控制提货权，即商业银行拥有资金的同时掌控提货权；两种融资模式都必须要求作为卖方的核心企业提供回购承诺，如果中小企业出现了不购买剩余货物的情景时或者银行承兑汇票到期而保证金账户余额不足时，卖方就须承担货物回购的责任；三方保兑仓融资模式和四方保兑仓融资模式都能增加银行中间收入。以中国建设银行为例，该行在保兑仓业务的不同阶段收取费用增加中间收入，这些中间费用包括承兑汇票承诺费、承兑汇票手续费、业务管理费、货物提取手续费、货物回购手续费。此外，两种保兑仓融资模式具有相同的前提：中小企业预先交付保证金或者将自有动产进行抵押才能开展融资业务，即保兑仓融资业务是以确保商业银行能顺利收回融资款项为前提的业务。

从业务参与者的数量看：三方保兑仓和四方保兑仓融资模式在数量上存在明显区别，前者只具有三个参与者，后者具有四个参与者，因为物流企业参与了四方保兑仓的运作。在三方保兑仓融资模式下，作为上游供应商的核心企业承担货物的监管责任，但商业银行对有关融资资料审查并确认通过后，核心企业通常承担对原材料保管的义务。四方保兑仓融资模式引入了物流企业，物流企业将承担对货物进行监管、评估的责任。当中小企业对货物的需求意愿发生改变，不能完全吸纳后续货物时，物流企业还应提供货物拍卖服务。因此物流企业的参与将核心企业对交易货物的监管义务转移给物流企业，这是三方保兑仓融资模式和四方保兑仓融资模式的重要区别。

从融资业务参与者所属行业角度讲：三方保兑仓融资模式被广泛使用于汽车、钢铁、家电、化工、食品等领域，其中食品行业是特殊的行业，因为有些食品在短时间内极易变质，不适合长时间保存。相对于食品容易发生化学变化的特征，四方保兑仓融资模式通常运用于产品质量比较稳定的行业，如汽车行业、钢铁行业。

3.3 保兑仓模式合约风险识别、评估与控制

3.3.1 保兑仓融资模式合约风险识别

合约风险是指由于协议、合同中某一具体条款的数量设置、文字描述对参与者带来的不确定性，包括保证金比例的设置、违约金的设置、商业银行授信额度的设置、协议文字描述的清晰程度。

在保兑仓融资业务实际开展过程中，为了保障企业之间的合作能够顺利进行，对企业之间合作的协议、合同进行规范是必要的。参与企业必须签订有关合同，三方保兑仓融资业务与四方保兑仓融资业务都涉及许多合同、协议。例如：商品购销协议、保兑仓业务三方合作协议、保兑仓业务四方合作协议、发货通知书、退款通知书。这些协议的内容主要涉及业务开展过程中具体的信息。例如：商品购销协议中的商品名称、商品进价、商品销售地区、商品销售价格与第三方促销价格之间的关系、违约金设置、退货换货条件、结算方式、日期，以上条款主要涉及供应商与融资企业。在保兑仓融资模式中，商业银行开出银行承兑汇票是该业务的结算手段，因此保兑仓融资模式的结算方式、日期不仅与商业银行有直接联系，还在某种程度上受到商业银行的制约与管束。保兑仓业务三方合作协议与保兑仓业务四方合作协议主要内容包括货物的描述、保证金比例、提货时间、发货要求、定期对账、垫款罚息、违约责任、争议解决等，通过具体条款对参与者具体步骤进行约定、规范、量化，使各个参与者按照协议的要求进行合作。发货通知书对货物名称、货款、规格、单位、数量进行确认。退款通知单将对金额、退款理由、退款单位进行确认及说明。上述协议、单据的内容主要对保兑仓融资模式业务的具体步骤进行约定，对步骤、要求进行规范，给各方参与者提供一种行为准则，同时为参与者的违约惩罚提供信息反馈的信息通道，使保兑仓融资业务从整体设计走向局部设计，从架构设计走向步骤设计，从模式设计走向参数设计。

对于参与者而言，合约的具体量化关系是极其重要的，不同的参数设置将直接对参与者产生影响。保证金比例在影响融资企业资金流的同时也在影响商业银行向其贷款的意愿，影响融资企业获取贷款的可能性大小。当其他条件不变时，保证金比例较高，核心企业、物流公司、商业银行具有开展业务的意愿，由于中小企业面临较大资金压力，较高的保证金比例能影响中小企业融资意愿；保证金比例较低，

物流公司是否合作开展该业务的意愿没有明显变化，但会影响核心企业与商业银行开展业务的意愿。因此保证金比例的作用不仅为商业银行实现自身资金的安全性提供保障，而且会影响融资企业开展业务的意愿，导致融资企业不愿开展该业务。不同商业银行对保证金比例的设置不尽相同。

保证金比例是保兑仓融资业务开展过程中非常重要的参数，与保证金比例相似，商业银行的授信额度同样会对该业务产生影响。在其他条件保持不变的前提下，商业银行授信额度较高时，将对融资企业产生积极意义。授信额度较高主要体现为融资企业从商业银行获得的融资贷款较高，融资企业能利用较高授信额度带来的优势进行经营。较低的授信额度对于融资企业而言就不具有以上的优势。

违约金的设置也将影响参与者的行为。违约金是对物流企业、融资企业与核心企业存在违约情况下的惩罚。如果物流企业没有按照签署的协议对交易货物进行监管、评估，则物流企业会出现违约情景；如果融资企业与核心企业没有按照有关协议、合同的规定履行有关义务，则融资企业与核心企业就出现违约情景。当约定的违约金较高，参与者的违约成本随即提高，这在一定程度上促使参与者保持诚信合作，如果违约金较低，参与者在违约前的收益已经超过违约成本，参与者可能存在违约倾向。违约金的高低能对参与者是否保持合作诚信执行合作协议产生影响。因此违约金比例设置得不适当也将会给保兑仓业务带来风险。

参与者对协议合同的文字描述的理解可能存在出入，只有协议、合同与单据对某一步骤的文字描述不会被参与者误解，参与者对该步骤的描述才能顺利地转变成行为实践。当所有协议、合同、单据具体条款的内容都能顺利地转变为行为实践时，该协议、合同、单据就不存在人的思维因素导致的理解不确定性。如果在协议、合同签约阶段发现存在误解，就应该由业务人员及时向对方解释以免影响业务开展的进程，甚至造成不必要的误会导致业务终止，最终对业务合作者产生不信任感。如果在业务开展过程中发现存在误会，应该由专业人员向其解释清楚，以免影响业务的开展。

3.3.2 保兑仓融资模式合约风险评估

风险评估需要建立一套科学完善的风险评估指标体系，使作为贷款机构的商业银行和评估人员进行风险评估时有据可循。没有科学完善的风险评估指标，就容易产生错误的评估结果，难以保证结果的客观、公正、正确。

在建立风险评估标准时应该包括一般性原则和特殊性原则，将一般性和特殊性结合起来对风险进行分析。风险评估一般性原则是普遍使用的原则，该原则在使用中主要体现科学性、针对性、客观性、可操作性，特殊性原则是对一般性原则的有机补充。

（1）科学性原则。科学性原则是指在建立合约风险指标时，各项指标应该有机结合，做到各项指标之间不重复，不矛盾。各项指标的计算和评估方法必须科学，有据可依，而且还要在实践中逐渐积累经验，必要时进行调整，逐步提高指标体系的科学性。

（2）针对性原则。针对性原则要求风险评估指标体系应该根据不同的供应链系统、不同的融资企业、不同的抵押担保物，对评级指标体系中的部分指标进行适当调整以保证评估结果有效。针对性原则强调根据被评估企业的特征适当调整评估方法。例如：根据融资企业所处的行业情况、交易货物情况设置保证金比例，根据交易货物设置商业银行授信额度，根据企业实力、发展状况、曾经的违约记录设置违约金以确保评估结果有效。

（3）客观性原则。对风险评估的客观性要求评估机构及信贷员必须以业务参与者的客观事实为依据，不能随意改变指标、方法、评估标准，应正确、客观、真实反映风险的大小，不能够对评估方法、评估指标以及评估结果进行人为操纵。只有满足客观性原则，风险评估才具备真正意义上的风险揭示功能，为业务的后续开展提供条件。

（4）可操作性原则。可操作性原则强调风险评估指标应该考虑信息获取的难易程度以及实践操作的难易程度，获取信息的难易程度、具体操作的难易程度能对业务操作人员时间花费方面产生影响，获取信息较快、具体操作较容易能方便一线人员对业务的具体运作和评估。

（5）特殊性原则。满足一般性原则还不能保证风险评估最后结果的适当性。风险评估在满足一般性原则的同时还应保持特殊性。一般性原则从整体上给出了进行风险评估时应该保持的基准原则，然而风险评估还应该对与具体过程相关的特殊情况加以关注。例如：货物销售环境发生变化，融资企业经营发生变化，核心企业经营发生变化等。

3.3.3 保兑仓融资模式合约风险控制

从上述内容分析可知，能够对保兑仓合约风险产生影响的因素有很多。这些因素不仅来自金融系统的整体结构，还来自融资业务本身，涉及系统风险与非系统风险。因为保兑仓业务的合约风险不仅与单个业务有关，而且与节点企业所在供应链系统、节点企业所处行业以及宏观环境有关。风险大小在保兑仓业务运行过程中不是固定的，在业务开展过程中是会发生变化的。所以对合约风险的控制不仅要对具体业务进行控制而且要对供应链系统和环境进行控制，不仅要静态控制还要实时反馈进行动态控制，做到关注各个环节的同时也要关注整体。

3.3.3.1 合约风险控制特征

合约风险控制的特征主要包括：宏观性、行业性、历史性、一致性、专业性。

合约风险控制具有宏观性特征是因为保兑仓业务是在特定的宏观环境下开展的。与其他事物相似，合约风险同样存在特定的宏观环境中。因为保兑仓融资业务的开展本身就处在解决中小企业融资瓶颈的大环境下，因而保兑仓业务合约风险面临同样的宏观环境，对合约风险的控制也处在该宏观环境下。

保兑仓业务的参与者具有多样性，属于不同行业的中小企业在开展保兑仓业务时具有不同的实际情况。由于不同行业整体发展情况不同，处在不同行业的中小企业的经营情况不尽相同。当中小企业具有抵押物优质或资产规模较大、发展境况良好等优势时，商业银行对该企业的融资条件有可能适当放宽。这种适当放宽的优待能够体现在保证金缴纳的高低方面、商业银行授信额度方面。因此合约风险的控制具有行业性。

历史性主要涉及物流企业。当选择四方保兑仓融资模式时，作为监管方的物流企业应该承担货物保管、监管、运输、拍卖等义务。在签订四方保兑仓协议前，应该对参与该业务的物流企业曾经的监管记录进行了解，选择监管记录优良的物流企业作为合作伙伴。因此合约风险控制具有对物流企业信用进行考察的历史性。

合约风险控制的一致性是指：签署时间有先后之分的合同、协议、单据涉及同样的内容，内容应该保持一致。购销合同中关于交易货物的品种、规格与单价的具体内容应该与发货通知单反映的货物品种、规格、单价保持一致，否则将产生混淆，影响业务的顺利开展。一致性特征是合约风险控制过程中非常重要的一种特征，如果不能保证协议、合同、单据中涉及的有关内容完全相同，则难以保证业务后续步骤的顺利开展。为了促使该业务顺利开展，部分参与者将不得不支付重新审核相关内容、盘点货物的人力、物力及财力的成本。所以合约风险控制具有一致性特征。

保兑仓业务的开展必须在特定宏观环境下进行，实际业务开展过程涉及的多个协议、合同、单据等都需要在宏观政策指导下进行。对协议、合同和单据的制定，对业务过程有关内容进行规范就需要专业人士。这些专业人员不仅要充分了解宏观政策，熟悉业务的具体流程、步骤，还要正确判断融资企业行业发展前景，掌握不同货物的市场需求、价格等情况。

因此合约风险控制具有宏观性、行业性、历史性、一致性与专业性。在实际业务开展过程中，只有综合考虑这五种特征才能对合约风险进行有效防范。

3.3.3.2 合约风险控制系统

保兑仓融资模式合约风险控制体系的建立应该包括风险战略系统的建立和运营风险控制系统的建立。风险战略控制系统的建立应该包括起规范作用的制度创新平台、组织创新平台、集成信息平台、技术支撑平台和日常运营风险控制体系。这四种平台和一个控制体系将具有环境依存性的风险组成一个完整的控制系统。

第一，制度创新平台。建立有效的制度创新支持平台包括宏观层面法律、规则的制定与微观层面的流程规定两个方面。保兑仓融资业务涉及融资企业生产运营的整个过程，关乎融资企业、核心企业、物流企业和商业银行的利益，并且物流、资金流和信息流通常会发生变化，这些导致了保兑仓融资业务的复杂性。因此为了避免物流企业与商业银行在业务的监管上可能出现的混乱，物流企业和商业银行应该合作制定相对统一的业务流程，规范业务操作，规范合同条款，使融资业务有章可循。

第二，组织创新平台。组织创新主要包括组织之间的关系创新、组织内部的创新。保兑仓融资业务不同于传统融资业务，传统融资业务组织形式为商业银行、融资企业两方的关系，保兑仓融资业务是涉及商业银行、物流企业、核心企业、融资企业四方的形式，或者商业银行、核心企业和核心企业三方的形式。组织之间的创新主要用于简化有关手续、减少相关步骤的操作时间。商业银行应该与规模相当、资金实力雄厚、信誉良好的物流企业建立合作关系，实现物流、融资服务等核心能力互补的同时规避物流企业的不良信誉对业务造成的风险。这种组织创新主要体现在对物流企业考察的历史性。

从业务的实质上讲，保兑仓业务开展的核心就是签署不同的协议、合同与单据并执行相关内容的业务。组织内的创新则要求参与融资业务主体在内部结构和部门设置上与保兑仓业务匹配，设立专门的保兑仓融资业务与运营部门，建立与业务相关的考核、激励机制。该创新主要消除人的因素给业务造成的不良影响。业务具体步骤由专人专办，确保协议、合同、单据有关内容一致。

第三，集成信息平台。在信息平台的建设方面，业务参与者要提高企业内部的信息化程度，也可以将企业的信息网络与大型权威商务网站联网，形成一个集业务运营、数据收集、风险控制于一体的多方共享信息系统，提高业务运转信息化程度和业务效率，真正实现资金流、物流、信息流的综合统一管理。信息平台的建立有助于企业快速获取新的行业政策与企业数据以及抵押物、质押物的动态信息。该信息平台的建立主要体现合约风险的行业性。

第四，技术支撑平台。建立综合、集成的技术支撑平台需要满足两方面。一方面，该技术平台能够根据不同的阶段采取不同的技术控制措施，另一方面，能对业务的风险进行综合控制，因此商业银行与物流企业应合作开发用于甄别保兑仓融资业务模式及合作企业的选择技术、业务风险评估技术、风险预警技术，还应共同制定违约处置措施，做到对融资业务进行贷款分析、风险控制的同时，还要保证商业银行贷款的管理水平。由于保兑仓合约风险是联系多方参与者的风险，因此建立集成技术支撑平台不仅需要商业银行和物流企业的联合开发，还需融资企业与核心企业对技术平台有深入认识。只有调动各方参与者的力量才能建成综合、集成、灵敏的技术支撑平台。

第五，日常运营风险控制体系。企业应从宏观战略层面构建风险战略控制体系保证体系的整体性，然而在业务开展中，还需要从微观层面构建具体的日常运营风险控制系统。保兑仓融资业务包括两种，从整体流程看，保兑仓融资业务从业务开始到业务结束大致经历以下几个环节（见图3-5）。

融资企业与核心企业达成交易意愿 → 提出申请 → 合作企业筛选 → 签订合约 → 运营控制 → 合约终止

图3-5　保兑仓融资模式业务环节

图3-5以委托监管模式为例，即加入物流企业的四方保兑仓融资模式，下面进行具体分析。

融资企业和核心企业达成交易意愿，签订交易合同，向商业银行提出融资业务申请，商业银行根据申请材料确定是否向企业融资。在这一步骤商业银行有权决定哪些企业能够进行融资，因此融资企业的准入条件就成为控制合约风险的首要门槛。融资企业达到准入条件后，商业银行将选择与之合作的物流企业，在这个过程中，商业银行主要考察物流企业的规模大小、经营年限、与业务有关的配套设施是否齐全、团队管理水平，尤其是物流企业历史信用记录，根据考察结果确定与之合作的物流企业。为了便于商业银行开展保兑仓业务，银行可与具有行业影响力、信誉较佳、资金实力较好的物流企业签订战略合作协议，节省物流企业考察时的选择成本，降低考察失误造成的风险。

合约签订过程中，商业银行、物流企业、核心企业、融资企业都将受协议、合约的约束。合约规定参与者各方的权利和义务，不仅起到约束、规范企业的作用还能够起到保障融资业务顺利进行的作用。关注融资企业的还款时间、方式，同时还要对银行利率、质押产品和质押率进行关注，保证保兑仓融资业务风险可控。

实际执行过程中，融资企业将质押物发送至指定的物流企业，由物流企业审核后开具入库单和质押清单，银行将贷款划拨至融资企业在银行的封闭式账户中，融资企业按照规定使用资金，接受银行与物流企业的监督。在合约执行过程中应该对借款企业的财务状况和管理状况进行重点关注，对融资企业的财务、管理状况进行不定期检查。如果融资企业出现违约情况，应迅速控制融资企业的资金流与物流，停止授信。在执行过程中还要对物流企业合约执行情况进行关注。对抵押物或质押物的价格风险的控制，应该有专人收集、监控价格数据，并对价格趋势进行预测，设定警戒线。当价格下降到一定位置或者下降的幅度超过一定范围时，监管方将通过信息平台、信息沟通机制向质权人和操作人员传送价格波动信息。合约保证金方面也应根据实际情况进行规范。

每笔融资业务终了后，商业银行负责清算。银行通过融资企业在银行所设账户收回贷款的本金与利息，将各项服务费用划到物流企业在银行的指定账户，融资企业最终所得为扣除本金与利息、运输费用、相关手续费用、物流企业的监管费用后的余额，合约终止。

3.4 保兑仓合约关键指标风险控制仿真分析

保兑仓融资模式的运作最终通过合约来实现，因此，合约的设计，特别是合约关键指标的确定，对保兑仓融资模式的风险控制尤为关键。在合约设计过程中，授信额度、贷款率、保证金比率、监管费用、贷款周期无疑是合约中极其关键的控制指标。一般来说，关于贷款率和贷款周期，商业银行有着固定的标准。但保证金比率以及监管费用，商业银行的标准不太确定。本节针对保兑仓融资模式的合约风险研究保证金比率的确定。

3.4.1 变量符号及基本假设

3.4.1.1 有关变量符号

表 3-1 为相关变量符号说明。

表 3-1 变量符号说明

r：融资企业的贷款利率
p：融资企业的产品零售价
w：产品的批发价（合同价格）
c：供应商的成本
q：合同的订购数量
d：市场需求
s：单位仓储费用
b：保证金比例
B：保证金
q_1：融资企业第一次提货的数量
T：合同周期
V：产品处理价格

3.4.1.2 基本假设

（1）保兑仓融资为供应链四方保兑仓融资。其参与方为：供应链核心企业（供应商）、供应链融资企业（销售商）、融资机构（银行）、第三方物流企业。

（2）销售商面临的市场环境为随机需求环境。其市场需求的分布函数为 $F(x)$，密度函数为 $f(x)$。

（3）四方关于成本、价格以及需求分布状况信息是共同知识。

（4）放贷金额以购销合同的批发价和商品交易数量确定，即放贷金额为 wq。

（5）合约周期结束后，产品仍未售出，产品的处理价为 v，满足 $c > v > s$。

（6）融资企业使用初始自有资金用来缴纳第一次提货的保证金 B。银行根据保证金的大小通知物流企业发货的数量，且发货数量满足 $q_1 = B/w$。

3.4.2 模型建立与分析

按照如上假设，银行只需要第三方物流企业行使商品保管简单职能。此时，银行无须支付物流企业监管费用。在实际的供应链金融运作过程中，当商品是标准品时，银行很容易搜集信息，掌握商品的价格，因此，银行无须物流企业对购销合同进行监管。此时，四方保兑仓融资模式的各方行动时序如图 3-6 所示。

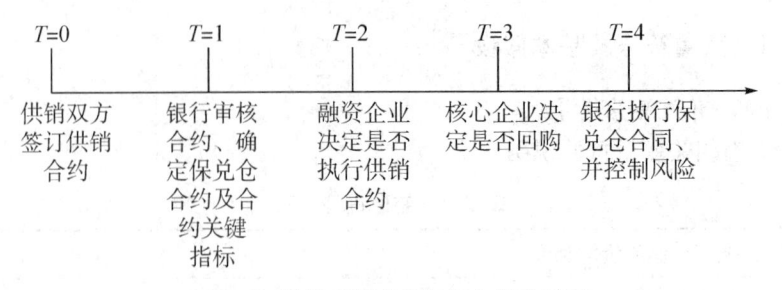

```
T=0         T=1         T=2         T=3         T=4
 |           |           |           |           |───▶
供销双方    银行审核    融资企业    核心企业决   银行执行保
签订供销    合约、确    决定是否   定是否回购   兑仓合同、
合约        定保兑仓    执行供销                并控制风险
            合约及合    合约
            约关键
            指标
```

图 3-6　保兑仓模式参与各方行动时序

3.4.2.1　融资企业行为分析

当融资企业资金有限时，融资企业的订购量较小，很难从核心企业获得较高的数量折扣。这就导致了融资企业的成本增加，对融资企业不利。保兑仓模式通过预付款的方式，增加了融资企业的购买量，获得较好的数量折扣，降低了融资企业的成本。若市场需求稳定时，融资企业能较好地预测市场需求，保兑仓融资模式能有效地促进融资企业利润的提高。但是市场需求随机时，融资企业将面临两难的选择。一方面，若订购量太大，当市场需求小于订购量时，融资企业订购的产品会存在剩余，根据本章的假设（5），产品会有一定损耗，从而造成一定损失；另一方面，若订购量较小，当市场需求大于订购量时，供给不足往往会导致融资企业潜在顾客的流失。同时，较小的订购量会使得融资企业拿不到适当的数量折扣。当然，相比较而言，第二种情况比第一种情况更加严重。因此，融资企业仍然愿意提高订购量。不失一般性，本章假定融资企业有两种行为选择，分别为：根据合约规定缴纳所有相关费用、不缴纳第二次保证金。

当融资企业遵从合约规定，缴纳所有相关费用时，融资企业的期末利润为

$$\pi(x) = p \times \min\{x, q\} + v \times \max\{0, q-x\} - w \times q - w \times q \times r - s \times q \tag{3.1}$$

这里，x 是市场需求。融资企业的现金流入主要为产品销售收入，也可能包括回购收入（当订购量大于需求量时）。现金支出包括三个部分，即批发成本、仓储成本和贷款成本。

当融资企业不遵从合约规定，不缴纳第二次保证金时，融资企业的期末利润为

$$\pi'(x) = p \times \min\{x, q_1\} + v \times \max\{0, q_1-x\} - w \times q_1 - s \times q_1 \tag{3.2}$$

由于第一次提货是按照第一次保证金的大小提货，且满足本章基本假设（6），此时，融资企业的成本主要包含两个部分，即保证金支出 $B = wq_1$，以及从物流企业提货时，支付的仓储费用 sq_1。

明显地，融资企业的行为选择受商品市场需求的影响，下面分三种情况进行讨论。

（1）当 $x > q$ 时，若融资企业遵从合约规定，融资企业的期末利润为

$$\pi(x) = p \times q - w \times q - w \times q \times r - s \times q \tag{3.3}$$

相反地，融资企业的期末利润为

$$\pi'(x) = p \times q_1 - w \times q_1 - s \times q_1 \tag{3.4}$$

当且仅当，(3.3) ≥ (3.4) 式时，融资企业守约。可知，

$$q_1 \leq \left(1 - \frac{wr}{p-w-s}\right) \cdot q \tag{3.5}$$

由此可见，当市场需求高于订购量时，无论保证金比率的大小如何，融资企业都愿意执行合约。

(2) 当 $q_1 \leq x \leq q$ 时，若融资企业遵从合约规定，融资企业的期末利润为

$$\pi(x) = p \times x + v(q-x) - w \times q - w \times q \times r - s \times q \tag{3.6}$$

此时，违约时融资企业的期末利润为

$$\pi'(x) = p \times q_1 - w \times q_1 - s \times q_1 \tag{3.7}$$

当且仅当，(3.6) ≥ (3.7) 式时，融资企业守约。可知，

$$x \geq \frac{w(1+r) + s - v}{p - v} \cdot q + \frac{p - w - s}{p - v} q_1 = x_0 \tag{3.8}$$

同时，由条件知，

$$\frac{w(1+r) + s - v}{p - v} \cdot q + \frac{p - w - s}{p - v} q_1 \leq q \tag{3.9}$$

即

$$q_1 \leq \left(1 - \frac{wr}{p-w-s}\right) \cdot q \tag{3.10}$$

不难得出，当 (3.10) 式满足，在市场需求满足 $q_1 \leq x \leq q$ 时，若市场需求 $x \geq x_0$ 时，融资企业遵守合约。

(3) 当 $x \leq q_1$ 时，若融资企业遵从合约规定，融资企业的期末利润为

$$\pi(x) = p \times x + v(q-x) - w \times q - w \times q \times r - s \times q \tag{3.11}$$

若不守约，融资企业的期末利润为

$$\pi'(x) = p \times x + v \times (q_1 - x) - w \times q_1 - s \times q_1 \tag{3.12}$$

当且仅当，(3.11) ≥ (3.12) 式时，融资企业守约。得到，

$$q_1 \geq \left(1 + \frac{wr}{w+s-v}\right) q \tag{3.13}$$

由此可见，当商品处于低需求时，融资企业一定会违约。

根据以上分析内容，可以得到如下命题：

命题1：融资企业是否遵从合约规定，主要取决于两个因素：一是市场需求状况，二是首次保证金比率。

当市场需求 $x \geq x_0$，且首次保证金比例低于 $1 - wr/(p-w-s)$ 时，融资企业守约。根据本章假设(2)，融资企业的守约概率为 $1 - F(x_0)$。当 $x < x_0$ 时，融资企业肯定不会履行合约，融资企业的毁约概率为 $F(x_0)$。

3.4.2.2 商业银行的行为分析

保兑仓融资模式极大地缓解了供应链中的中小企业资金困难问题，同时帮助中小企业从核心企业获得更多的数量折扣。对于商业银行来说，保兑仓融资模式进一步开拓了银行的中间业务，拓宽了银行的业务范围。在保兑仓融资模式中，融资企业能否严格执行购销合约，提取所有的商品，是保兑仓融资模式最主要的合约风险。这是因为，若融资企业在合同期内只交纳一次保证金，则剩余商品只能按处理价

$v < w$ 进行回购。理论上，银行可以要求核心企业按照批发价 w 对剩余商品回购。此时银行不存在资金损失风险。但在实际操作过程中，如果需求风险均由核心企业承担，核心企业往往没有动力为融资企业担保，从而保兑仓融资模式往往无法开展。不妨认为，银行规定核心企业对剩余商品的 α 比例按照批发价回购，$1-\alpha$ 按照处理价进行回购。则银行的期望利润为

$$E\pi_B(x) = wrq \cdot (1 - F(x_0)) - (1-\alpha) \cdot (w-v) \cdot (q-q_1) \cdot F(x_0) \tag{3.14}$$

对上式求一阶条件，可得

$$\frac{\partial E\pi_B(x)}{\partial q_1} = (1-\alpha)(w-v)F(x_0) - (wrq + (1-\alpha)(w-v)(q-q_1))f(x_0)\frac{p-w-s}{p-v}$$
$$= 0 \tag{3.15}$$

通过一阶条件，可以得到 q_1^*。(3.15) 式给出 q_1^* 的隐性解。当其他参数数值已知时，可以解出 q_1^*。

命题2：银行实际的授信额度为 $w(q-q_1^*)$，$w(q-q_1^*)$ 银行规定的保证金比率为 $\frac{q_1^*}{q}$。

■ 课后习题

1. 简述三方保兑仓融资模式与四方保兑仓融资模式的异同。
2. 简述商业银行、核心企业、中小企业、物流企业在保兑仓融资业务开展过程起到的作用。

■ 案例分析

天盛公司从事电子快消品的销售业务。作为地区代理商，天盛公司从厂商进行批量进货。但由于资金周转不足，天盛公司希望通过三种方式解决资金问题。第一种方式为向厂商赊销，第二种方式是银行贷款，第三种方式为预付账款模式（保兑仓模式）。由于天盛公司的下级代理商回款速度较慢，采取赊销方式往往导致厂商资金回收慢，影响了厂商的资金利用率，因此厂商不愿意采取这种方式。同时，由于天盛公司的固定资产不高，因此银行也不愿意向天盛公司贷款。经过反复的磋商和谈判，最终，厂商提供担保，和天盛公司共同向银行申请保兑仓融资。某批次产品相关信息如表3-2所示。

表3-2 各变量取值情况

变量符号	变量取值	变量符号	变量取值
p（市场零售价）	1 000	v（单位产品残值）	200
w（批发价）	600	q（合同订购量）	10 000
S（库存成本）	100	r（贷款利率）	10%

根据下级代理商的订购情况，天盛公司认为市场需求是随机的，且服从正态分布。密度函数如下：

$$f(x) = \frac{1}{1\,000\sqrt{2\pi}} e^{-\frac{(x-10\,000)^2}{2\,000\,000}} \tag{3.16}$$

天盛公司认为，市场需求的均值应该在 10 000 左右。当然，市场需求不可能小于 0，当 $x<0$ 时，意味着在均值的 10 个标准差以外，此时的累计概率小于 7.6×10^{-24}，可以忽略不计。

（资料来源：李学军，樊华，左仁淑. 新时期下供应链金融保兑仓模式风险管理研究 [J]. 西南金融，2015（8）：68-71.）

问题分析

1. 根据命题 1，计算天盛公司的违约概率。

2. 假定银行与核心企业商定，当合同期结束后，若存在剩余商品，银行的期望利润为：

$$E\pi_B(x) = wrq \cdot (1 - F(x_0)) - 0.5 \cdot (w - v) \cdot (q - q_1) \cdot F(x_0)$$

根据命题 2，计算银行实际的授信额度、首次保证金比例。

■ 参考文献

[1] 陈李宏，彭芳春. 供应链金融-中小企业融资新途径 [J]. 湖北社会科学，2008（11）：101-103.

[2] 白少布，刘洪. 基于供应链保兑仓融资的企业风险收益合约研究 [J]. 软科学，2009（10）：118-122.

[3] 何娟，刘苗苗. 存货质押业务关键风险因子实证辨识分析 [J]. 金融理论与实践，2012（1）：28-32.

[4] 郑忠良，包兴，郝云宏. 供应链金融保兑仓融资模式的担保物质押率研究 [J]. 现代管理科学，2012（10）：36-39.

[5] 任慧军，李智慧，方毅. 物流金融下保兑仓模式中的风险分析 [J]. 物流技术，2013（7）：24-26.

[6] 夏兰，徐雯，宋婷婷. 保兑仓模式下供应链协调策略研究 [J]. 物流技术，2013（9）：360-386.

[7] 曹文彬，马翠香. 基于供应链金融的应收账款融资博弈分析 [J]. 商业研究，2013（3）：168-173.

[8] 林强，李苗. 保兑仓融资模式下收益共享契约的参数设计 [J]. 系统科学与数学，2013（4）：430-444.

[9] 林强，李晓征，师杰. 保兑仓融资模式下数量折扣契约的参数设计 [J]. 天津大学学报，2014（1）：12-17.

[10] 刘原亮，高书丽. 供应链金融模式下的小企业信用风险识别：基于北京地区信贷数据的实证研究 [J]. 新金融，2013（287）：45-49.

[11] 颜明，王军，张继霞，等. 基于VaR的保兑仓部分承诺回购模式研究[J]. 2013（5）：91-94.

[12] LEE H L, TANG C S. Modeling the costs and benefits of delayed product differentiation [J]. Management science, 1997（1）：40-53.

[13] GAVIRNENI S, KAPUSCINSKI R, TAYUR S. Value of information in capacitated supply chain [J]. Management science, 1999（1）：16-24.

[14] JOHN A B, RACHEL Q Z. Inventory management with asset-based financing [J]. Management science, 2004（9）：1274-1292.

[15] BARDIA K, AKHTAR S. Supply contracts, profit sharing, switching, and reaction options [J]. Management science, 2004（1）：64-82.

[16] MIKE B, TORE E. In-Kind Finance：A theory of trade credit [J]. The American economic review, 2004（3）：569-590.

[17] BERGER NA. A more complete conceptual framework for SME finance [J]. Journal of banking and finance, 2006,（11）：2945-2966.

[18] GUILLEN G, BADELL M, PUIGJANER L. A holistic framework for short-term supply chain management integrating production and corporate financial planning [J]. Production economics, 2007（106）：288-306.

[19] HERTZELA G M, LI Z, OFFICER M S. Inter-firm linkages and the wealth effects of financial distress along the supply chain [J]. Journal of financial economics, 2008（87）：374-387.

4 双保理融资模式风险管理

■ 学习目标

1. 了解双保理融资模式的概念,掌握国内保理和国际保理在运营流程中的区别。
2. 学习分别在有无信用担保的情况下双保理商的博弈过程,理解双保理商合谋的防范机制设计。
3. 结合供应链金融实践,分析双保理融资涉及的风险和控制措施,以及和传统金融风险管理的区别和联系。

4.1 双保理融资模式概述

4.1.1 国内保理相关流程

国内单保理主要是指在国内商品贸易中,保理商为其中以赊销等信用销售方式进行销售商品(货物)或提供服务而专门设计的一项综合性极强的金融性服务。其中保理商主要为有这类需要的企业提供贸易融资、应收账款债务催收、销售账户管理、风险控制及坏账相关担保等服务。应收账款保理融资实质是一种存在于融资企业和保理商之间的应收账款债权债务转让协议关系,在这种关系中,融资企业为了筹得资金解决现金流缺口问题将其与核心企业签署的应收账款相关债权合理转让给保理商,保理商根据对融资企业及与其相关的核心企业进行评估授信,发放贷款使融资企业获得融资款项后扩大生产或开展其他业务,从始至终应收账款依旧为融资企业还款的第一有效的资金来源。保理业务刚开始兴起时,我国大部分保理商是商业银行,而现在更多的商业保理公司也开始加入市场。

中国银行业协会保理专业委员会统计数据显示,2021年保理专业委员会全体成员单位保理业务量为3.56万亿元人民币,同比增长42.97%。其中国际保理业务量为481.77亿美元,同比增长32.52%;国内保理业务量为3.25万亿元人民币,同比增长44.44%。国内保理业务仍然是我国保理市场的主力增长点,在保理业务中占比达91.29%。

我国国内单保理融资模式的主要流程如图4-1所示。

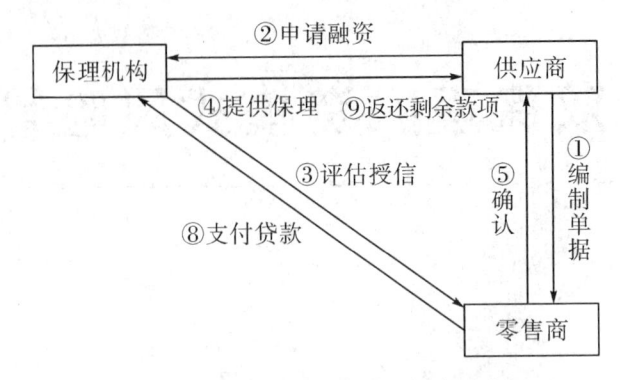

图 4-1 国内单保理融资模式的主要流程

（1）上游供应商和下游零售商展开新的合作意向，双方签订合同，编制有关单据形成有效的应收账款；

（2）上游供应商由于自有资金受限开始向保理公司申请应收账款保理业务进行融资，并提供相关材料证书等；

（3）保理公司在接受申请后开始对下游零售商进行调查评估授信，并对应收账款进行真伪调查；

（4）保理公司调查结束后确认向上游供应商进行应收账款保理，双方签订保理协议，确定应收账款保理融资比率及保理利率等；

（5）上游供应商在获得保理公司所提供的资金后进行原材料的购买和生产加工；

（6）在应收账款到期日之前，保理公司可向下游零售商提示履行还款义务；

（7）下游零售商在市场上出售商品获得资金以偿还应收账款；

（8）下游零售商将应收账款的票面总金额全部支付到保理公司指定的账户中；

（9）保理公司在扣除相关保理服务费用及其他各项费用后，将所剩全部余额划入上游供应商的指定账户。

4.1.2 国际保理相关流程

国际保理业务是集融资、财务管理、坏账担保及催收于一体的贸易结算新模式，这类业务的开展不仅能为处于不同国家的贸易商提供金融便利，也能通过开展合作为双方带去相应的利润，这些优点使得国际保理在国际贸易中所占地位越来越高，国际保理业务也被更多的贸易国家支持与接纳。

具体来说，国际保理主要是指为了消除出口商和进口商因法律、语言等带来的差异，顺利开展国际贸易业务而形成的一种金融模式，由出口商（供应商）和出口商所在国家的保理商（出口保理商）签订保理协议，同时出口保理商在进口商所在国选定一家进口保理商并签署相关保理协议，相互委托代理保理业务，提供各项相关的保理融资服务的一种保理模式。

目前国际保理融资模式的主要流程如图4-2所示。

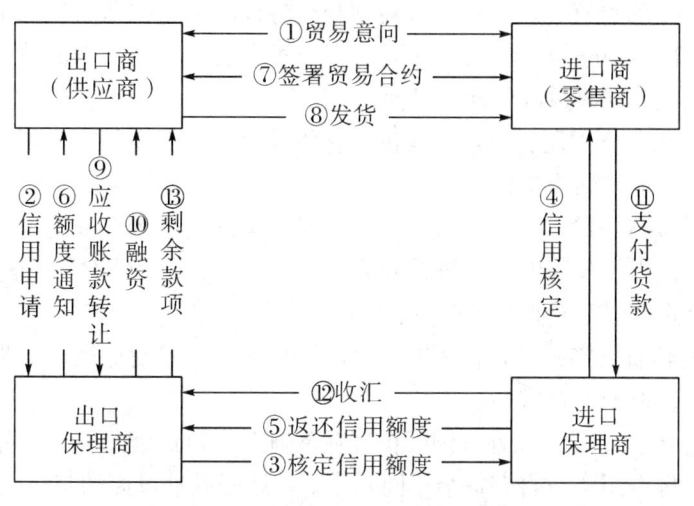

图 4-2 国际保理融资模式的主要流程

（1）出口商和进口商有开展国际商业贸易的倾向或又一次的商业补充需求；

（2）出口商在其所在国选定出口保理商并提交其信用额度申请表进行信用额度申请从而满足出口商的融资诉求；

（3）出口保理商收到信用额度申请后向进口保理商申请对进口商的资信水平进行详细判断；

（4）进口保理商由于与进口商在同一国家，根据其收集到的信息对进口商的资信水平进行判断，大致确定进口商的融资额度；

（5）进口保理商将其确定的进口商信用额度结果通知给出口保理商；

（6）出口保理商接到信用额度水平及时告知给出口商；

（7）进口商和出口商签订国际贸易相关合约，且出口商与出口保理商同时签署保理业务的相关保理协议，确定保理过程中涉及的利率及回报率等；

（8）在确定了出口商的信用额度水平后，出口商将相关贸易商品出售给进口商；

（9）出口商将有关发货凭证和应收账款的相关债权转让说明等资料提供给出口保理商；

（10）出口保理商按照之前确定的信用额度向出口商提供相关融资服务；

（11）在应收账款到期后，进口商将出售货物的所获资金偿还应收账款；

（12）进口保理商在扣除以部门事先约定好的保理费用后，将货款转交给出口保理商并将有关的报告表出示给出口保理商；

（13）出口保理商在减去相应的相关保理服务费用后，将剩余的全部余款交给进行保理融资的出口商。

选择国际保理对于出口商的好处：

（1）提供信用担保：出口商在进行进出口贸易时，可以接受更多的赊账销售，不用担心进行贸易合作的进口商无法提供现金流而拒绝交易。

(2) 获得贸易融资：出口商不仅能顺利地将核准的应收账款以一定票面价值比率向出口保理商申请融资，将获得的资金用于解决出口商的现金流缺口问题，同时还能把应收账款的回收风险转向保理商。

(3) 无授信额度占用：保理商提供的有关保理信用额度不会占用出口商在银行或其他金融机构已有的授信额度。

(4) 有效规避风险：国际保理能有效规避在国际贸易中存在的汇率风险，通过保理商的融资使得出口商的应收账款数额减少，美化了公司的财务报表。

选择国际保理对于进口商的好处：

(1) 获得信贷支持：进口商若有较高的资信水平以及财务表现，将会快速方便地得到来自保理商的信贷支持。

(2) 业务流程简单：在办理国际保理业务时，进口商无须开立信用证，也不用交付保理押金等占用企业自有资金，同时能更好地开展进口商的其他业务。

(3) 提升资金使用效率：通过简单的保理业务流程，进口商可以在售出商品后再支付应收账款，能降低风险，还能提高企业的资金使用效率。

(4) 付款方式多样：进口商在售出现有商品后，获得销售资金，在支付应收账款时，可以选择最有利于自身的支付方式，方便日后再次与出口商合作时，获得最优惠的交易价格。

4.2 信息不对称模式下双保理商的博弈分析

4.2.1 保理商之间的竞合关系

在保理过程中，卖方保理商出于减少资金压力、分担保理风险等因素，选定国内另一家保理商进行保理合作，共同对上游融资企业进行应收账款保理融资业务。其中，卖方保理商和买方保理商之间不仅存在合作关系，而且在利益的角逐下，仍然有一定的竞争冲突。

4.2.1.1 卖方保理商和买方保理商之间的合作

开展双保理业务时，卖方保理商和买方保理商两者间存在委托代理关系。为了使保理业务顺利进行，彼此的发展相互影响，主要包括以下四个方面的合作。

(1) 信用相关的合作

国内双保理会存在的根本原因是，保理商因保理风险过高导致其业务范畴受限，而其中大部分的风险来自应收账款债权的债务人——下游零售商。为了减少这一风险，保理商便会选择同业合作，双方保理商在进行合作时，由于卖方保理商拥有更多的零售商相关信息，或者拥有良好的企业信用数据库或信用评估模型，因此在信用合作方面，保理商间务必做到信息共享。

(2) 监管相关的合作

买方保理商在保理过程中需要对下游零售商进行严格监管，实时向卖方保理商汇报相关销售信息，一旦发现零售商有违约动向或破产动向导致应收账款无法收回时，就要及时汇报情况并采取相应措施。

(3) 运营管理相关的合作

卖方保理商和买方保理商在供应链管理运营流程方面需要加强合作，以便更好更优化地进行运营管理工作，减少不必要的管理费支出，缩短管理流程，并对保理模式提出补充，双方优势互补减少运营管理过程中将有可能出现的问题。

(4) 最终支付相关的合作

下游零售商顺利将商品售出并准备支付应收账款时，容易出现间接付款问题，即下游零售商未通过保理商而是直接将账款返还给上游供应商（融资企业），这样将会导致保理商无法获得相应的业务收益。因此，在最终支付阶段，双方保理商需要加强合作，由买方保理商监督零售商按指定流程支付账款。

4.2.1.2 卖方保理商和买方保理商之间的竞争

买方保理商与卖方保理商两者间虽然存在委托代理关系，但有时在利益驱使下，这类关系并不十分有效。保理商均为"理性经济人"，两者的目标都是实现各自利益最大化，这必然促使两家保理商产生或明或暗的竞争。对买方保理商而言，其收益来源主要来自卖方保理商支付的一定保理收益，一旦其有其他利益可图，将会出现买方保理商与下游零售商相互勾结，向卖方保理商提供虚假信息，合谋损害卖方保理商的恶劣行为。

4.2.2 基本假设

建立买方保理商和卖方保理商的博弈模型，模型的基本假设如下：

(1) 博弈双方（买方保理商、卖方保理商）都是理性的决策者，它们在任何一次阶段博弈中都要求满足自身期望收益的最大化。

(2) 卖方保理商为上游供应商提供保理业务，确定的保理融资金额为 L（一般由应收账款票面价值和下游零售商的信用额度共同确定），卖方保理商的保理利率为 r（融资企业进行保理融资的融资成本）。

(3) 买方保理商通过对买方的监管获得来自卖方保理商提供的监管费用 $L\varphi$，其中 φ 表明监管费用与融资金额成正比且 $0 < L\varphi < Lr$。

(4) 若买方出于自身利益考虑，希望与买方保理商合谋共同欺骗卖方保理商，则产生行贿成本 $L\varepsilon$，且买方最终履约的概率为 P。

(5) 双方（买方保理商、卖方保理商）之间虽然存在委托代理关系，但是实际上双方也会在各自利益驱使下进行博弈，为了更好地进行分析，假定双保理商的公司规模、经济实力及风险承受能力相同。

4.2.3 博弈模型

卖方保理商、买方保理商及买方（上游零售商）的三方博弈树如图 4-3 所示。

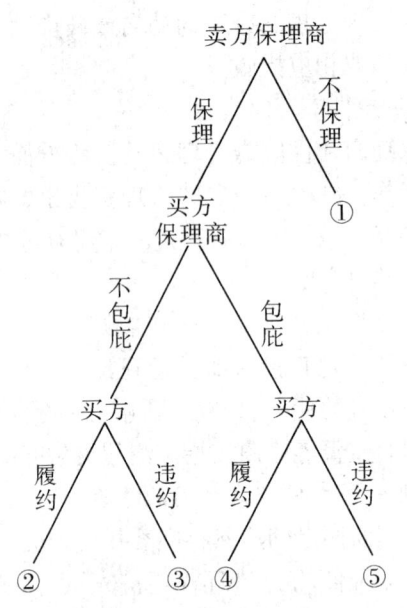

图4-3 卖方保理商、买方保理商及买方的三方博弈树

各情况下，卖方保理商和买方保理商的支付函数分别为：

① $(0, 0)$；

② $(Lr - L\varphi, L\varphi)$；

③ $(-L - L\varphi, L\varphi)$；

④ $(Lr - L\varphi, L\varphi + L\varepsilon)$；

⑤ $(-L, L\varepsilon)$。

从三方的博弈树中我们可以得知，若卖方保理商对卖方应收账款进行保理，那么买方保理商将会在买方保理商是否包庇自己的两种情况下，选择违约或者履约。

(1) 买方保理商选择不包庇买方行为时：

卖方保理商的期望收益为

$$R_1 = P(Lr - L\varphi) + (1 - P)(-L - L\varphi) = L(Pr - \varphi + p - 1) \tag{4.1}$$

买方保理商的期望收益为

$$V_1 = L\varphi \tag{4.2}$$

(2) 买方保理商选择包庇买方行为时：

卖方保理商的期望收益为

$$R_2 = P(Lr - L\varphi) + (1 - P)(-L) = L(Pr + P\varphi + P - 1) \tag{4.3}$$

买方保理商的期望收益为

$$V_2 = P(L\varphi + L\varepsilon) + (1 - P)L\varphi = L(P\varphi + \varepsilon) \tag{4.4}$$

由此得出买方保理商与卖方保理商的收益矩阵，如图4-4所示。

		买方保理商	
		不包庇	包庇
卖方保理商	保理	$(L(Pr - \varphi + P - 1), L\varphi)$	$(L(Pr + P\varphi + P - 1), L(P\varphi + \varepsilon))$
	不保理	(0, 0)	(0, $L\varepsilon$)

图 4-4 买方保理商和卖方保理商的收益矩阵

对买方保理商进行分析：

要使 $V_2 - V_1 = L(P\varphi + \varepsilon) - L\varphi = L\varepsilon + L\varphi(P - 1) > 0$，即只需要满足 $\varepsilon > \varphi(1 - P)$，其中 ε 与买方的行贿成本正相关，而 φ 与卖方保理商支付给买方保理商的监管费用正相关，因此，当买方给予买方保理商超过监管费用的行贿利益时，买方保理商在理性人的假设下，必定会选择保理买方并与其合谋欺骗卖方保理商的利益。

在以上单阶段博弈中，很明显（保理，包庇）并不是一个帕累托最优解决方案，出于个人理性假设，博弈很难进行改进，合作过程中买方保理商由于短期利益和机会主义的诱惑，其选择包庇行为出现合谋现象。

而在现实生活中，两家保理商的合作关系在其整个公司发展过程中，并非只有一次，它们的合作关系是长期存在的。因此，重复博弈必须纳入双保理模式的风险防范措施中，建立重复博弈模型能在两家保理商之间形成"软约束力"，加强彼此的信任，为今后建立长久良好的合作关系打下基础，更能在一定程度上减少合谋问题出现的概率。

4.2.4 重复博弈模型求解

重复博弈模型假设：

（1）假设卖方保理商在买方保理商对买方作出信用调查后，选择是否对应收账款进行保理，设卖方保理商进行保理的概率为 q，则不保理的概率为 $(1 - q)$；

（2）假设后一次博弈中，卖方保理商根据前一次博弈结果做出是否保理的选择，若存在一次买方保理商包庇买方的行为，则其会在下一次博弈中拒绝保理；

（3）σ 用来表示买方保理商的贴现因子，博弈次数为 T（$T > 0$ 且为整数）；

（4）为了更好地进行分析，假定双保理商的公司规模、经济实力及风险承受能力相同。

卖方保理商和买方保理商单次博弈收益矩阵见图 4-5。

		买方保理商	
		不包庇（A）	包庇（B）
卖方保理商	保理（Y）	(R_1, V_1)	(R_2, V_2)
	不保理（N）	(0, 0)	(0, V_3)

注：其中，$V_3 = L\varepsilon$，即买方保理商的受贿收益。

图 4-5 卖方保理商与买方保理商单次博弈收益矩阵

若双方连续进行两次博弈,并假设在第二次博弈时,两方都已知道这是最后一次博弈,那么根据单次博弈的分析得出,买方保理商出于自身利益的考虑,会选择包庇行为获得受贿收益,根据假设,卖方保理商也会根据之前合作中买方保理商的行为做出保理决策。

因此两次博弈将出现两种策略:(保理,不包庇;保理,包庇)、(保理,包庇;不保理,包庇),我们简化为:策略一 $(Y, A; Y, B)$,策略二 $(Y, B; N, B)$。

若第一次博弈中买方保理商不包庇,则为策略一,买方保理商的两期博弈总收益为

$$S_1^{(2)} = qV_1 + \sigma[qV_2 + (1-q)V_3] \tag{4.5}$$

若第一次博弈买方保理商选择包庇行为,则第二次博弈卖方保理商拒绝保理,则为策略二,其中买方保理商的两期博弈总收益为

$$S_2^{(2)} = qV_2 + (1-q)V_3 + \sigma V_3; \tag{4.6}$$

我们设定 $S_1^{(2)} - S_2^{(2)} > 0$,那么两者博弈将会继续进行,即 $qV_1 + \sigma[qV_2 + (1-q)V_3] > qV_2 + (1-q)V_3 + \sigma V_3$,推导出 $q > \dfrac{V_3}{V_1 + (\sigma-1)V_2 - (\sigma-1)V_3}$(条件一)。

若博弈重复三次,则根据相关假设,将出现三种博弈策略,简化为:策略一 $(Y, A; Y, A; Y, B)$,策略二 $(Y, A; Y, B; N, B)$,策略三 $(Y, B; N, B; N, B)$。

在策略一中,买方保理商的三期博弈总收益为

$$\begin{aligned}S_1^{(3)} &= qV_1 + \sigma qV_1 + \sigma^2[qV_2 + (1-q)V_3]\\ &= qV_1 + \sigma\{qV_1 + \sigma[qV_2 + (1-q)V_3]\}\end{aligned} \tag{4.7}$$

在策略二中,买方保理商的三期博弈总收益为

$$S_2^{(3)} = qV_1 + \sigma[qV_2 + (1-q)V_3] + \sigma^2 V_3 \tag{4.8}$$

在策略三中,买方保理商的三期博弈总收益为

$$S_3^{(3)} = qV_1 + (1-q)V_3 + \sigma V_3 + \sigma^2 V_3 \tag{4.9}$$

在两次博弈中,得到博弈条件1,即 $q > \dfrac{V_3}{V_1 + (\sigma-1)V_2 - (\sigma-1)V_3}$,代入以上三个策略中,我们可以得出: $S_1^{(3)} > S_2^{(3)} > S_3^{(3)}$,即策略一 $(Y, A; Y, A; Y, B)$ 是买方保理商基于自身利益最大化的考虑做出的最佳选择。

将以上三次博弈累计重复 4,5……T 次,运用数学归纳法,可以很好地证明若卖方保理商进行保理的概率 q 满足条件一时,卖方保理商与买方保理商在 T 次重复博弈中,会采用(不包庇;不包庇;不包庇;…;包庇)的策略,此时买方保理商的期望收益最大。

从以上重复博弈求解结果可知,如果买方保理商在第 T 次博弈阶段前的任一阶段选择包庇行为(假设为阶段 t),卖方保理商均会立即终止与其合作,而对于买方保理商而言,他将失去今后所有与卖方保理商合作的机会,且对其声誉影响极大。因此声誉或信誉不好的保理商一旦加入双保理模式中充当买方保理商的角色后,其

也有积极与卖方保理商进行合作遵守合约,拒绝与借款企业合谋的意愿。

上述分析中涉及的卖方保理商贴现因子,若其贴现因子极大,说明该保理商更加注重长远利益,而对那些贴现因子较小的保理商来说,他们对未来的收益并不十分期待,相比较而言更重视短期利益,这类保理商可能在与买方保理商的重复博弈过程中,在某一阶段博弈中选择与买方合谋包庇其行为。

一般情况下,对于理性的买方保理商而言,其更倾向于在 1 至 $T-1$ 阶段选择与卖方保理商合作,而在 T 阶段违约选择包庇行为,因此若卖方保理商选择在最后一次博弈中不保理,那么将保住其融资金额 L;相反,若选择保理,则买方保理商的期望收益为 $q[\omega R_1 + (1-\omega) R_2]$,其中 ω 为买方保理商包庇行为的发生概率。若满足 $Lq[\omega R_1 + (1-\omega) R_2] > L$,则卖方保理商在 T 阶段选择继续与买方保理商合作开展双保理业务,即此时的卖方保理商依据前 $T-1$ 次的合作,认为买方保理商信誉良好不会与买方合谋。也就是说,若买方保理商想长远获得业务收益甚至在最终博弈中获得合作胜利,意味着其必须在前 $T-1$ 次合作中拒绝与买方合谋,与卖方保理商进行全面合作。综上所述,采用重复博弈模型能在一定程度上达成促成双保理模式健康运行的目的。

4.3 双保理业务模式下合谋风险防范机制设计

4.3.1 合谋风险的提出

国内保理公司注册数在近几年内数量骤增,而这些保理公司的业务质量、业务能力及资信水平参差不齐。对这类公司而言,由于其没有健全的企业信用评估体系,加之对业务流程不熟悉,若盲目单独开展保理业务,必然会导致业务出现问题甚至导致保理业务失败,这样的结果对于刚获新生的保理商来说,打击是巨大的。因此,选择那些拥有应收账款债务人充足信息来源自本身业务能力及信誉较强的保理商进行协同合作,共同参与应收账款保理业务,实现共赢自然是国内保理商所期望且必须接受的。

在国内双保理业务模式中,两家保理商各自享有的信息程度是大不相同的,从而导致信息不对称问题的出现。买方保理商因为自身信用评估水平较高或信息来源渠道通畅而处于信息摄取多的优势方,能根据买方的流动资产与负债、盈利能力等有关信用指标决定保理业务的保理额度,对于卖方保理商而言,由于其对买方的了解较少且只能通过买方保理商处获知,并根据买方保理商提供的保理额度开展应收账款保理业务。因此在这一过程中卖方保理不仅面临买方拒绝到期支付应收账款的风险,还面临买方保理商在利益的驱使下与买方勾结合谋共同损害自身利益的道德风险。

在上一节中,我们对双保理业务中买卖双方保理商的博弈进行了分析,并引入了在双方不对称信息下的重复博弈模型,指出重复博弈能给买方保理商带来隐性激励从而减少合谋问题出现的可能性。还指出卖方保理商在进行挑选合作保理商时，应将保理商的声誉水平、风险偏好、未来长期合作的可能性等因素进行全面比较，综合考虑从而选定买方保理商。然而重复博弈只是卖方保理商在不完全信息下避免买方与买方保理商合谋而采用的一种被动策略，实际上并没有根本解决信息不对称带来的道德风险问题。

为了更好地解决上节遗留的合谋问题，接下来将拟引入买方保理商是否对买方进行担保的两种模式进行讨论，重点比较在有无担保的情况下各自博弈结果中的最优保理利率、双方保理商的期望收益及卖方的最终融资额等指标，并得出买方保理商参与担保业务，将会使其期望收益得以增加，并有效提高卖方的最终融资额等一系列结论。

4.3.2 无信用担保下双保理商的博弈分析

4.3.2.1 基本假设

在双保理业务模式中，买方保理商在接到卖方保理商的信用额度调查通知后，运用各种可以接触到的信息渠道展开对应收账款中货物（包括市场环境、销售前景及价格波动等）、买方的偿还债务能力等各项因素做出全面调查，从而确定应收账款的保理额度，并将确定好的保理额度与买方保理商确认，再由买方保理商确定是否开始展开保理事宜。

在前期调查过程中，买方保理商不参与担保活动，即应收账款保理的业务风险全部由卖方保理商承担。在实际情况中，保理业务种类较多且保理公司的各自情况不尽相同。因此为了便于分析，建立以下假设：

（1）买方（零售商）在赊销应收账款购买卖方（供应商）的商品后，在市场上进行销售，将产品售出所获销售款项用来偿还卖方的应收账款，若销售失败，则会违约（买方不存在恶意违约的情况）。

（2）参与保理的应收账款账面总金额为 L。

（3）应收账款保理额度为 α。买方保理商通过对买方的偿债能力等因素做出调查后确定，并与卖方保理商进行再次确认。

（4）买方保理商的保理费用收益率为 φ。该收益率在双方保理商签署委托代理合同时确定，并在最后结算阶段由卖方保理商进行支付。

（5）卖方保理商的保理利率为 r_1。卖方保理商的保理利率即为融资企业进行保理融资的融资成本。

（6）买方的履约概率为 P。

（7）在动态博弈的环境中，卖方会根据卖方保理商最终提供的保理利率来确定其融资需求 $D(r_1) = \theta - \mu r_1$，$0 \leq D(r_1) \leq 1$，且 μ 表示融资需求的利率敏感度，即卖方保理商确定的保理利率每增加一个单位，相应的融资需求量将会减少 μ 个单位。

（8）在买方保理商与卖方保理商协同作战的模式下，不会出现买方保理商对买方做出包庇举动与其合谋损害买方保理商利益的情况。

(9) 为了更好地进行分析，假定双保理商的公司规模、经济实力及风险承受能力相同。

4.3.2.2 模型建立

买方保理商确定不参与信用担保的模式下，卖方保理商的行动组合为（保理，不保理），买方的行动组合为（履约，违约）。买方保理商不担保的情况下，买方和卖方保理商的两方博弈树如图 4-6 所示。

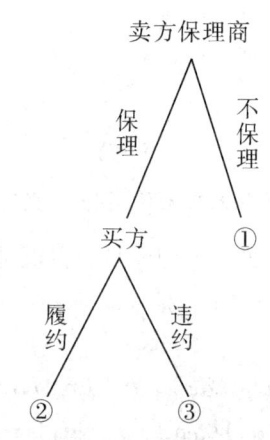

图 4-6 买方保理商不担保的情况下，买方和卖方保理商的两方博弈树

在此模型中，我们主要分析买方保理商与卖方保理商之间的博弈。三种情况下，卖方保理商和买方保理商的支付函数分别为：

① $(0, 0)$；

② $((\theta - \mu r_1)L\alpha r_1 - (\theta - \mu r_1)L\alpha\varphi, (\theta - \mu r_1)L\alpha\varphi)$；

③ $(-(\theta - \mu r_1)L\alpha - (\theta - \mu r_1)L\alpha\varphi, (\theta - \mu r_1)L\alpha\varphi)$；

从三方博弈树中我们可以看出，买方在卖方保理商决定开展保理业务的情况下，会进行违约或不违约的选择。若卖方保理商拒绝保理，则双方保理商收益皆为零。在卖方保理商同意保理的情况下：

卖方保理商的期望收益 M_1 为

$$M_1 = P[(\theta - \mu r_1)L\alpha r_1 - (\theta - \mu r_1)L\alpha\varphi] + \\ (1 - P)[-(\theta - \mu r_1)L\alpha - (\theta - \mu r_1)L\alpha\varphi] \quad (4.10)$$

买方保理商的期望收益 N_1 为

$$N_1 = (\theta - \mu r_1)L\alpha\varphi$$

4.3.2.3 模型求解

买方保理商确定不参与信用担保的模式下，卖方保理商的行动组合为（保理，不保理），买方的行动组合为（履约，违约）。买方保理商不担保的情况下，买方和卖方保理商的两方博弈树如图 4-7 所示。

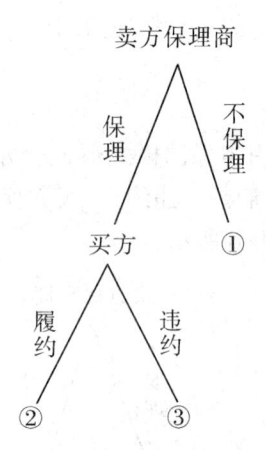

图 4-7 买方保理商不担保的情况下，买方和卖方保理商的两方博弈树

在此模型中，我们主要分析买方保理商与卖方保理商之间的博弈。三种情况下，卖方保理商和买方保理商的支付函数分别为：

① $(0,0)$；

② $((\theta-\mu r_1)L\alpha r_1-(\theta-\mu r_1)L\alpha\varphi,(\theta-\mu r_1)L\alpha\varphi)$；

③ $(-(\theta-\mu r_1)L\alpha-(\theta-\mu r_1)L\alpha\varphi,(\theta-\mu r_1)L\alpha\varphi)$；

从三方博弈树中我们可以看出，买方在卖方保理商决定开展保理业务的情况下，会进行违约或不违约的选择。若卖方保理商拒绝保理，则双方保理商收益皆为零。在卖方保理商同意保理的情况下：

卖方保理商的期望收益 M_1 为

$$M_1 = P[(\theta-\mu r_1)L\alpha r_1-(\theta-\mu r_1)L\alpha\varphi] + \\ (1-P)[-(\theta-\mu r_1)L\alpha-(\theta-\mu r_1)L\alpha\varphi] \tag{4.11}$$

买方保理商的期望收益 N_1 为

$$N_1 = (\theta-\mu r_1)L\alpha\varphi$$

4.3.3 信用担保下双保理商的博弈分析

4.3.3.1 基本假设

买方保理商提供担保与否的两种模式下，模型的相关假设和参数设置基本一致，只是在保理利率和买方保理商的保理费用收益率两种参数设置不同，并增加了对买方保理商风险承担比例的相关假设。基本假设如下：

（1）买方（零售商）在赊销应收账款购买卖方（供应商）的商品后，在市场上进行销售，将产品售出所获销售款项用来偿还卖方的应收账款，若销售失败，则会违约（买方不存在恶意违约的情况）。

（2）参与保理的应收账款账面总金额为 L。

（3）应收账款保理额度为 α。买方保理商通过对买方的偿债能力等因素做出调查后确定，并与卖方保理商进行再次确认。

（4）买方保理商的风险承担比例为 β。

（5）买方保理商的保理费用收益率为 $\varphi(1+\beta)$。该收益率与买方的风险承担比例正相关，由双方保理商签署委托代理合同时确定，并在最后结算阶段由卖方保理商进行支付。

（6）卖方保理商的保理利率为 r_2。卖方保理商的保理利率即为融资企业进行保理融资的融资成本。

（7）买方的履约概率为 P。

（8）在动态博弈的环境中，卖方会根据卖方保理商最终提供的保理利率来确定其融资需求 $D(r_2)=\theta-\mu r_2$，$0 \leq D(r_1) \leq 1$ 且 $0 \leq \theta$、$\mu \leq 1$，且 μ 表示融资需求的利率敏感度，即卖方保理商确定的保理利率每增加一个单位相应的融资需求量将会相应减少 μ 个单位。

（9）在买方保理商与卖方保理商协同作战的模式下，不会出现买方保理商对买方做出包庇举动与其合谋损害买方保理商利益的情况。

（10）为了更好地进行分析，假定双保理商的公司规模、经济实力及风险承受能力相同。

4.3.3.2 模型建立

买方保理商确定参与信用担保的模式下，卖方保理商的行动组合为（保理，不保理），买方的行动组合为（违约，不违约）。买方保理商担保的情况下，买方和卖方保理商的两方博弈树如图 4-8 所示。

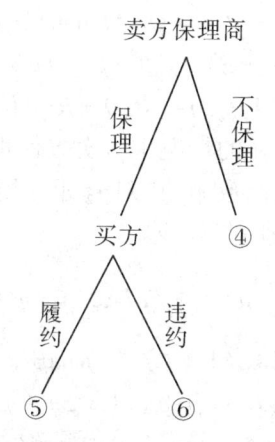

图 4-8 买方保理商担保的情况下，买方和卖方保理商的两方博弈树

在此模型中，我们主要分析买方保理商与卖方保理商两者间的博弈。三种情况下，卖方保理商和买方保理商的支付函数分别为：

④ $(0, 0)$；

⑤ $((\theta-\mu r_2)L\alpha r_2 - (\theta-\mu r_2)L\alpha\varphi(1+\beta), (\theta-\mu r_2)L\alpha\varphi(1+\beta))$；

⑥ $(-(\theta-\mu r_2)L\alpha - (\theta-\mu r_2)L\alpha\varphi(1+\beta) + (\theta-\mu r_2)L\alpha\beta, (\theta-\mu r_2)L\alpha\varphi(1+\beta) - (\theta-\mu r_2)L\alpha\beta)$。

从三方博弈树中我们可以看出，买方在卖方保理商决定开展保理业务的情况下，会进行违约或不违约的选择。若卖方保理商拒绝保理，则双方保理商收益皆为零。

在卖方保理商同意保理的情况下：

卖方保理商的期望收益 M_2 为

$$M_2 = P[(\theta - \mu r_2)L\alpha r_2 - (\theta - \mu r_2)L\alpha\varphi(1+\beta)] + (1-P)[-(\theta - \mu r_2)L\alpha - (\theta - \mu r_2)L\alpha\varphi(1+\beta) + (\theta - \mu r_2)L\alpha\beta] \quad (4.12)$$

买方保理商的期望收益 N_2 为

$$N_2 = P[(\theta - \mu r_2)L\alpha\varphi(1+\beta)] + (1-P)[(\theta - \mu r_2)L\alpha\varphi(1+\beta) - (\theta - \mu r_2)L\alpha\beta]$$

4.3.3.3 模型求解

为了求解该博弈模型下的纳什均衡，拟使用逆向归纳法。

命题 4 卖方保理商在买方保理商提供担保的情况下，若买方保理商给定风险承担比例 β，则卖方保理商选择的最优保理利率 r_2^* 为：

$$r_2^*(\beta) = \frac{P[\theta + (\beta-1)\mu] - [\beta - \varphi(1+\beta) - 1]\mu}{2P\mu}$$，与买方的履约概率 P 均呈负相关，

而 $\begin{cases} 0 \leq P < 1-\varphi \text{ 时，} r_2 \text{ 与风险承担比例 } \beta \text{ 呈负相关} \\ P = 1-\varphi \text{ 时，} r_2 \text{ 与风险承担比例 } \beta \text{ 无关} \\ 1-\varphi < P \leq 1 \text{ 时，} r_2 \text{ 与风险承担比例 } \beta \text{ 呈正相关} \end{cases}$

证明 将 (4.12) 式展开，得

$$M_2 = P(\theta - \mu r_2)L\alpha r_2 - P(\theta - \mu r_2)L\alpha\varphi(1+\beta) - (\theta - \mu r_2)L\alpha r_2 - (\theta - \mu r_2)L\alpha\varphi(1+\beta) + (\theta - \mu r_2)L\alpha\beta + P(\theta - \mu r_2)L\alpha r_2 + P(\theta - \mu r_2)L\alpha\varphi(1+\beta) - P(\theta - \mu r_2)L\alpha\beta$$

考虑在给定风险承担比例 β 的情况下，卖方保理商最终选择的最优保理利率 r_2^*。在卖方保理商的期望收益函数 M_2 中对 r_2 求一阶偏导，并使求导结果等于零，便可得到卖方保理商的最优保理利率。即

$$\frac{\partial M_2}{\partial r_2} = -P\mu L\alpha r_2 + PL\alpha(\theta - \mu r_2) + P\mu L\alpha\varphi(1+\beta) + \mu L\alpha + \mu L\alpha\varphi(1+\beta) - \mu L\alpha\beta - P\mu L\alpha - P\mu L\alpha\varphi(1+\beta) + P\mu L\alpha\beta$$

$$= 2P\mu L\alpha r_2 + PL\alpha\theta + \mu L\alpha + \mu L\alpha\varphi(1+\beta) - \mu L\alpha\beta - P\mu L\alpha + P\mu L\alpha\beta = 0$$

得出，$r_2^*(\beta) = \dfrac{PL\alpha\theta + \mu L\alpha + \mu L\alpha\varphi(1+\beta) - \mu L\alpha\beta - P\mu L\alpha + P\mu L\alpha\beta}{2P\mu L\alpha}$

$$= \frac{P[\theta + (\beta-1)\mu] - [\beta - \varphi(1+\beta) - 1]\mu}{2P\mu} \quad (4.13)$$

化简 (4.13) 式，得

$$r_2^*(\beta) = \frac{P(\theta + \mu\beta - \mu) - (\beta - \varphi - \varphi\beta - 1)\mu}{2P\mu}$$

在其他系数一定的情况下，

$$\frac{\partial r_2^*(\beta)}{\partial \beta} = \frac{P\mu - \mu(1-\varphi)}{2P\mu} = \frac{P - (1-\varphi)}{2P},$$

则：

当 $0 \leq P < 1-\varphi$ 时，$\dfrac{\partial r_2^*(\beta)}{\partial \beta} < 0$，表示 r_2 与风险承担比例 β 呈负相关；

当 $P = 1-\varphi$ 时，$\dfrac{\partial r_2^*(\beta)}{\partial \beta} = 0$，表示 r_2 与风险承担比例 β 无关；

当 $1-\varphi < P \leq 1$ 时，$\dfrac{\partial r_2^*(\beta)}{\partial \beta} > 0$，表示 r_2 与风险承担比例 β 呈正相关。

从上讨论结果可以得出：其他条件一定，当买方的履约概率 P 很小，即基本可以肯定买方会违约的情况下，买方保理商的风险承担比例 β 增加，卖方保理商承担的保理风险将会减少，那么其一定会减小保理利率 r_2，即买方保理商确定的保理利率 r_2 随着买方保理商的风险承担比例 β 增大而减小；而当买方的履约概率 P 很大，即基本不存在违约的情况下，买方保理商确定的保理利率 r_2 则随着买方的风险承担比例 β 增大而增大。

同理，在其他系数一定的情况下，

$$\frac{\partial r_2^*}{\partial P} = \frac{2P\mu[\theta+(\beta-1)\mu] - 2\mu\{P[\theta+(\beta-1)\mu]-[\beta-\varphi(1+\beta)-1]\mu\}}{4P^2\mu^2}$$

$$= \frac{2\mu^2[\beta-\varphi(1+\beta)-1]}{4P^2\mu^2} = \frac{\beta-\varphi(1+\beta)-1}{2P^2} \leq 0,$$

即保理利率 r_2 与买方的履约概率 P 呈负相关。

命题 5 在买方保理商提供担保的情形下，其选择的最优风险承担比例 β^* 为：

$$\beta^* = \frac{P(\theta+\mu)-\mu(2\varphi+1)}{2\mu(P+\varphi-1)}, \quad r_2^* = \frac{P(3\theta-\mu)+\mu}{4P\mu}, \quad r_2 \text{ 与买方履约概率 } P \text{ 呈负相关,}$$

当 $0 \leq \varphi < \dfrac{\theta}{\theta+3\mu}$，且 $\begin{cases} 0 \leq P < 1-\varphi \text{ 时}, \beta \text{ 与买方的履约概率 } P \text{ 呈负相关} \\ P = 1-\varphi \text{ 时}, \beta \text{ 与买方的履约概率 } P \text{ 无关} \\ 1-\varphi < P \leq 1 \text{ 时}, \beta \text{ 与买方的履约概率 } P \text{ 呈正相关} \end{cases}$

当 $\varphi = \dfrac{\theta}{\theta+3\mu}$，$\beta$ 与买方的履约概率 P 无关，

当 $\dfrac{\theta}{\theta+3\mu} < \varphi \leq 1$，且 $\begin{cases} 0 \leq P < 1-\varphi \text{ 时}, \beta \text{ 与买方的履约概率 } P \text{ 呈正相关} \\ P = 1-\varphi \text{ 时}, \beta \text{ 与买方的履约概率 } P \text{ 无关} \\ 1-\varphi < P \leq 1 \text{ 时}, \beta \text{ 与买方的履约概率 } P \text{ 呈负相关} \end{cases}$

证明 将（4.13）式代入买方保理商的期望收益函数（4.12）中，求 β 的一阶偏导并使之为零，得

$$N_2 = P[(\theta-\mu r_2^*)L\alpha\varphi(1+\beta)] + (1-P)[(\theta-\mu r_2^*)L\alpha\varphi(1+\beta) - (\theta-\mu r_2^*)L\alpha\beta]$$

$$= P\left[\left(\theta-\mu\frac{P[\theta+(\beta-1)\mu]-[\beta-\varphi(1+\beta)-1]\mu}{2P\mu}\right)L\alpha\varphi(1+\beta)\right] +$$

$$(1-P)\left[\left(\theta-\mu\frac{P[\theta+(\beta-1)\mu]-[\beta-\varphi(1+\beta)-1]\mu}{2P\mu}\right)L\alpha\varphi(1+\beta) - \right.$$

$$(\theta - \mu \frac{P[\theta + (\beta - 1)\mu] - [\beta - \varphi(1+\beta) - 1]\mu}{2P\mu})L\alpha\beta]$$

对 β 一阶求导并化简：

$$\frac{\partial N_2}{\partial r_2^*} = \frac{\mu - \mu\varphi - P\mu}{2P}\varphi + \frac{\mu - \mu\varphi - P\mu}{2P}\varphi\beta^* +$$

$$\frac{\beta^*\mu(1-\varphi-P) + P\theta + P\mu - \mu - \mu\varphi}{2P}\varphi - \frac{\mu - \mu\varphi - P\mu}{2P}\beta^* -$$

$$\frac{\beta^*\mu(1-\varphi-P) + P\theta + P\mu - \mu - \mu\varphi}{2P} + P\frac{\mu - \mu\varphi - P\mu}{2P}\beta^* +$$

$$P\frac{\beta^*\mu(1-\varphi-P) + P\theta + P\mu - \mu - \mu\varphi}{2P} = 0$$

$$\frac{\mu - \mu\varphi - P\mu}{2P}\beta^* + \frac{\beta^*\mu(1-\varphi-P) + P\theta + P\mu - \mu - \mu\varphi}{2P}$$

$$= \frac{\mu - \mu\varphi - P\mu}{2P}\frac{\varphi}{1-\varphi-P}$$

$$\frac{\mu - \mu\varphi - P\mu}{2P}\beta^* + \frac{P\theta + P\mu - \mu - \mu\varphi}{2P} = \frac{\mu - \mu\varphi - P\mu}{2P}\frac{\varphi}{1-\varphi-P}$$

最终得

$$\beta^* = \frac{P(\theta+\mu) - \mu(2\varphi+1)}{2\mu(P+\varphi-1)} \tag{4.14}$$

再将 (4.14) 式代入命题 5 中的 (4.13) 式，可得

$$r_2^* = \frac{P[(\theta + (\beta^*-1)\mu)] - [\beta^* - \varphi(1+\beta^*) - 1]\mu}{2P\mu}$$

$$= \frac{\beta\mu(\varphi + P - 1) + P\theta - P\mu + \mu + \mu\varphi}{2P\mu}$$

$$= \frac{P(3\theta - \mu) + \mu}{4P\mu} \tag{4.15}$$

对 (4.15) 式进行分析，当其他系数一定时，

$$\frac{\partial r_2}{\partial P} = \frac{4P\mu(3\theta-\mu) - 4[P(3\theta-\mu)+\mu]}{16P^2\mu^2} = -\frac{1}{4P^2} < 0，即 r_2 与买方履约概率 P$$

呈负相关。

同理，对 (4.14) 式进行分析，当其他系数一定时，

$$\frac{\partial \beta}{\partial P} = \frac{2\mu(\theta+\mu)(P+\varphi-1) - 2\mu[P(\theta+\mu)-\mu(2\varphi+1)]}{4\mu^2(P+\varphi-1)^2} = \frac{(\theta+3\mu)\varphi - \theta}{2\mu(P+\varphi-1)^2},$$

则：

当 $0 \leq \varphi < \frac{\theta}{\theta+3\mu}$，且 $\begin{cases} 0 \leq P < 1-\varphi \text{ 时}, \beta \text{ 与买方的履约概率 } P \text{ 呈负相关} \\ P = 1-\varphi \text{ 时}, \beta \text{ 与买方的履约概率 } P \text{ 无关} \\ 1-\varphi < P \leq 1 \text{ 时}, \beta \text{ 与买方的履约概率 } P \text{ 呈正相关} \end{cases}$

当 $\varphi = \dfrac{\theta}{\theta + 3\mu}$，$\beta$ 与买方的履约概率 P 无关，

当 $\dfrac{\theta}{\theta + 3\mu} < \varphi \leqslant 1$，且 $\begin{cases} 0 \leqslant P < 1 - \varphi \text{ 时，} \beta \text{ 与买方的履约概率 } P \text{ 呈正相关} \\ P = 1 - \varphi \text{ 时，} \beta \text{ 与买方的履约概率 } P \text{ 无关} \\ 1 - \varphi < P \leqslant 1 \text{ 时，} \beta \text{ 与买方的履约概率 } P \text{ 呈负相关} \end{cases}$

以上讨论结果可以理解为：其他条件一定，在 $0 \leqslant P < 1 - \varphi$ 的情况下，当买方保理商的保理费用收益率 φ 很小时，即便买方的履约概率如何增大都无法使买方保理商愿意投资更大的风险承担比例来占用其流动资金，因此买方保理商确定的风险承担比例 β 会随着买方的履约概率 P 增大而减小，买方保理商的保理费用收益率 φ 很大时，买方保理商确定的风险承担比例 β 则随着买方的履约概率 P 增大而增大。

从命题4、命题5可以总结得出，在买方保理商先行决定保理额度及风险承担比例、卖方保理商决定保理利率的双边市场中，本质上是由买方保理商基于买方的履约概率 P（根据假设1，买方不存在恶意违约的情况，因此买方的履约概率主要受销售商品的变现难易程度及销售市场的供需关系等影响）来确定其参与担保的风险承担比例 β，随后卖方保理商据此来确定最佳保理利率 r_2。

命题6 买方保理商提供担保的情况中，在买方保理商的最优风险承担比例 β^* 和卖方保理商的最优保理利率 r_1^* 的策略下，卖方保理商和买方保理商各自的利润函数为

$$\max M_2 = \dfrac{L\alpha}{16P\mu}[P(\theta + \mu) - \mu]^2, \quad \max N_2 = \dfrac{L\alpha}{8P\mu}[P(\theta + \mu) - \mu]^2, \quad 且$$

当 $\begin{cases} 0 \leqslant P < \dfrac{\mu}{\theta + \mu} \text{ 时，} M_2 \text{、} N_2 \text{ 均与买方的履约概率 } P \text{ 呈负相关} \\ P = \dfrac{\mu}{\theta + \mu} \text{ 时，} M_2 \text{、} N_2 \text{ 均与买方的履约概率 } P \text{ 无关} \\ \dfrac{\mu}{\theta + \mu} < P \leqslant 1 \text{ 时，} M_2 \text{、} N_2 \text{ 均与买方的履约概率 } P \text{ 呈正相关} \end{cases}$

证明 将 (4.12) 式化简，得

$M_2 = P(\theta - \mu r_2) L\alpha [r_2 - \varphi(1 + \beta)] - (1 - P)(\theta - \mu r_2) L\alpha [1 + \varphi(1 + \beta) - \beta]$

$\quad = P(\theta - \mu r_2) L\alpha r_2 - (\theta - \mu r_2) L\alpha (1 + \varphi + \varphi\beta - \beta) + P(\theta - \mu r_2) L\alpha (1 - \beta)$

$\quad = (\theta - \mu r_2) L\alpha [Pr_2 - 1 - \varphi + P - \beta(\varphi + P - 1)]$

再将 (4.13) 式、(4.15) 式中 β^*、r_2^* 代入 M_2 的化简式中，可得

$$\max M_2 = \left[\theta - \mu \dfrac{P(3\theta - \mu) + \mu}{4P\mu}\right] L\alpha \left[\dfrac{P(\theta + \mu) - \mu(2\varphi + 1)}{2\mu(P + \varphi - 1)} - P - 1 - \varphi\right]$$

$$= \dfrac{L\alpha}{16P\mu}[P(\theta + \mu) - \mu]^2 \tag{4.16}$$

同理，将 (4.12) 式化简，得

$N_2 = P(\theta - \mu r_2) L\alpha [\varphi + \varphi\beta] + (1 - P)(\theta - \mu r_2) L\alpha [\varphi + \varphi\beta - \beta]$

$\quad = (\theta - \mu r_2) L\alpha (\varphi + \varphi\beta - \beta) + P(\theta - \mu r_2) L\alpha \beta$

$\quad = (\theta - \mu r_2) L\alpha [\varphi + \beta(\varphi + P - 1)]$

再将 (4.14) 式、(4.15) 式中 β^*、r_2^* 代入 M_2 的化简式中，可得

$$\max N_2 = \frac{P\theta + P\mu - \mu}{4P} L\alpha \left(\varphi + \frac{P\theta + P\mu - 2\mu\varphi - \mu}{2\mu} \right)$$

$$= \frac{P\theta + P\mu - \mu}{4P} L\alpha \frac{P\theta + P\mu - \mu}{2\mu}$$

$$= \frac{L\alpha}{8P\mu} [P(\theta + \mu) - \mu]^2 \qquad (4.17)$$

对 (4.16) 式进行分析，当其他系数一定时，

$$\frac{\partial M_2}{\partial P} = \frac{2L\alpha [P(\theta + \mu) - \mu](\theta + \mu) \cdot 16P\mu - 16L\alpha\mu [P(\theta + \mu) - \mu]^2}{256 P^2 \sigma^2}$$

$$= \frac{L\alpha [P(\theta + \mu) - \mu](P\theta + P\mu + \mu)}{16 P^2 \mu},$$

则：

当 $0 \leq P < \dfrac{\mu}{\theta + \mu}$ 时，$\dfrac{\partial M_2}{\partial P} < 0$，表示 M_2 与买方的履约概率 P 呈负相关；

当 $P = \dfrac{\mu}{\theta + \mu}$ 时，$\dfrac{\partial M_2}{\partial P} = 0$，表示 M_2 与买方的履约概率 P 无关；

当 $\dfrac{\mu}{\theta + \mu} < P \leq 1$ 时，$\dfrac{\partial M_2}{\partial P} > 0$，表示 M_2 与买方的履约概率 P 呈正相关。

同理，对 (4.17) 式进行分析，当其他系数一定时，

$$\frac{\partial N_2}{\partial P} = \frac{2L\alpha [P(\theta + \mu) - \mu] \cdot 8P\mu(\theta + \mu) - 8L\alpha\mu [P(\theta + \mu) - \mu]^2}{64 P^2 \mu^2}$$

$$= \frac{L\alpha [P(\theta + \mu) - \mu](P\theta + P\mu + \mu)}{8 P^2 \mu},$$

则：

当 $0 \leq P < \dfrac{\mu}{\theta + \mu}$ 时，$\dfrac{\partial N_2}{\partial P} < 0$，表示 N_2 与买方的履约概率 P 呈负相关；

当 $P = \dfrac{\mu}{\theta + \mu}$ 时，$\dfrac{\partial N_2}{\partial P} = 0$，表示 N_2 与买方的履约概率 P 无关；

当 $\dfrac{\mu}{\theta + \mu} < P \leq 1$ 时，$\dfrac{\partial N_2}{\partial P} > 0$，表示 N_2 与买方的履约概率 P 呈正相关。

以上讨论结果可以理解为：其他条件一定，当买方的履约概率 P 很小，即基本可以肯定买方会违约的情况下，卖方保理商的利润 M_2 和买方保理商的利润 N_2 随着买方的履约概率 P 增大而减小；而当买方的履约概率 P 很大，即基本不存在违约的情况下，卖方保理商的利润 M_2 和买方保理商的利润 N_2 随着买方的履约概率 P 增大而增大。

命题 7 买方保理商提供担保的模式中，在卖方保理商确定了保理利率 r_2^* 的最优策略下，卖方的最终融资需求即最终融资额

$$D(r_2^*) = \frac{\beta\mu(1-\varphi-P) + P\theta + P\mu - \mu - \mu\varphi}{2P}$$，且与买方的履约概率 P 呈正相关，与买方保理商的保理费用收益率 φ 呈负相关，

当 $\begin{cases} 0 \le P < 1-\varphi \text{ 时，} D(r_2^*) \text{ 与买方的风险承担比例 } \beta \text{ 呈负相关} \\ P = 1-\varphi \text{ 时，} D(r_2^*) \text{ 与买方的风险承担比例 } \beta \text{ 无关} \\ 1-\varphi < P \le 1 \text{ 时，} D(r_2^*) \text{ 与买方的风险承担比例 } \beta \text{ 呈正相关} \end{cases}$

证明 在卖方保理商确定好最佳保理利率 r_2^* 的情况下，卖方将根据这一保理利率决定最终的融资额，将（4.15）式 $r_2^* = \dfrac{P(3\theta-\mu)+\mu}{4P\mu}$ 代入假设（7）中，得

$$D(r_2^*) = \theta - \mu r_2^* = \theta - \mu \frac{P(3\theta-\mu)+\mu}{4P\mu}$$

$$= \frac{\beta\mu(1-\varphi-P) + P\theta + P\mu - \mu - \mu\varphi}{2P} \tag{4.18}$$

对（4.18）式进行分析，展开得

$$D(r_2) = \frac{\beta\mu - \beta\mu\varphi - \beta\mu P + P\theta + P\mu - \mu - \mu\varphi}{2P}$$

$$= \frac{(\theta + \mu - \beta\mu)P + \beta\mu - \beta\mu\varphi - \mu - \mu\varphi}{2P}$$

$$= (\theta + \mu - \beta\mu) - \frac{(\beta\varphi + \varphi + 1)\mu - \beta\mu}{2P}$$

由于买方的风险承担比例 β 满足 $0 \le \beta \le 1$，因此 $(\beta\varphi + \varphi + 1)\mu - \beta\mu > 0$，得出 $D(r_2)$ 随着 P 的增大而增大，即卖方的最终融资额 D 与买方的履约概率 P 呈正相关。

当其他系数一定时，

$$D(r_2) = \frac{\beta\mu - \beta\mu\varphi - \beta\mu P + P\theta + P\mu - \mu - \mu\varphi}{2P}$$

$\dfrac{\partial D(r_2)}{\partial \varphi} = -\dfrac{\beta\mu + \mu}{2P} \le 0$，得出 $D(r_2)$ 与买方保理商的保理费用收益率 φ 呈负相关。

同理，当其他系数一定时，

$$\frac{\partial D(r_2)}{\partial \beta} = \frac{\mu(1-\varphi-P)}{2P},$$

则当 $0 \le P < 1-\varphi$ 时，$D(r_2)$ 与风险承担比例 β 呈负相关；当 $P = 1-\varphi$ 时，$D(r_2)$ 与风险承担比例 β 无关；当 $1-\varphi < P \le 1$ 时，$D(r_2)$ 与风险承担比例 β 呈正相关。

根据上述结果可以看出，卖方最终确定的最终融资额 D 实质上是由买方的履约概率 P、买方保理商的保理费用收益率 φ 共同决定的，与 P 呈正相关，且与 φ 呈负相关。可以理解为，当支付给买方保理商的保理监管费用越高时，卖方保理商便会设法从卖方处获得更大的保理费用，即提高保理业务的保理利率 r_2，而过高的保理

利率 r_2 将会导致卖方承受更多的保理业务相关融资成本，因此会试图缩减融资额 $D(r_2)$，结论与实际情况相符。

综上，在买方保理商确定参与担保的模式下，应收账款保理的业务风险由卖方保理商和买方保理商共同承担。通过建立博弈模型对卖方保理商及买方保理商的博弈行为进行分析，求解出在该模式下，卖方保理商确定的最佳保理利率 r_2^*、卖方保理商确定的风险承担比例 β^*、双方保理商的利润函数 M_2^*、N_2^* 以及卖方的最终融资需求即最终融资额 $D(r_2^*)$。

从求解结果中得出，卖方保理商最终确定的最佳保理利率 r_2^* 实质上是由买方的履约概率 P、买方保理商的保理费用收益率 φ 和风险承担比例 β 共同决定的，与买方的履约概率 P 呈负相关；卖方最终确定的最终融资额 $D(r_2)$ 实质上也是由买方的履约概率 P、买方保理商的保理费用收益率 φ 共同决定的，与买方的履约概率 P 呈正相关、与 φ 呈负相关。

4.3.4 有无担保的结果比较分析

在上两节内容中，将双保理模式下，买方保理商是否对保理业务提供担保分为两大类，分别通过建立卖方保理商、买方保理商和买方的三方博弈树，对其中买方保理商和卖方保理商的博弈行为进行分析，重点分析了两种情况下的最优保理利率、在此最优决策下买卖双方保理商的期望利润及融资市场需求函数的表达式，并讨论了买方的履约概率对它们的影响。

为了更好地对买方保理商是否对保理业务提供担保的两种模式进行分析，接下来分别对保理利率、期望利润及最终融资需求进行比较，分析买方保理商参与担保的行为对双保理业务模式的影响。

4.3.4.1 保理利率的比较

由上述推导已知，$r_1^* = \dfrac{P(\theta - \mu) + (1 + \varphi)\mu}{2P\mu}$，$r_2^* = \dfrac{P(3\theta - \mu) + \mu}{4P\mu}$。

命题 8 不提供担保的模式中最优决策下保理利率 r_1^* 与提供担保的模式中最优决策下保理利率 r_2^* 的大小关系为

当 $\begin{cases} 0 \leqslant P < \dfrac{2\mu\varphi + \mu}{\theta + \mu} \text{ 时，} r_1^* > r_2^* \\ P = \dfrac{2\mu\varphi + \mu}{\theta + \mu} \text{ 时，} r_1^* = r_2^* \\ \dfrac{2\mu\varphi + \mu}{\theta + \mu} < P \leqslant 1 \text{ 时，} r_1^* < r_2^* \end{cases}$

且两者差额 $r = r_1^* - r_2^*$ 与买方的履约概率 P 呈负相关。

证明 知 $r_1^* = \dfrac{P(\theta - \mu) + (1 + \varphi)\mu}{2P\mu}$，$r_2^* = \dfrac{P(3\theta - \mu) + \mu}{4P\mu}$，则

$$r = r_1^* - r_2^* = \dfrac{P(\theta - \mu) + (1 + \varphi)\mu}{2P\mu} - \dfrac{P(3\theta - \mu) + \mu}{4P\mu}$$

$$= \frac{\mu(2\varphi + 1) - P(\theta + \mu)}{4P\mu}$$

分析得，当 $0 \leq P < \frac{2\mu\varphi + \mu}{\theta + \mu}$ 时，$r = r_1^* - r_2^* > 0$；

当 $P = \frac{2\mu\varphi + \mu}{\theta + \mu}$ 时，$r = r_1^* - r_2^* = 0$；

当 $\frac{2\mu\varphi + \mu}{\theta + \mu} < P \leq 1$ 时，$r = r_1^* - r_2^* < 0$。

同时对 $r = r_1^* - r_2^*$ 进行分析，当其他系数一定时，

$$\frac{\partial r}{\partial P} = \frac{-4P\mu(\theta + \mu) - 4\mu[\mu(1 + 2\varphi) - P(\theta + \mu)]}{16P^2\mu^2}$$

$$= -\frac{1 + 2\varphi}{4P^2} < 0$$

即两种模式下最佳保理利率差额 $r = r_1^* - r_2^*$ 与买方的履约概率 P 呈负相关。

从命题8可以得出，当买方的履约概率小于某一临界值 $\left(P = \frac{2\mu\varphi + \mu}{\theta + \mu}\right)$ 时，买方保理商不进行担保的模式下卖方保理商设置的保理利率 r_1^* 将大于买方保理商进行担保的模式下卖方保理商设置的保理利率 r_2^*，相反，当买方的履约概率大于这一临界值 $\left(P = \frac{2\mu\varphi + \mu}{\theta + \mu}\right)$ 时，担保模式下的 r_2^* 将大于不担保模式下的 r_1^*。

4.3.4.2 期望利润比较

由（4.3）式、（4.16）式已知 $\max M_1 = \frac{L\alpha}{4P\mu}[P(\theta + \mu) - (1 + \varphi)\mu]^2$、$\max M_2 = \frac{L\alpha}{16P\mu}[P(\theta + \mu) - \mu]^2$。

命题9 不提供担保的模式中最优决策下卖方保理商的期望利润 $\max M_1$ 与提供担保的模式中最优决策下卖方保理商的期望利润 $\max M_2$ 的大小关系为

当 $\begin{cases} 0 \leq P < \frac{2\mu\varphi + \mu}{\theta + \sigma} \text{ 时，} \max M_1 > \max M_2 \\ P = \frac{2\mu\varphi + \mu}{\theta + \mu} \text{ 时，} \max M_1 = \max M_2 \\ \frac{2\mu\varphi + \mu}{\theta + \mu} < P \leq 1 \text{ 时，} \max M_1 < \max M_2 \end{cases}$

且两者差额 $M = \max M_1 - \max M_2$ 与买方的履约概率 P 呈负相关。

证明 已知 $\max M_1 = \frac{L\alpha}{4P\mu}[P(\theta + \mu) - (1 + \varphi)\mu]^2$、$\max M_2 = \frac{L\alpha}{16P\mu}[P(\theta + \mu) - \mu]^2$，则

$$\frac{\max M_1}{\max M_2} = \frac{L\alpha[P(\theta + \mu) - \mu]^2}{16P\mu} \cdot \frac{4P\mu}{L\alpha[P(\theta + \mu) - (1 + \varphi)\mu]^2}$$

$$= \left[\frac{P(\theta+\mu)-\mu}{2P(\theta+\mu)-2\mu(1+\varphi)}\right]^2$$

若要使 $\max M_1 > \max M_2$，则必须使 $P(\theta+\mu)-\mu > 2P(\theta+\mu)-2\mu(1+\varphi)$，即 $P(\theta+\mu)-2\mu(1+\varphi) < -\mu$，$P < \dfrac{2\mu\varphi+\mu}{\theta+\mu}$。

综上所述得，当 $0 \leq P < \dfrac{2\mu\varphi+\mu}{\theta+\mu}$ 时，$\dfrac{\max M_1}{\max M_2} > 1$，即 $\max M_1 > \max M_2$；

当 $P = \dfrac{2\mu\varphi+\mu}{\theta+\mu}$ 时，$\dfrac{\max M_1}{\max M_2} = 1$，即 $\max M_1 = \max M_2$；

当 $\dfrac{2\mu\varphi+\mu}{\theta+\mu} < P \leq 1$ 时，$\dfrac{\max M_1}{\max M_2} < 1$，即 $\max M_1 < \max M_2$。

由命题9可以得出，当买方的履约概率小于某一临界值 $\left(P = \dfrac{2\mu\varphi+\mu}{\theta+\mu}\right)$ 时，买方保理商不进行担保的模式下卖方保理商的期望收益 $\max M_1$ 将大于买方保理商进行担保的模式下卖方保理商的期望收益 $\max M_2$，相反，当买方的履约概率大于这一临界值 $\left(P = \dfrac{2\mu\varphi+\mu}{\theta+\mu}\right)$ 时，担保模式下的 $\max M_2$ 将大于不担保模式下的 $\max M_1$。而当买方的履约概率越临近临界值 $\left(P = \dfrac{2\mu\varphi+\mu}{\theta+\mu}\right)$ 时，两种模式下卖方保理商期望收益的差额越小。

由 (4.4) 式、(4.17) 式可知 $\max N_1 = \dfrac{L\alpha\varphi}{2P}[P(\theta+\mu)-(1+\varphi)\mu]$、$\max N_2 = \dfrac{L\alpha}{8P\mu}[P(\theta+\mu)-\mu]^2$。

命题10 不提供担保的模式中最优决策下买方保理商的期望利润 $\max N_1$ 与提供担保的模式中最优决策下买方保理商的期望利润 $\max N_2$ 的大小关系为

$$\max N_1 - \max N_2 \begin{cases} = 0, & P = \dfrac{2\mu\varphi+\mu}{\theta+\mu} \\ < 0, & 0 \leq P \leq 1 \text{ 且 } P \neq \dfrac{2\mu\varphi+\mu}{\theta+\mu} \end{cases}$$

证明 已知 $\max N_1 = \dfrac{L\alpha\varphi}{2P}[P(\theta+\mu)-(1+\varphi)\mu]$、$\max N_2 = \dfrac{L\alpha}{8P\mu}[P(\theta+\mu)-\mu]^2$，则

$$\max N_1 - \max N_2 = \dfrac{L\alpha\varphi}{2P}[P(\theta+\mu)-(1+\varphi)\mu] - \dfrac{L\alpha}{8P\mu}[P(\theta+\mu)-\mu]^2$$

$$= \dfrac{4L\alpha\varphi\mu(\theta+\mu)P - 4(1+\varphi)\mu^2 L\alpha\varphi - L\alpha(\theta+\mu)^2 P^2 + 2L\alpha\mu(\theta+\mu)P - L\alpha\mu^2}{8P\mu}$$

$$= -\dfrac{L\alpha[(\theta+\mu)^2 P^2 - 2\mu(\theta+\mu)(1+2\varphi)P + \mu^2(1+2\varphi)^2]}{8P\sigma}$$

$$= -\frac{L\alpha[(\theta+\mu)P-(1+2\varphi)\mu]^2}{8P\mu}$$

得到，存在唯一的 $P = \frac{2\mu\varphi+\mu}{\theta+\mu}$，使 $\max N_1 - \max N_2 = 0$，即 $\max N_1 = \max N_2$；而当 $0 \leq P \leq 1$ 且 $P \neq \frac{2\mu\varphi+\mu}{\theta+\mu}$ 时，$\max N_1 - \max N_2 < 0$，即 $\max N_1 < \max N_2$。

从以上结果可以得出，无论买方的履约概率为何值，买方保理商在参与担保的模式下的期望收益始终不小于不参与担保模式下的期望收益。总结得到，在双保理业务模式下，买方保理商参与担保业务，将会获得更大的利润收益。因此，对于理性的买方保理商而言，为了获得更大的利润收益，其应在保理过程中对保理业务进行担保，一旦其参与担保将会促使买方保理商与卖方保理商形成利益共同体，也将从根本上解决买方保理商与买方进行合谋损害卖方保理商利益的相关问题。

4.3.4.3 融资市场需求比较

由（4.5）式和（4.18）式已知 $D(r_1^*) = \frac{P(\theta-\mu)-(1+\varphi)\mu}{2P}$、$D(r_2^*) = \frac{\beta\mu(1-\varphi-P)+P\theta+P\mu-\mu-\mu\varphi}{2P}$。

命题 11 不提供担保的模式中的最优决策下，卖方的最终融资需求即最终融资额 $D(r_1^*)$ 与提供担保的模式中最优决策下卖方的最终融资需求即最终融资额 $D(r_2^*)$ 的大小关系为：当 $\begin{cases} 0 \leq P < 1-\varphi \text{ 时}, D(r_2^*) > D(r_1^*) \\ P = 1-\varphi \text{ 时}, D(r_2^*) = D(r_1^*) \\ 1-\varphi < P \leq 1 \text{ 时}, D(r_2^*) < D(r_1^*) \end{cases}$。

证明 已知 $D(r_1^*) = \frac{P(\theta+\mu)-(1+\varphi)\mu}{2P}$、$D(r_2^*) = \frac{\beta\mu(1-\varphi-P)+P\theta+P\mu-\mu-\mu\varphi}{2P}$，则

$$D(r_2^*)-D(r_1^*) = \frac{\beta\mu(1-\varphi-P)+P\theta+P\mu-\mu-\mu\varphi}{2P} - \frac{P(\theta+\mu)-(1+\varphi)\mu}{2P}$$

$$= \frac{\beta\mu-\beta\mu\varphi-\beta\mu P+P\theta+P\mu-\mu-\mu\varphi-P\theta-P\mu+\mu+\varphi\mu}{2P}$$

$$= \frac{\beta\mu(1-\varphi-P)}{2P}$$

则，当 $\begin{cases} 0 \leq P < 1-\varphi \text{ 时}, D(r_2^*) > D(r_1^*) \\ P = 1-\varphi \text{ 时}, D(r_2^*) = D(r_1^*) \\ 1-\varphi < P \leq 1 \text{ 时}, D(r_2^*) < D(r_1^*) \end{cases}$

因此可以得到，在双保理模式中买方保理商参与担保业务相比于其不参与担保业务而言，卖方的最终融资需求得以增加。其主要原因在于，由于买方保理商参与担保业务，说明其对买方进行足够的信用调查后认为买方的履约概率较高，且买方

保理商通过担保业务分担了卖方保理商的一部分保理风险，综合考虑，卖方保理商承担的保理风险显著下降，而保理利率作为卖方保理商用来衡量保理业务风险的重要指标，必定会随之减小，保理利率的减小降低了卖方的保理融资成本，因此其融资需求得以增加。

4.3.5 双保理商合谋防范机制设计

4.3.5.1 买方保理商是否担保的策略选择

我们假设买方保理商是理性的经济人，那么其做出选择的必要条件一定是使自身利益达到最大，即买方保理商将会根据其期望利润的大小比较，从而确定是否参与对买方进行信用担保。

从命题10中我们可以得到：不提供担保的模式中最优决策下买方保理商的期望利润 $\max N_1$ 与提供担保的模式中最优决策下买方保理商的期望利润 $\max N_2$ 的大小关系为：

$$\max N_1 - \max N_2 \begin{cases} = 0, & P = \dfrac{2\mu\varphi + \mu}{\theta + \mu} \\ < 0, & 0 \leq P \leq 1 \text{ 且 } P \neq \dfrac{2\mu\varphi + \mu}{\theta + \mu} \end{cases}$$

即当 $P \neq \dfrac{2\mu\varphi + \mu}{\theta + \mu}$ 的情况下，买方保理商将会选择为买方提供信用担保，获取更大期望收益。此时，双保理商形成利益共同体，有效解决了买方保理商与买方合谋损害卖方保理商的行为。

而当 $P = \dfrac{2\mu\varphi + \mu}{\theta + \mu}$ 时，买方保理商不能确定是否参与担保，从而将可能出现合谋现象。

由以上结论可以得知，合谋现象的出现与否与 P 的某一临界值有关（$\dfrac{2\mu\varphi + \mu}{\theta + \mu}$），接下来将对买方的履约概率 P 展开进一步分析。

根据3.3.1节的基本假设一我们可以得知，若当时市场需求超过买方预测值，则买方从卖方处所购产品会成功销售，那么买方将会履约，因此买方的履约概率 P 是与市场需求正相关的。

若市场需求随机且服从 $f(x) = \begin{cases} \dfrac{1}{q_1 - q_2}, & q_2 \leq x \leq q_1 \\ 0, & \text{其他} \end{cases}$，其中 q_1 为买方的销售能力，q_2 为该产品市场最差需求量。设买方与卖方签订的应收账款中订单量为 q（$q_2 \leq q \leq q_1$），不妨认为买方的履约概率 $P = \int_q^{q_1} f(x)\,\mathrm{d}x = \dfrac{q_1 - q}{q_1 - q_2}$，当 $q = q_2$，$P = 1$，即订单量等于历史最差需求量时，可以理解为买方一定会成功售出全部产品，从而获得销售金额支付应收账款，即买方的履约概率为1。

那么要使买方保理商选择对买方进行信用担保,避免两者合谋损害卖方保理商利益的条件为:

$$\frac{q_1 - q}{q_1 - q_2} \neq \frac{2\mu\varphi + \mu}{\theta + \mu}$$

化简得 $\varphi \neq \dfrac{\theta(q_1 - q) - \mu(q_2 - q)}{2\mu(q_1 - q_2)}$,其中 φ 为买方保理商的保理费用收益率。

综上所述,在进行双保理模式进行应收账款融资时,卖方保理商应全面获取相关信息,更加准确地判断买方的销售能力 q_1 及市场历史最差需求 q_2,并据此与买方保理商确定其保理费用收益率 φ,确保 $\varphi \neq \dfrac{\theta(q_1 - q) - \mu(q_2 - q)}{2\mu(q_1 - q_2)}$,那么根据命题 10,买方保理商一定会选择对买方进行担保,合谋问题得以解决。

4.3.5.2 其他博弈方的策略选择

由第三节可以得知,当买方保理商做出担保的策略选择时,买方保理商选择的最优风险承担比例 $\beta^* = \dfrac{P(\theta + \mu) - \mu(2\varphi + 1)}{2\mu(P + \varphi - 1)}$,卖方保理商选择的最佳保理利率 $r_2^* = \dfrac{P(3\theta - \mu) + \mu}{4P\mu}$。

当 β^* 和 r_2^* 确定后,卖方保理商和买方保理商各自的利润函数为:

$\max M_2 = \dfrac{L\alpha}{16P\mu}[P(\theta + \mu) - \mu]^2$,$\max N_2 = \dfrac{L\alpha}{8P\mu}[P(\theta + \mu) - \mu]^2$,卖方的最终融资需求即最终融资额 $D(r_2^*) = \dfrac{\beta\mu(1 - \varphi - P) + P\theta + P\mu - \mu - \mu\varphi}{2P}$。

4.4 双保理模式风险策略仿真分析

4.4.1 买方履约概率对各均衡值的影响

在买方保理商是否进行担保的两种情况下,当其他各参数取某一确定值时,买方的履约概率 P 对保理利率、买卖双方保理商的期望利润、买方保理商的风险承担比例(担保的情况下)及融资市场需求量的影响进行数值模拟分析。

假设卖方的融资需求量 $D(r) = 1 - r$,即 $\theta = 1$,$\mu = 3$,应收账款的账面价值 $L = 1\,000$,应收账款保理额度 $\alpha = 0.8$,买方保理商的保理费用收益率 $\varphi = 0.05$。假设买方保理商的履约概率 P 从 0.1 变化到 1,可通过式 $r_1^* = \dfrac{P(\theta - \mu) + (1 + \varphi)\mu}{2P\mu}$、式 $\max M_1 = \dfrac{L\alpha}{4P\mu}[P(\theta + \mu) - (1 + \varphi)\mu]^2$、式 $\max N_1 = \dfrac{L\alpha\varphi}{2P}[P(\theta + \mu) - (1 + \varphi)\mu]$、式 $D(r_1^*) = \dfrac{P(\theta + \mu) - (1 + \varphi)\mu}{2P}$ 分别计算在买方

不参与担保的情况下的保理利率、买卖双方保理商的期望利润及融资需求（见表4-3）。同样根据式 $\beta^* = \dfrac{P(\theta+\mu)-\mu(2\varphi+1)}{2\mu(P+\varphi-1)}$、式 $r_2^* = \dfrac{P(3\theta-\mu)+\mu}{4P\mu}$、式 $\max M_2 = \dfrac{L\alpha}{16P\mu}[P(\theta+\mu)-\mu]^2$、式 $\max N_2 = \dfrac{L\alpha}{8P\mu}[P(\theta+\mu)-\mu]^2$、式 $D(r_2^*) = \dfrac{\beta\mu(1-\varphi-P)+P\theta+P\mu-\mu-\mu\varphi}{2P}$ 计算出在买方参与担保的情况下的保理利率、买方的风险承担比例、买卖双方保理商的期望利润及融资需求（见表4-4）。表4-5为有无担保的情况下各均衡解差随 P 的变化。

表4-3 买方不参与担保的情况下各均衡解随 P 的变化

P	r_1^*	$\max M_1$	$\max N_1$	$D(r_1^*)$
0.1	4.917	5 041.667	−550	−13.75
0.2	2.292	1 840.833	−235	−5.875
0.3	1.417	845	−130	−3.25
0.4	0.979	400.417	−77.5	−1.938
0.5	0.717	176.333	−46	−1.15
0.6	0.542	62.5	−25	−0.625
0.7	0.417	11.66	−10	−0.25
0.75	0.367	2	−4	−0.1
0.787 5	0.333	0	0	0
0.8	0.323	0.209	1.25	0.031 3
0.825	0.303	1.812	3.636	0.061
0.9	0.25	15	10	0.125
0.95	0.219	29.649	13.684	0.211
1	0.192	48.167	17	0.425

表4-4 买方参与担保的情况下各均衡解随 P 的变化

P	r_2^*	β^*	$\max M_2$	$\max N_2$	$D(r_2^*)$
0.1	2.5	0.569	1 126.67	2 253.33	−6.5
0.2	1.25	0.556	403.33	806.67	−2.75
0.3	0.833	0.538	180	360	−1.5
0.4	0.625	0.515	81.67	163.33	−0.875
0.5	0.5	0.481	33.33	66.667	−0.5
0.6	0.417	0.429	10	20	−0.25

表4-4(续)

P	r_2^*	β^*	$\max M_2$	$\max N_2$	$D(r_2^*)$
0.7	0.357	0.333	0.952	1.905	-0.071
0.75	0.333	0.25	0	0	0
0.787 5	0.317	0.154	0.476	0.952	0.048
0.8	0.313	0.111	0.833	1.667	0.063
0.825	0.303	0	1.818	3.636	0.083
0.9	0.278	-1	6.667	13.333	0.126
0.95	0.263	-0.005	11.228	22.456	0.211
1	0.25	2.333	16.66	33.333	0.35

表4-5 有无担保的情况下各均衡解差随 P 的变化

P	$r_1^* - r_2^*$	$\max M_1 - \max M_2$	$\max N_1 - \max N_2$	$D(r_1^*) - D(r_2^*)$
0.1	2.417	3 915	-2 803.33	-7.25
0.2	1.042	1 437.5	-1 041.67	-3.125
0.3	0.583	665	-490	-1.75
0.4	0.354	318.75	-240.833	-1.063
0.5	0.217	143	-112.667	-0.65
0.6	0.125	52.5	-45	-0.375
0.7	0.059	10.714	-11.905	-0.178 6
0.75	0.033	2	-4	-0.1
0.787 5	0.016	-0.476	-0.952	-0.048
0.8	0.01	-0.625	-0.417	-0.031
0.825	0	0	0	-0.022
0.9	-0.028	8.333	-3.333	-0.001
0.95	-0.044	18.421	-8.772	0
1	-0.058	31.5	-16.333	0.075

4.4.1.1 买方履约概率对最佳保理利率的影响

在买方保理商参与担保及买方保理商不参与担保的两种情况下，各自最佳保理利率 r_1^*、r_2^* 随买方履约概率 P 的变化情况见图4-9。

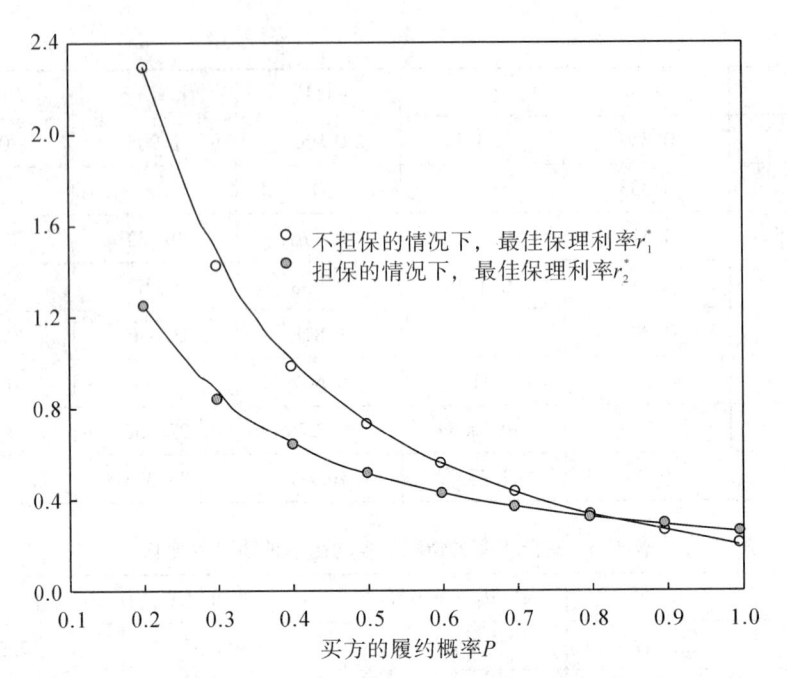

图4-9 有无担保的情况下，最佳保理利率随 P 的变化

从图4-9可以看到，在买方不参与担保的情况下，博弈均衡时的最佳保理利率 r_1^* 随着买方履约概率 P 的增大而减小，验证了命题1中 r_1^* 与 P 呈负相关的结论。同理可以看出，在买方参与担保的情况下，博弈均衡时的最佳保理利率 r_2^* 也是随着买方履约概率 P 的增大而减小的，符合命题5中 r_2^* 与 P 呈负相关的结论。

有无担保的两种情况下，最佳保理利率之差随 P 的变化见图4-10。

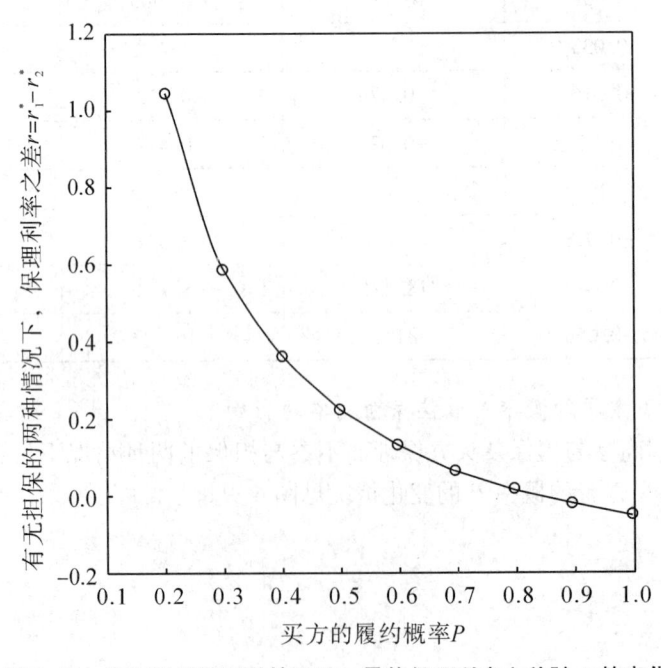

图4-10 有无担保的两种情况下，最佳保理利率之差随 P 的变化

已知 $\theta = 1$，$\sigma = 3$，应收账款保理额度 $\alpha = 0.8$，买方保理商的保理费用收益率 $\varphi = 0.05$，得 $\dfrac{2\sigma\varphi + \mu}{\theta + \mu} = 0.825$。从图4-10及表4-3也可以看出，$P = 0.825$ 是两种情况下的保理利率之差 $r_1^* - r_2^*$ 的分界线，即当 $0 \leqslant P < 0.825$ 时，$r_1^* > r_2^*$；

当 $0.825 < P \leqslant 1$ 时，$r_1^* < r_2^*$，且两种情况下的保理利率之差 $r_1^* - r_2^*$ 随着买方履约概率 P 的增大而减少，同样与命题8中的结论相符。

4.4.1.2 买方履约概率对双保理商期望利润的影响

在买方保理商参与担保及买方保理商不参与担保的两种情况下，卖方保理商期望利润 $\max M_1$、$\max M_2$ 随买方履约概率 P 的变化情况见图4-11。

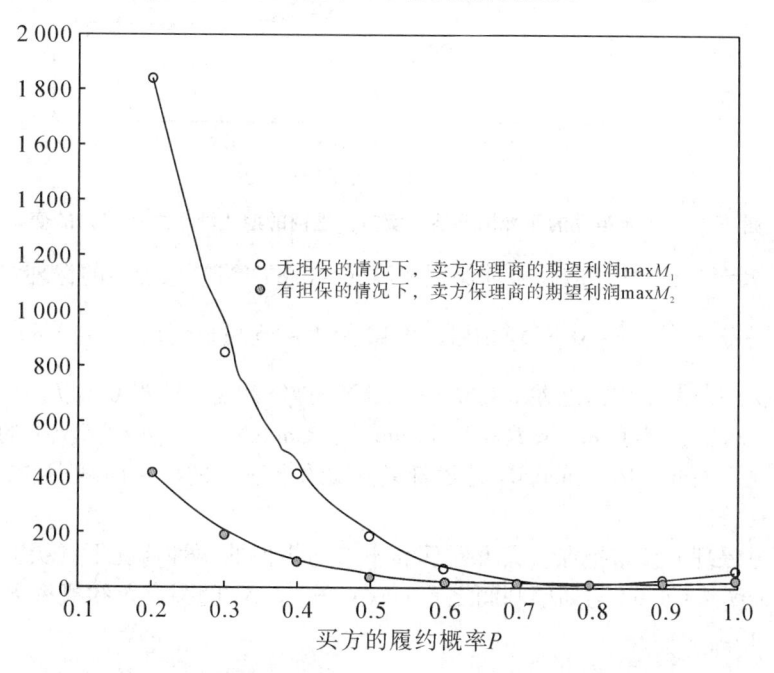

图4-11 有无担保的情况下，卖方保理商的期望利润随 P 的变化

从图4-11及表4-3、表4-4可以看出，在买方不参与担保的情况下，已知 $\dfrac{(1+\varphi)\mu}{\theta + \mu} = 0.7875$，博弈均衡时的卖方保理商的期望利润 $\max M_1$ 在 $0 \leqslant P < 0.7875$ 时随着买方履约概率 P 的增大而减小，在 $0.7875 \leqslant P < 1$ 时随着买方履约概率 P 的增大而增大验证了命题2中的相关结论。同理可以看出，在买方参与担保的情况下，已知 $\dfrac{\mu}{\theta + \mu} = 0.75$，博弈均衡时的卖方保理商的期望利润 $\max M_2$ 在 $0 \leqslant P < 0.75$ 时随着买方履约概率 P 的增大而减小，在 $0.75 \leqslant P < 1$ 时随着买方履约概率 P 的增大而增大，同样符合命题6中的相关结论。

在买方保理商参与担保及买方保理商不参与担保的两种情况下，卖方保理商期望利润之差 $\max M_1 - \max M_2$ 随买方履约概率 P 的变化情况见图4-12。

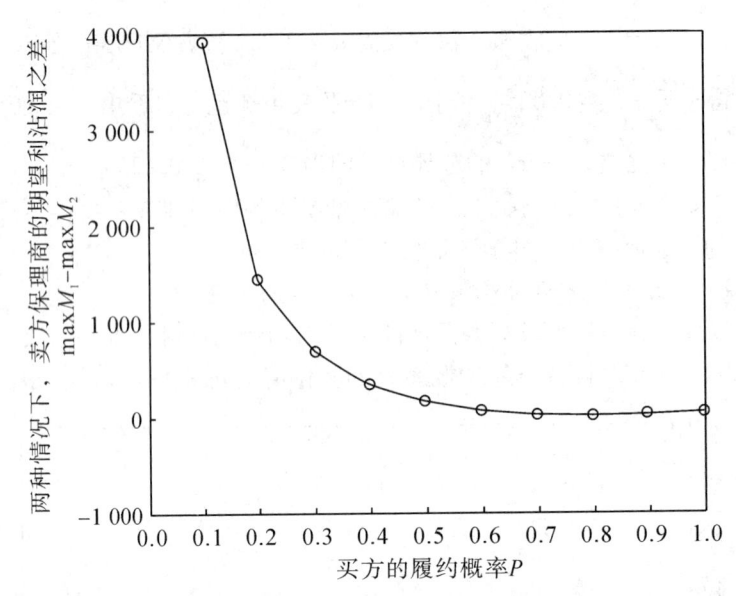

图 4-12 有无担保的两种情况下，卖方保理商的期望利润之差随 P 的变化

已知 $\theta = 1$，$\mu = 3$，应收账款保理额度 $\alpha = 0.8$，买方保理商的保理费用收益率 $\varphi = 0.05$，得 $\dfrac{2\sigma\varphi + \mu}{\theta + \mu} = 0.825$。从图 4-12 及表 4-5 可以看出，$P = 0.825$ 是两种情况下卖方保理商期望利润之差 $\max M_1 - \max M_2$ 的分界线，即当 $0 \leq P < 0.825$ 时，$\max M_1 > \max M_2$；当 $0.825 < P \leq 1$ 时，$\max M_1 < \max M_2$，且两种情况下的卖方保理商期望利润之差 $\max M_1 - \max M_2$ 是随着买方履约概率 P 的增大而减少的，与命题 9 中的结论相符。

在买方保理商参与担保及买方保理商不参与担保的两种情况下，买方保理商期望利润 $\max N_1$、$\max N_2$ 与期望利润之差 $\max N_1 - \max N_2$ 随买方履约概率 P 的变化情况见图 4-13。

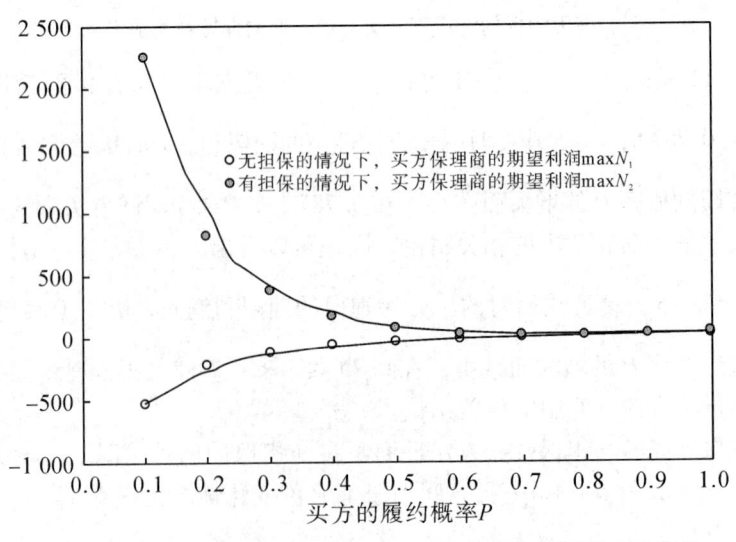

图 4-13 有无担保的情况下，买方保理商的期望利润随 P 的变化

从图 4-13 及表 4-4 可以看到，在买方不参与担保的情况下，博弈均衡时的买方保理商的期望利润 $\max N_1$ 是随着买方履约概率 P 的增大而减小的，验证了命题 2 中的相关结论。同理可以看出，在买方参与担保的情况下，已知 $\frac{\mu}{\theta+\mu}=0.75$，博弈均衡时的买方保理商的期望利润 $\max N_2$ 在 $0 \leq P < 0.75$ 时随着买方履约概率 P 的增大而减小，在 $0.75 \leq P < 1$ 时随着买方履约概率 P 的增大而增大，同样符合命题 6 中的相关结论。

有无担保的两种情况下，买方保理商的期望利润之差随 P 的变化见图 4-14。

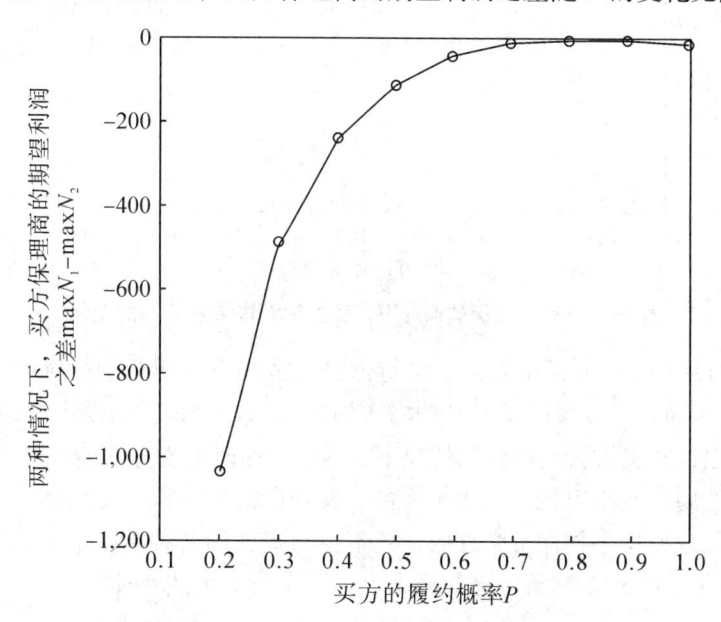

图 4-14　有无担保的两种情况下，买方保理商的期望利润之差随 P 的变化

已知 $\theta=1$，$\mu=3$，应收账款保理额度 $\alpha=0.8$，买方保理商的保理费用收益率 $\varphi=0.05$，得 $\frac{2\mu\varphi+\mu}{\theta+\mu}=0.825$。从图 4-14 及表 4-5 可以看出，$P=0.825$ 是两种情况下买方保理商期望利润之差 $\max N_1 - \max N_2$ 的分界线，即当 $P=0.825$ 时，$\max N_1 = \max N_2$；当 $0 \leq P \leq 1$ 且 $P \neq 0.825$ 时，$\max N_1 - \max N_2$ 均小于零，即 $\max N_1 < \max N_2$，与命题 10 中的结论相符。

4.4.1.3　买方履约概率对卖方融资需求的影响

在买方保理商参与担保及买方保理商不参与担保的两种情况下，卖方的融资需求 $D(r_1^*)$、$D(r_2^*)$ 随买方履约概率 P 的变化情况见图 4-15。

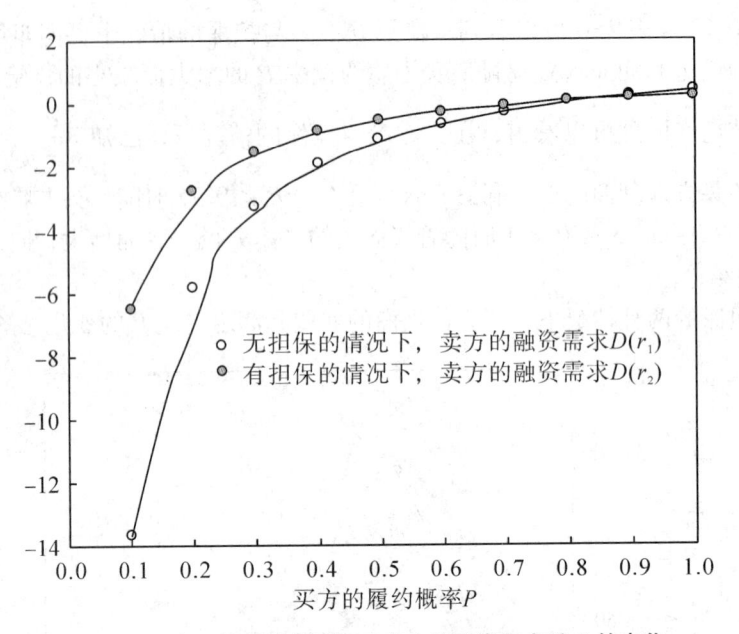

图 4-15 有无担保的情况下，卖方的融资需求随 P 的变化

从图 4-15 可以看出，在买方不参与担保的情况下，博弈均衡时的卖方的融资需求 $D(r_1^*)$ 是随着买方履约概率 P 的增大而增大的，验证了命题 3 中的相关结论。同理可以看出，在买方参与担保的情况下，博弈均衡时的卖方的融资需求 $D(r_2^*)$ 同样是随着买方履约概率 P 的增大而增大的，符合命题 7 中的相关结论。

在买方保理商参与担保及买方保理商不参与担保的两种情况下，卖方的融资需求之差 $D(r_2^*) - D(r_1^*)$ 随买方履约概率 P 的变化情况见图 4-16。

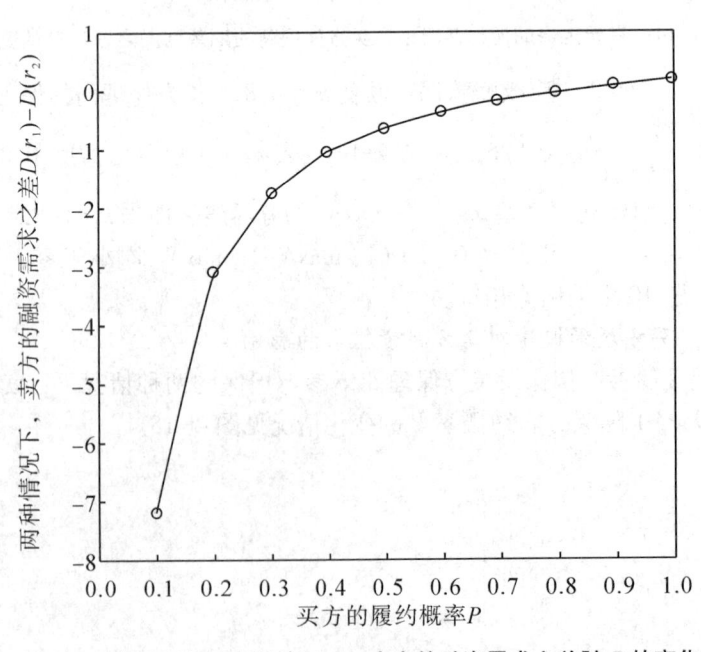

图 4-16 有无担保的两种情况下，卖方的融资需求之差随 P 的变化

从图 4-16 可以看出，在买方不参与担保的情况下，当 $0 \leq P < 0.95(1-\varphi=0.95)$ 时，博弈均衡时的卖方的融资需求 $D(r_1^*)$ 与买方参与担保情况下卖方的融资需求 $D(r_2^*)$ 的差值始终小于零，即 $D(r_2^*)$ 恒大于 $D(r_1^*)$，且它们的差额 $D(r_2^*) - D(r_1^*)$ 是随买方履约概率 P 的增大而减小的，符合命题 11 中的相关结论。得出在双保理模式中买方保理商参与担保业务相比于其不参与担保业务而言，卖方的最终融资需求大多数情况下得以增加。

4.4.1.4 买方履约概率对买方风险承担比例的影响

最后分析在买方保理商参与担保及买方保理商不参与担保的两种情况下，买方风险承担比例 β 随买方履约概率 P 的变化情况见图 4-17。

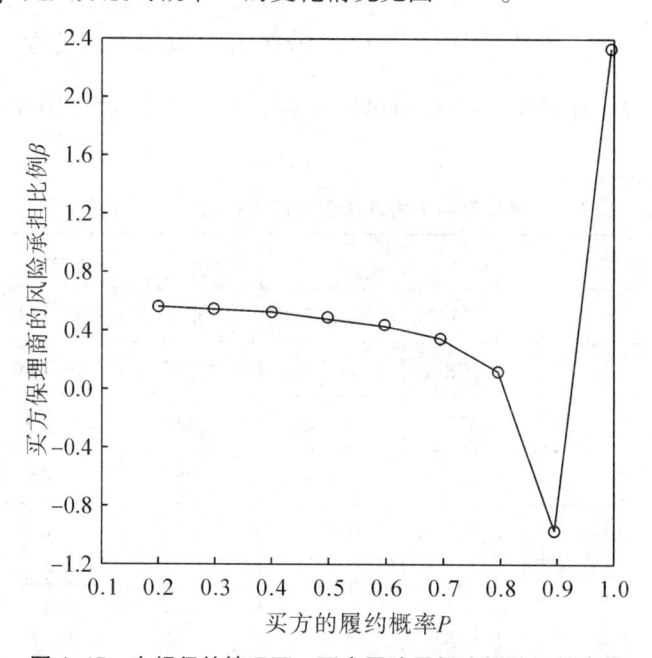

图 4-17　有担保的情况下，买方风险承担比例随 P 的变化

从图 4-17 及表 4-4 可以看出，当 $0 \leq P < 0.95(1-\varphi=0.95)$ 时，买方的风险承担比例 β 随着买方的履约概率 P 的增大而减小，当 $0.95 \leq P < 1$ 时，买方的风险承担比例 β 随着买方的履约概率 P 的增大而增大。而又已知 $\theta=1$，$\mu=3$，应收账款保理额度 $\alpha=0.8$，买方保理商的保理费用收益率 $\varphi=0.05$，得 $\frac{\theta}{\theta+3\mu}=0.1$，假设 $\varphi=0.05<0.1$，因此得，数值模拟分析所得结果与命题 5 中的理论推导结果完全一致。

4.4.2 应收账款订单量对最优策略下各均衡值的影响

当其他各参数取某一确定值时，买方与卖方签订的应收账款协议中，确定的订单量对最优策略下（买方保理商对买方进行担保）各均衡值的影响进行数值模拟分析（见表 4-6）。

假设应收账款订单量 q 从 100 变化到 190，买方的销售能力 $q_1 = 200$，市场

历史最差需求 $q_2 = 100$，可通过式 $P = \dfrac{q_1 - q}{q_1 - q_2}$ 计算出买方的履约概率 P 的值。假设卖方的融资需求量 $D(r) = 1 - r$，即 $\theta = 1$，$\mu = 3$，应收账款的账面价值 $L = 1\,000$，应收账款保理额度 $\alpha = 0.8$，买方保理商的保理费用收益率 $\varphi = 0.05$。随着应收账款订单量的变化，买方保理商的履约概率 P 也会发生变化，可通过式 $\beta^* = \dfrac{P(\theta + \mu) - \mu(2\varphi + 1)}{2\mu(P + \varphi - 1)}$、式 $r_2^* = \dfrac{P(3\theta - \mu) + \mu}{4P\mu}$、式 $\max M_2 = \dfrac{L\alpha}{16P\mu}[P(\theta + \mu) - \mu]^2$、式 $\max N_2 = \dfrac{L\alpha}{8P\mu}[P(\theta + \mu) - \mu]^2$、式 $D(r_2^*) = \dfrac{\beta\mu(1 - \varphi - P) + P\theta + P\mu - \mu - \mu\varphi}{2P}$ 计算出在买方保理商的最优策略（参与担保）的情况下的保理利率、买方的风险承担比例、买卖双方保理商的期望利润及融资需求。

表 4-6 最优策略下各均衡值随应收账款订单量 q 的变化

q	P	r_2^*	β^*	$\max M_2$	$\max N_2$	$D(r_2^*)$
100	1	0.25	2.333	16.66	33.333	0.35
110	0.9	0.278	−1	6.667	13.333	0.126
120	0.8	0.313	0.111	0.833	1.667	0.063
130	0.7	0.357	0.333	0.952	1.905	−0.071
140	0.6	0.417	0.429	10	20	−0.25
150	0.5	0.5	0.481	33.33	66.667	−0.5
160	0.4	0.625	0.515	81.67	163.33	−0.875
170	0.3	0.833	0.538	180	360	−1.5
180	0.2	1.25	0.556	403.33	806.67	−2.75
190	0.1	2.5	0.569	1126.67	2 253.33	−6.5

4.4.2.1 应收账款订单量 q 对买方履约概率 P 的影响

在买方的销售能力及该产品历史最差需求量确定的情况下，随着应收账款订单量 q 的变化，买方履约概率 P 的变化情况如图 4-18 所示。

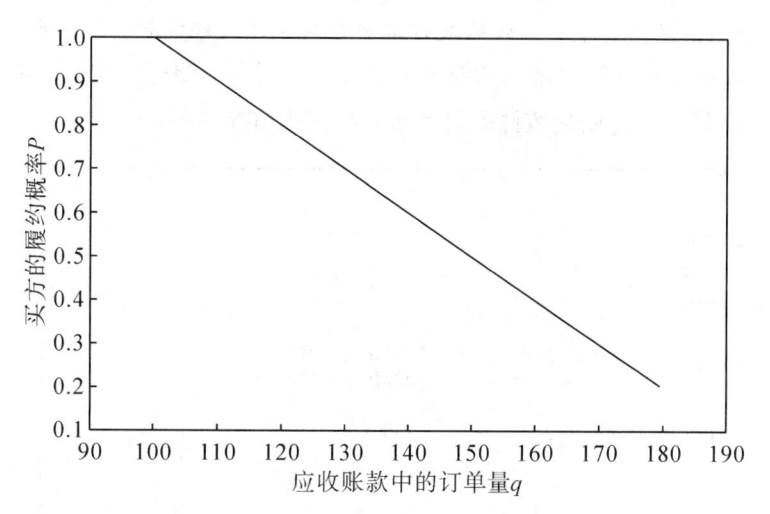

图4-18 买方履约概率 P 随应收账款订单量 q 的变化

从图4-18可以看出，当其他条件一定时，随着应收账款中的订单量 q 逐渐增大，买方的履约概率 P 逐渐减小。二者之间呈负相关。可以理解为，当用于融资的应收账款中，订单量大于该产品的历史最差市场需求时，随着订单量 q 的增加，买方进行成功售出的概率越小，在买方不存在恶意违约的情况下，其履约概率 P 也将随着销售难度的增加而增加。

4.4.2.2 担保策略下，应收账款订单量对最佳保理利率的影响

在买方保理商选择担保策略的情况下，最佳保理利率 r_2^* 随应收账款订单量 q 的变化情况如图4-19所示。

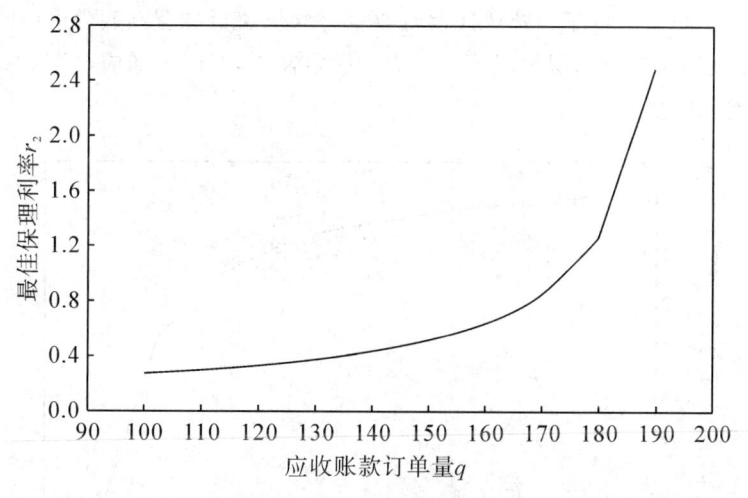

图4-19 担保策略下，最佳保理利率随应收账款订单量的变化

从图4-19可以看到，买方保理商做出担保的策略选择后，博弈均衡时的最佳保理利率 r_2^* 是随着应收账款订单量 q 呈正相关，它随着应收账款订单量 q 的增大而逐渐增大。不难理解，随着应收账款订单量的增加，买方的履约概率会减小，而卖方保理商为了获得足够的利润来承担这一融资风险，必然会相应地提高保理利率。

4.4.2.3 担保策略下,应收账款订单量对双保理商期望利润的影响

在买方保理商选择担保策略的情况下,卖方保理商的期望利润 $\max M_2$ 与买方保理商的期望利润 $\max N_2$ 随应收账款订单量 q 的变化情况如图4-20所示。

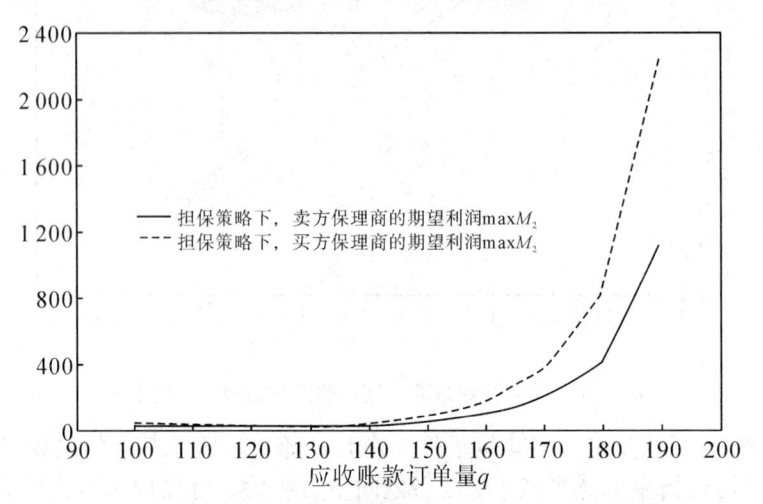

图4-19 担保策略下,双保理商期望利润随应收账款订单量的变化

从图4-20可以看出,当其他条件一定时,应收账款订单量很大时,买方的履约概率 P 很小,即基本可以肯定买方会违约的情况下,卖方保理商的利润 M_2 和买方保理商的利润 N_2 随着订单量的增大而增大;而当应收账款订单量很小时,买方的履约概率 P 则很大,即基本不存在违约的情况下,卖方保理商的利润 M_2 和买方保理商的利润 N_2 随着订单量的增大而减小。

4.4.2.4 担保策略下,应收账款订单量对双保理商期望利润的影响

在买方保理商参与担保情况下,卖方的融资需求 $D(r_2^*)$ 随应收账款订货量 q 的变化情况如图4-21所示。

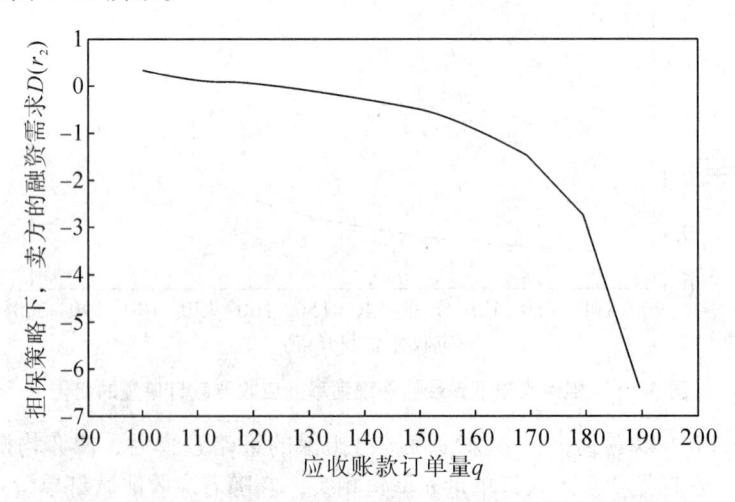

图4-21 担保策略下,卖方的融资需求随应收账款订单量的变化

从图 4-21 可以看出，在买方参与担保的情况下，博弈均衡时的卖方的融资需求 $D(r_2^*)$ 与应收账款订单量呈负相关，随着应收账款订单量的增大而减小。其他条件一定时，应收账款订单量越大，买方的销售难度越大，其履约概率则相应减小，而卖方保理商会选择收取更大的保理收益（增大保理利率）来平衡保理风险，因此在面对较大的保理融资成本时，卖方的融资需求将会相应减小。

通过本章的数值模拟对在买方保理商是否进行担保的两种情况下，买方的履约概率 P 及买方保理商做出担保策略时，应收账款订单量对保理利率、买卖双方保理商的期望利润、买方保理商的风险承担比例（担保的情况下）及融资市场需求量的影响做出实证分析，所得结果与上章中的理论推导及实际意义相符。

■ 课后习题

1. 简述国内保理和国际保理的相关流程及二者的区别。
2. 简述信息不对称模式下双保理商的博弈过程。
3. 简述信用担保下双保理商的博弈过程。

■ 案例分析

"京保贝"应收账款保理融资案例

应收账款保理融资主要涉及三方参与者，即提供资金的金融机构、通常作为应收账款的债务人的核心企业、作为应收账款债权人而寻求融资的中小企业。由于核心企业账期的存在，中小企业可能面临流动性不足的困境，为提前收回流动性，中小企业将相应的应收账款转让给金融机构。在这一过程中，三方参与者扮演着不同的角色，也会在不同环境下有着不同的选择。首先，对于需求资金的中小企业，其依靠着提供转让应收账款提前获取流动性，但提供的应收账款真实性主动权掌握在自己手中；其次，对于核心企业，中小企业需要依靠其较高的信用水平获取较低成本的融资，其可以选择是否为中小企业提供担保；最后，对于金融机构，是否给予融资，是其自身的选择问题。

作为我国最大的自营式电商平台，京东有着数量众多的供应商，这些数量众多的供应商拥有一个共同点，即对于来自零售行业客户的账期是十分敏感的，甚至可以说，作为大型客户的京东商城，其对于这些供应商的账期，直接决定了这些供应商的生死存亡。从另一个角度讲，这也是对于企业资金压力的转移。凭借自身规模上的巨大优势，京东商城可以在很大程度上延长各个供应商的账期；早在 2011 年，京东商城的平均账期只有 38 天，到了 2016 年，这一数字变为 52，再到 2017，又变为 56.2，最后到了 2018 年，京东商城的平均账期甚至达到了 60.9 天，超过了两个月。日益延长的账期很大程度上转移了京东的资金压力，也成为京东盈利的关键一环。

京东的供应链金融业务始于 2012 年，京东对供应链金融的布局从一开始就得到了中国银行的帮助,在有了这一强援的前提下,京东得以构建了完整的供应链金融平台。供应链金融业务是京东开展金融业务的核心,作为我国销售电商供应链金融服务的代表,京东金融针对广大供应商面临的主要难题,利用自己作为电商平台的特有优势,对于每条供应链的各个环节,提出了不同的解决方案,采用组合拳的方式解决了各个环节上存在的不同资金需求的问题。"京保贝"上线于 2013 年年末,"京保贝"的诞生具有重要的意义,之后京东推出的其余一系列互联网供应链金融产品,都可以说是对"京保贝"不足之处的补充。

在十余年的发展中,京东商城留存了大量的数据;并且,在早期与中国银行的合作中,京东方面保留了最初的数据,及从中国人民银行获取的信息,京东金融有了原始的信息积累;接着,凭借自身技术优势,京东金融可以做出首次信用授予及风险控制,从而奠定了为供应商开展应收账款融资的坚实基础。利用"京保贝"融资的具体流程如图 4-22 所示。

1.京东与供应商之间签订采购协议,确定稳定的合作关系,从而留存长期的交易数据;

2.由供应商向京东金融提交申请材料,并签署融资协议;

3.京东金融以过往的交易数据和物流为基础,通过风险系统可以自动计算出对申请供应商的融资额度,京东金融会将融资额度告知供应商;

4.供应商到京东指定的业务受理银行开立融资专户,在线申请融资,京东系统自动处理审批,并在额度范围内放款;

5.京东电商平台完成销售后,向其金融部门传递结算单,自动还款,完成全部交易过程。

图 4-22 "京保贝"融资具体流程

"京保贝"提供的主营服务有四种,主要分为两大部分,即应收账款融资与订单融资。在这里,现在的应收账款既可看作供应商与京东商城交易产生的应收账款,而将来产生的应收账款即现在收到的订单,前者采取的即应收账款融资,而后者采取的即订单融资,具体如下:①单笔应收账款融资利用单笔应收账款进行融资,这是最早出现的应收账款融资方式。我们以京东商城作为产品购买方,对于供应商的产品存在需求,但是在收到产品时,产品购买方并未立马进行现款结算,而是约定了一个到账期,这个我们在前文也已介绍过,伴随着京东规模的日益增大,到账期也在日益延长,变相地占用了供应商的流动性资金。有着流动性压力的供应商可以凭借这些应收账款向京东金融融得资金,快速到账,且无须任何额外的担保与抵押。②单笔订单融资与前面的单笔应收账款类似,单笔订单融资也是为了满足供应商的流动性资金需求,只不过后者又将获取资金的时间段在整个供应链流转过程中向前推进了一步。供应商在收到订单并签署相应合同后,即可依据此合同直接向京东金融获取融资,以满足自身对于生产资金的需求,过程与单笔应收账款融资一样快速、便捷,依旧无须任何额外的抵押与担保,到期可以直接以该笔订单产生的货款还款。如果说以现有的应收账款融资时京东使用供应商的资金来继续赚取供应商的钱,那订单融资则完全是另一个概念,因为供应商正是利用订单融资获取的资金来生产出相应的产品的,在这里完全是京东以自有资金帮助供应商生产,最后自己再买回这些产品。③应收账款池融资即在单笔应收账款融资的基础上,供应商可以将自身现存的多笔应收账款进行汇集,形成相应的资产池,进行相应的融资。相比于单笔应收账款融资,"应收账款池"突破了几个方面的限制:首先,不必再在某一笔应收账款到期时立马还款;其次,也延长了融资期限。应收账款池融资不仅获取资金方便,还款也十分方便,借款后的第二天就可以还款,可以说真正做到了随借随还,大大提高了资金的使用效率。④订单池融资与应收账款池类似,订单池也是将供应商的多个订单进行汇总,在通过京东金融的审核后,可以获取一定比例的融资。由于比例融资的原因,利用单笔应收账款融资,供应商可能无法获取足够的生产资金,而利用订单池的融资,一方面可以获取相对较多的资金;另一方面也可以进行循环授信,即在某笔订单收回货款时,无须立马还款,而是利用其余订单循环授信,继续使用该笔资金,从而提高资金使用的效率;两方面一结合,就可以解决单笔订单融资额度小的问题。此外,供应商既可以利用订单池循环授信,持续获得融资,也可以在收到订单货款时,选择还款。

(资料来源:张良. 供应链金融中的应收账款保理融资研究[D]. 武汉:中南财经政法大学,2021.)

问题分析

1. 分析"京保贝"应收账款保理融资模式的优势及不足。

2. 了解并简述"京保贝"应收账款保理融资的三方参与主体,如何在有限信息的情况下进行博弈。

■ 参考文献

[1] ALLEN N B, GREGORY F. Udellc. A more complete conceptual framework for SME finance [J]. Journal of banking and finance, 2006 (11): 2945-2966.

[2] GONZALO G, MARIANA B, LUIS P. A holistic framework for short–term supply chain management integrating production and corporate financial planning [J]. International journal of production economics, 2007 (1): 288-306.

[3] JOCHEN F, DONOVAN P, RALF E, et al. Die financial chain im supply chain

management：konzeptionelle einordnung und identifikation von werttreibern ［J］. Wirtschaftsinformatik，2005，2005（10）：567-584.

［4］BERNABUCCI，ROBERT J. Supply chain gains from integration. ［J］. Financial executive，2008.

［5］KHALED S. On the determinants of factoring as a financing choice：evidence from the UK ［J］. Journal of economics and business，2002（2）：239-252.

［6］BEN J S. The economics of factoring accounts receivable ［J］. Journal of economics and business，1998（50）：339-359.

［7］LEORA K. The role of factoring for financing small and medium enterprises ［J］. Journal of Banking and Finance，2006（11）：3111-3130.

［8］马士华，林勇. 供应链管理 ［M］. 北京：高等教育出版社，2006.

［9］弯红地. 供应链金融的风险模型分析研究 ［J］. 经济问题，2008（11）：109-112.

［10］陈祥锋，朱道立，应雯珺. 资金约束与供应链中的融资和运营综合决策研究 ［J］. 管理科学学报，2008（3）：69-77，105.

［11］徐欣彦. 应收账款融资的典型形式及其风险防范 ［J］. 浙江金融，2009（8）：26-27.

［12］陈丹，何广文. 应收账款质押贷款的风险及其模糊综合研究 ［J］. 金融理论与实践，2010（9）：17-21.

［13］何宜庆，陈华强，曾斌. 应收账款融资的定价分析 ［J］. 金融与经济，2010（9）：14-16，8.

［14］高凌，董宝田. 供应链金融视角下商业银行贷款定价分析 ［J］. 煤炭经济研究，2010（11）：56-59，45.

［15］郑霞忠，陶青，何嘉璇. 供应链融资风险分析模型研究与应用 ［J］. 中国市场，2012（49）：30-32.

［16］张志辉. 供应链金融融资模式与风险研究 ［J］. 知识经济，2016（1）：39-40.

［17］鲍彬彬，邵俊岗. 基于AHP的中小企业供应链融资风险评估 ［J］. 企业经济，2014（5）：88-92.

［18］王晓彦. 关于国内保理业务的优势与对策分析 ［J］. 现代会计，2012（1）：10-12.

［19］陈立峰，邵智韦. 供应链金融的法律风险研究：以供应链金融的融资模式为切入点 ［J］. 浙江万里学院学报，2016（1）：25-29.

［20］李伟平. 企业应收账款保理业务应用 ［J］. 财经界（学术），2010（24）：265.

［21］杲志宏. 供应链金融下应收账款质押融资的风险管理研究 ［J］. 中外企业家，2016（6）：102.

[22] 路芳芳, 段元萍. 次贷危机下加快我国保理业务发展的探讨 [J]. 国际经贸探索, 2009 (2): 50-54.

[23] 李梦宇, 周莹. 供应链融资风险传染度量及贷款利率定价 [J]. 统计与决策, 2015 (20): 152-156.

[24] 肖璐晴. 基于供应链金融模式下双保理商的策略选择与合谋防范机制研究 [D]. 成都: 西南财经大学, 2017.

[25] 张良. 供应链金融中的应收账款保理融资研究 [D]. 武汉: 中南财经政法大学, 2021.

5　P2P供应链融资模式风险管理

■ 学习目标

1. 学习P2P供应链融资的三种主要操作模式。
2. 了解P2P供应链融资的双层博弈体系及最优决策。
3. 了解P2P供应链融资模式的风险控制方法。

5.1　P2P供应链融资模式概述

近年来，在线P2P借贷平台参与供应链金融系统融资的情况越来越普遍，各大P2P借贷平台都陆续采用各种模式为实体企业提供供应链融资服务。在线P2P借贷平台相比传统的商业银行贷款，融资效率更高，这方面恰好与供应链融资的需求急、时间短的特点相结合。因此P2P借贷与供应链融资的结合为中小企业融资提供了新的解决途径。

P2P在线借贷平台作为供应链金融的重要参与者之一，有三种主要的操作模式。

5.1.1　P2P与核心企业合作模式

P2P在线借贷平台与供应链核心企业合作，管理供应链上下游中小企业的资金流和物流，将个体企业无法控制的风险转化为整个供应链企业的风险。从目前P2P在线借贷平台与供应链核心企业的合作模式来看，主要是上游企业应收账款融资/商业票据和下游企业信用贷款。根据上下游企业之间的实际产品或服务进行交易，供应商的应收账款/商业票据转移是信用的基础，或由核心企业为下游企业提供担保。P2P在线借贷平台是为供应链中的上下游企业提供贷款服务。具体模式如图5-1所示。

P2P供应链金融对接核心企业模式中最典型的是道口贷，道口贷采用"校友+供应链金融"模式，由核心企业书面承诺付款责任，上级供应商将应收账款转让给道口贷平台，道口贷平台为个人投资者提供信息披露和在线投资的平台，标的达成后由道口贷将融资款交给上游供应商，核心企业到期偿还应收账款。除了传统的信用风险和流动性风险之外，贷款还会在校友网络评估的基础上增加道德约束，进一步由校友圈形成道德约束，增加违约成本，增加对偿还的意愿。

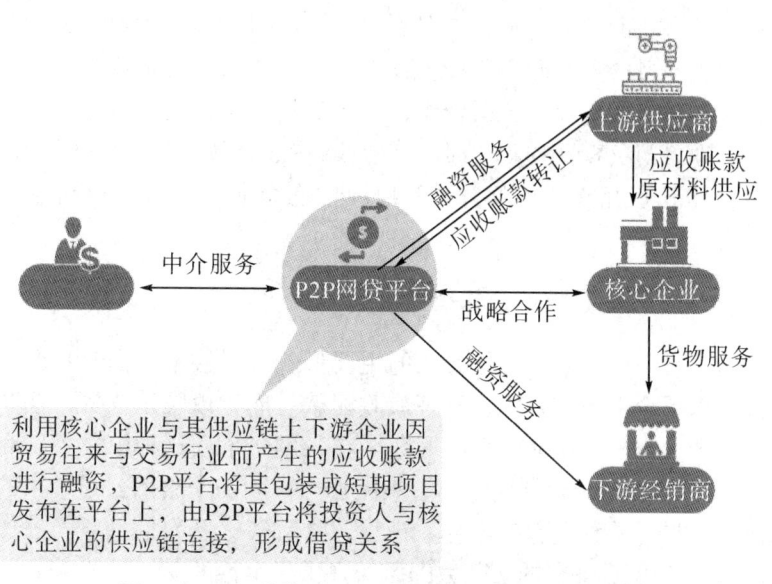

图 5-1　P2P 供应链金融对接核心企业模式示意图

5.1.2　P2P 与核心资产合作模式

P2P 在线借贷平台围绕应收账款的收益权，与保理公司合作，围绕公司核心企业应收账款的收益权为产业链中的企业提供融资服务。

近年来，一些 P2P 在线借贷平台选择与保理公司合作。上游公司将应收账款转入商业保理公司，然后保理公司将应收账款收益权转移给 P2P 在线贷款平台。实质是供应商根据商业交易将核心企业（买方）的信用转换为自己的信用，并实现应收账款融资。在交易过程中，P2P 借贷平台将在交易过程中设置一个或多个措施，以确保投资者的资金安全，如设立担保、保险，建立风险补偿资金池，以及保理公司回购。具体操作方式如图 5-2 所示。

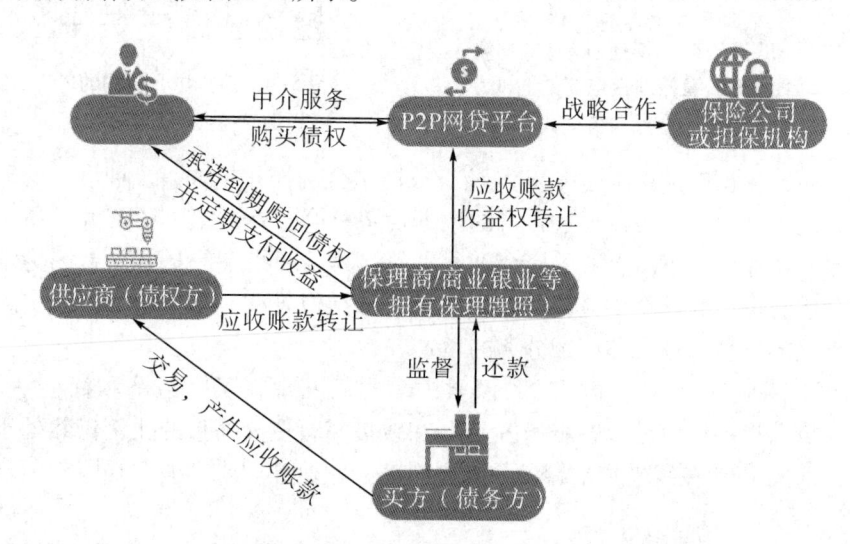

图 5-2　P2P 供应链金融对接核心资产模式示意图

新联在线平台上的"国应通"产品在对接核心资产模式中更为典型。该产品的主要运行机制是项目的上下游企业将应收账款（一般由国资企业给出）转入商业保理公司，新联在线公司与保理公司合作，平台负责将保理资产转让给投资者。在目标到期后，保理公司负责回购和赎回。这种核心资产模式与政府和国有企业（中央企业）基础设施建设相连。还款方是政府或国有企业（中央企业），还款能力强，还款来源稳定可靠。

5.1.3 P2P与核心数据合作模式

P2P借贷平台与核心数据合作模式的主要形式是对接电子商务平台。两大平台之间合作以此来整合上下游资源，管理应收账款、库存以及运输等，在产业链上下游之间提供一个全方位的供应链金融服务。在我国，采用这种模式的厂商大多数是电商平台，与P2P借贷平台同属于一个集团公司，同一个集团公司带来的好处就是可以在信息方面提供共享，包括库存、销售、物流等一系列信息。同一集团下的交易信息共享为P2P借贷平台的实现数据风控提供根本性的支持。

P2P在线借贷平台和电子商务平台属于集团公司，在此条件下两大平台可实现直接对接。借款人使用电子商务平台并且以一定比例的库存作为融资申请物。如果借款人未能履行其还款义务，电子商务公司将代表出资方履行借款人库存销售所得资金的未还款的义务。具体操作方式如图5-3和图5-4所示。

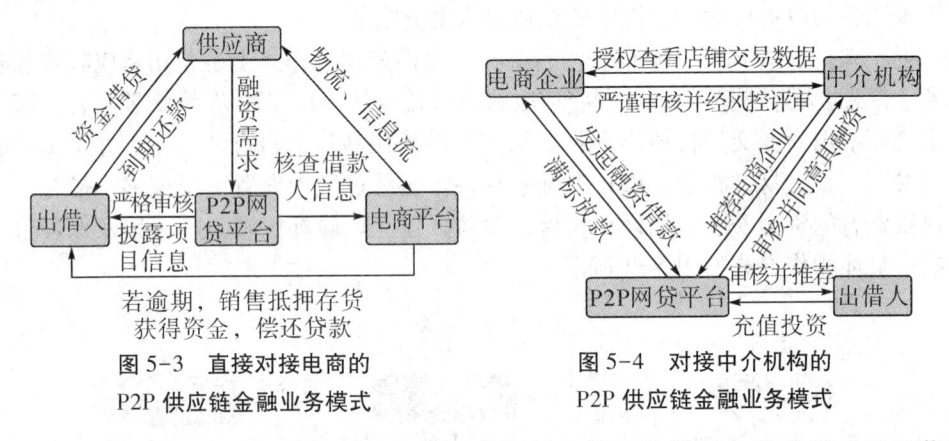

图5-3 直接对接电商的P2P供应链金融业务模式

图5-4 对接中介机构的P2P供应链金融业务模式

本书研究的供应链融资是P2P与核心数据结合的操作模式，该种模式的显著特征是互联网属性较强，可以通过自身的数据优势整合产业链上下游资源，通过核心数据完成对产业链上下游企业的资金融通服务；其显著特点是P2P平台因为掌握信息和资金优势可作为整个供应链金融的主导者，类似于核心企业地位，但实际上又不发生直接的贸易业务，即产融分离的模式。

在P2P供应链金融运作模式的探索中，我们发现在实际经济和社会活动中，P2P在线贷款提供供应链金融服务占P2P在线借贷行业交易量的比例仍然处于较低水平。目前的P2P在线借贷平台参与到供应链金融业务中受到的主要限制因素可归纳如下：

（1）限额严格。国家监管方面对通过P2P在线贷款平台借款有明确限额要求，一般的中小企业如果日常营业额不小，单一平台贷款余额上限为100万元，可能存在与实际融资需求差距过大的情况。因此，政策上监管因素的影响可能是对P2P参与供应链金融最为核心和重要的因素之一。

目前市场上提供P2P供应链金融服务的领域涉及汽车、农业、农村、医药、大宗商品、批发零售等行业。对于上述几个行业来说，大宗商品交易较为频繁，自身行业的体量较大，从P2P在线贷款获得的融资金额对这些行业的企业来说是杯水车薪。相比之下，在"三农"领域及普通零售领域，P2P在线供应链融资提供资金帮助要大得多。

（2）资金成本高。我国资金市场的贷款利率普遍较高，供求双方处于不平等的地位，融资难造就了资金成本居高不下，P2P在线供应链融资服务为了吸引个人投资者，往往会加高利率，这无形中堆高了企业融资成本。有数据显示国内P2P供应链融资成本在7%~10%，而银行的实际利率在5%~6%，这居高不下的资金成本严重制约了行业的发展。

（3）竞争产品的实力很强。P2P在线供应链融资服务的直接竞争对手就是传统的商业银行。传统商业银行的商誉相对于P2P平台较好，而且其扎根供应链金融领域的时间长，参与程度高，整体产品服务的成熟度远远高于刚起步的P2P供应链融资。银行有自身完善的风控体系，能够准确降低放贷风险。另外，电子商务平台的参与使其具备了P2P在线平台所严重缺乏的供应链资源以及数据资源，而且电商自身的数据积累背后，其利用数据风控的能力也是普通P2P借贷平台所不具备的。

（4）核心企业实力与数量不足。核心企业在供应链金融中发挥着重要作用。核心企业应该是在整个供应链中占据主导地位，具有强大辐射能力和对其他成员公司形成吸引力的企业。这类核心企业在相应领域具有明显的竞争优势，即较高的市场知名度、较长的业务链和较高的市场份额。但是，大型的核心企业并非都愿意与普通的P2P平台开展合作，因此合作的核心企业并不多。

（5）市场认知模糊。P2P在线借贷平台频繁暴雷的事件让行业本身承载着一定的舆论压力，加上前两年的野蛮生长让P2P平台开展供应链金融业务困难重重。一方面，它源于外部感知的偏见。由于借款人由核心企业推动，对于核心企业构建P2P在线贷款平台，外界可能会误解平台自我整合，但这种模式实际上是利用业务资源的整合。另一方面，舆论压力也很大。早期发展起来的P2P供应链融资平台"挂羊头卖狗肉"，通过虚假宣传高收益率来发行虚假债券，伤害市场资金出借方，这对整个行业也造成了相当严重的负面评价。

5.2　P2P借贷平台参与的供应链金融模型

5.2.1　问题描述

供应链融资是全球中小型企业和大型企业非常重要的资金来源，其作用为优化供应商与零售商的生产经营环节。我们考虑在一个单周期的供应链系统内，系统由单个制造商与单个零售商组成，供应商与零售商皆为风险中性的。现假设市场需求是随机的，零售商按需求向生产商以一定的批发价格采购产品，再以一定的零售价格销售给顾客群体。假设中小型零售商在采购过程中存在资金约束，即零售商的自有资金不能满足其采购需求。当零售商将订单提交给生产商，生产商也面临相似的资金约束问题。

此外，在供应链实践中，制造商或零售商通常面临供应链中货物和现金流的时间分离流动。因此，实际的问题是零售商和制造商在采购中都是资本约束。生产过程中，为了提高供应链效率，生产商选择从资金提供方获得融资。在供应链融资体系与传统供应链的比较中，最重要的差异是金融机构作为资本供给方的参与。具体而言，我们考虑不具备商业银行放贷条件下参与对象为互联网P2P借贷平台的情况。

5.2.2 基本假设

为简化模型推导，我们做出了如下假设：

假设1：在线P2P借贷平台、生产商、零售商均为风险中性的，它们均会在有限条件下最大限度地赚取预期收益。

假设2：零售商与生产商存在资金约束时，一般会优先选择通过银行融资，而在本书中假设两者皆难以获得银行授信融资，P2P平台是它们唯一的融资方。

假设3：零售商、生产商与P2P借贷平台对需求的了解是相同的，即三者在需求信息方面是对称的。

假设4：零售商和生产商都可能面临破产风险，破产与否取决于它们的流动资产是否可以偿还它们的贷款。

假设5：完美资本市场假设，即假设资本市场没有税收、交易成本和破产成本。

5.2.3 模型建立

5.2.3.1 符号说明

为了方便模型描述，本书定义了模型涉及的相关变量，给出各类变量说明，如表5-1所示。

表5-1 模型符号定义

符号	含义	类型
p	零售商售出产品的单位价格	-
q	零售商制定的订货量	决策变量
w	制造商的单位批发价格	决策变量
c	单位产品的成本	-
I_r, I_m	生产商与零售商的融资利率，取决于借款人信誉	外生变量
S_r, S_m	P2P平台提供给生产商与零售商的服务费 $S_r \in [\underline{S_r}, \overline{S_r}]$，$0 \leq \underline{S_r} < \overline{S_r} \leq 1$ $S_m \in [\underline{S_m}, \overline{S_m}]$，$0 \leq \underline{S_m} < \overline{S_m} \leq 1$	决策变量

表5-1(续)

B_r, B_m	零售商与生产商的初始资本	内生变量
x	市场的随机需求量	外生变量
$f(D)$	市场需求的密度函数	-
$F(x)$, $\bar{F}(x)$	需求的分布函数且 $\bar{F}(x) = 1 - F(x)$	-
ε_r, ε_m	零售商与生产商的信誉水平	内生变量
π_r, π_m, π_p	零售商、生产商与P2P借贷平台的收益函数	-
ξ	借款人破产时，P2P借贷平台的最高恢复成本	-
η	在线P2P借贷平台无法应对借款人的破产，$\eta \in [0, 1]$（$\eta = 1$ 表示该平台没有风险准备金，$\eta = 0$ 表示平台具有最大风险准备金的情况）	-

市场的随机需求满足通用失效率递增（IFR）性质，即 $xh(x) = xf(x)/1 - F(x)$ 以及广义失败率 $G(x) = xh(x)$ 随 x 递增，保证存在最优可行解。这是供应链建模中通用的需求假设，常用的需求假设包括指数分布、均匀分布、韦伯分布、正态分布，均符合IFR性质。为了方便模型推理运算，本书还补充了部分假设与变量的定义。

(1) 假设未售商品的残值为零。

(2) 生产商与零售商皆存在资金约束，因此可表示为 $wq - B_r > 0$，$cq - B_m > 0$；为了保证模型的经济一致性，我们假设 $p \geq w[1 + i_r(\varepsilon_r) + S_r] \geq c[1 + i_m(\varepsilon_m) + S_m]$。

(3) 定义 λ；零售商融资本息服务费之和 $\lambda_r = 1 + i_r + S_r$；生产商融资本息服务费之和 $\lambda_m = 1 + i_m + S_m$。

(4) 定义 T；零售商总偿还 $T_r = (wq - B_r)(1 + i_r + S_r) = \lambda_r(wq - B_r)$；生产商总偿还 $T_m = (wq - B_m)(1 + i_m + S_m) = \lambda_m(wq - B_m)$。

(5) 定义 L；零售商总融资需求 $L_r = wq - B_r$；生产商总偿还 $L_m = wq - B_m$。

5.2.3.2 模型活动顺序分析

本书假设存在单一生产商、单一零售商、单一在线P2P借贷平台组成的供应链金融（SCF）系统，一种单周期的报童模型。在上文提到假设均成立的情况下，考虑零售商与供应商均存在资金约束。零售商面临着传统报童的情况，零售商在从供应商采购单一产品出售给消费者时，并不知道市场的实际需求。此外，在实际的供应链中，生产商与零售商都可能出现物流、资金流暂时性中断的问题。因此同时考虑存在资金约束的生产商与零售商是符合市场的实际情况的（见图5-5）。

这里我们考虑使用具体存在资金约束时的流行订单融资方案，当市场出现产品需求而供应商与生产商又同时存在资金约束，此时为了业务的正常开展，供应商与零售商都准备通过P2P借贷平台融资（两方均不具备商业银行放贷条件）。P2P平台作为领导者根据借贷方的信用状况分别设置了生产商与零售商的服务费率和借贷利率（①），实际操作过程中借贷利率可能由P2P平台与借贷方共同决定，但此处为了方便模型求解忽略了借贷方的影响。此时零售商与供应商向平台申请借款（②），P2P平台向投资人发布借贷信息竞标出价（③），投资人根据项目情况出资参与（④），P2P平台获得借款并交付生产商与零售商使用（⑤）。此时，生产商作为博弈活动中的次级领导者，根据订货量、借款利率和服务费率等信息制定合适的批发价格w（⑥）。零售商依据生产商的批发价格和市场需求制定订货量Q并支付货款给生产商（⑦），零售商制定销售价格P并卖给消费者完成资金回笼（⑧⑨）。零售商与生产商获得资金后偿还借贷的本息服务费之和（⑩），在线P2P平台获得服务费，偿还投资人本息和（⑪）。在实际的供应链操作中，时间顺序或有所偏差，或可能出现货款延期付款的情况，本书为简化模型对实际付款时间偏差所产生的利息收入不做考虑。

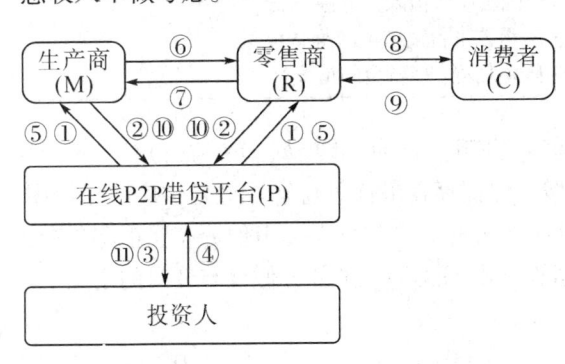

①P2P平台设定互联网融资利率和服务费
②零售商与供应商向平台申请贷款
③P2P平台向个人投资者竞标出价
④投资人出资参与
⑤P2P平台向零售商与生产商放款
⑥生产商设定批发价格ω
⑦零售商提交订货量Q并支付
⑧零售商设定销售价格P卖给消费者
⑨零售商完成销售并回笼资金
⑩零售商与生产商偿还借贷本息服务费
⑪P2P平台偿还投资人本息和

图 5-5　考虑生产商及零售商同时存在的资金约束

5.2.3.3 参与方目标函数

P2P借贷平台参与下的供应链金融模型建立的过程中确定参与方的目标函数至关重要，关系到后期模型求解的正确与否。在简化的博弈过程中，参与各方需考虑的最重要因素，也是唯一因素就是实现自身利益的最大化。因此对于参与的三方来说，目标函数可以简化为：

$$利润 = 收入 - 成本$$

下面，我们针对参与的三方制定具体的目标函数。

P2P平台作为双层博弈体系的领导者，其利润来源为简化的目标函数的变形，在整个体系中P2P平台并没有实际的成本支出（不考虑平台的运营成本），因此P2P平台获得的所有收入即该参与方的利润，其收入也主要为生产商与零售商借贷所产生的服务费率之和。制定的P2P借贷平台方的目标函数如下所示：

$$leader: \max \pi_p(i_r, i_m, S_r, S_m : q, w) = \pi_p^r(i_r, S_r : q) + \pi_p^m(i_m, S_m : w)$$

生产商作为双层博弈体系的次级领导者，其收入取决于自身制定的批发价格与零售商具体的订货数量；成本主要由两部分组成，包括该产品的生产成本与借贷资金（生产所需资金与自有资金之差）产生的利息服务费之和。制定的生产商的目标函数如下所示：

$$sub-leader: \max_{w} \pi_m(w: i_m, S_m, q) = wq - cq - (cq - B_m)(i_m + S_m)$$

零售商作为双层博弈体系的跟随者,其订购产品的销售收入即总收入。值得注意的是,本书模型考虑的市场需求是随机的,因此在市场不确定的情况下,其销售产品的数量为市场随机需求与产品订购数量的较小值。成本为零售商的采购成本与借贷资金(采购成本与自有资金之差)产生的利息服务费之和,同样我们对参与的三方的运营成本均不做考虑。为方便后期模型计算求解,制定的零售商的目标函数变形如下所示:

$$follower: \max_{q} \pi_r(q: i_r, S_r, w) = E[p\min(q, x)] - B_r - (wq - B_r)(1 + i_r + S_r)$$

5.2.4 双层博弈体系的分析

在由存在资金约束的生产商、零售商及 P2P 借贷平台组成的供应链金融系统中,理性的决策者都会追求自身利益的最大化。在供应链金融系统中,一方面,零售商作为资金需求方,需考虑如何通过订单融资向 P2P 借贷平台融资,以缓解其资金约束并使其运营决策达到最优;另一方面,生产商需要制定合适的批发价格以激励零售商增加订货,从而实现利润最大化。同时,P2P 借贷平台作为资金供应方,也要考虑如何通过向生产商与零售商提供融资以规避风险,并获得利润最大化;因此,本书假设供应链金融系统中的参与主体在资源调配、渠道控制等方面存在权力差异,其博弈过程遵循 P2P 借贷平台为主方(leader)、生产商为次主方(sub-leader)、零售商为从方(follower)的 Stackelberg 主从对策,如式(5.1)~式(5.9)所示。

下面采用逆向归纳法求解每个参与主体的均衡解。

$$(Leader) \max \pi_p(i_r, i_m, S_r, S_m: q, w) = \pi_p^r(i_r, S_r: q) + \pi_p^m(i_m, S_m: w) \tag{5.1}$$

s.t.

$$\pi_p^r(i_r, S_r: q) = \min\{(wq - B_r)(1 + i_r + S_r), E[p\min(q, x)]\} - (wq - B_r)(1 + i_r) \tag{5.2}$$

$$\pi_p^m(i_m, S_m: w) = \min\{(cq - B_m)(1 + i_m + S_m), wq\} - (cq - B_m)(1 + i_m) \tag{5.3}$$

$$q^*(i_r, S_r: w) = \arg\max_{q} \pi_r(q: i_r, S_r, w) \tag{5.4}$$

$$w^*(i_m, S_m: q) = \arg\max_{w} \pi_m(w: i_m, S_m, q) \tag{5.5}$$

$$(Sub-leader) \max_{w} \pi_m(w: i_m, S_m, q) = wq - cq - (cq - B_m)(i_m + S_m) \tag{5.6}$$

s.t. $B_m \leq cq$

$$(Follower) \max_{q} \pi_r(q: i_r, S_r, w) = E[p\min(q, x)] - B_r - (wq - B_r)(1 + i_r + S_r) \tag{5.7}$$

s.t. $B_r \leq wq$

5.2.4.1 零售商最优策略

当零售商在运营过程中出现资金短缺影响下一阶段的销售活动时,其首先考虑的决策性问题是如何在P2P借贷条件下制定合理的订货量保证自身利益的最大化，即 $\pi_r = \max\limits_q \pi_r(q: i_r, S_r, w)$。考虑到零售商历史交易信息、信用状况、公司产品销售等历史状况，P2P平台制定服务费率与利率。

因此，零售商的决策问题如式（5.8）~（5.9）所示。

(Follower)
$$\max_q \pi_r(q: i_r, S_r, w) = E[p\min(q, x)] - B_r - (wq - B_r)(1 + i_r + S_r) \quad (5.8)$$
$$\text{s.t.} \quad B_r \leq wq \quad (5.9)$$

引理1：零售商在经营过程中存在破产风险，向P2P平台借贷不破产的条件为市场随机需求 $x \geq \hat{x} = (wq - B_r)(1 + i_r + S_r)/p = \lambda_r L_r/p$。

证明：当零售商的预期收入能偿还P2P借贷的本息服务费之和，R不会破产，即 $p\min(q, x) - (wq - B_r)(1 + i_r + S_r) \geq 0$；当 $x \leq q$ 时，上式为 $px - \lambda_r L_r \geq 0$，即当 $x \geq \hat{x} = (wq - B_r)(1 + i_r + S_r)/p = \lambda_r L_r/p$ 时，零售商不破产。

命题1：如果市场需求随机不确定，对于给定的融资本息服务费和 λ_r 及批发价格 w，零售商基于资本约束的最优订货量 $q^* = \bar{F}^{-1}[\varphi \bar{F}(\hat{x})]$，其中，$\varphi = w(1 + i_r + S_r)/p$。

证明：由上式（5.8）可得 $\pi_r = P\int_{\hat{x}}^{q} \bar{F}(x)\mathrm{d}x - B_r$；该式对 q 求导，获得一阶导数为 $\dfrac{d\pi_r}{dq} = p[\bar{F}(q) - \varphi \bar{F}(\hat{x})]$，二阶导数为 $\dfrac{d^2\pi_r}{dq^2} = p[-f(q) + \varphi^2 f(\hat{x})]$。已知 $p \geq w(1 + i_r + S_r)$，可知 $\varphi \leq 1$ 且 $\varphi^2 \leq 1$。又根据假设的市场随机需求符合通用失效率递增（IFR）性质且为了保证零售商不破产，因此可知 $q \geq \hat{x}$；综上两个条件可得 $-f(q) + \varphi^2 f(\hat{x}) < 0$，即二阶导数小于零，由此可知当 $\dfrac{d\pi_r}{dq} = 0$ 时，$\bar{F}(q) = \varphi \bar{F}(\hat{x})$，零售商可获得最优订货量 $q^* = \bar{F}[\varphi \bar{F}(\hat{x})]^{-1}$，证毕。

引理2：给定零售商的初始资本，如果需求分布为IFR，零售商的最优订购数量 q^* 随生产商制定的批发价格 w 递减，即 $\partial q^*(w)/\partial w < 0$。

证明：已知最优订货量 $q^* = \bar{F}[\varphi \bar{F}(\hat{x})]^{-1}$，$\hat{x}(q^*) = (wq^* - B_r)\lambda_r/p$；将最优订货量 q^* 代入 $\bar{F}(q) = \varphi \bar{F}(\hat{x})$，获得 $\bar{F}(q^*) = \varphi \bar{F}[(wq^* - B_r)\lambda_r/p]$，为了方便后续计算，定义 $\Delta = B_r \lambda_r/p$；$\bar{F}(q^*) = \varphi \bar{F}[\varphi q^* - \Delta]$。该式对 w 求一阶偏导，得到下式：

$$\frac{\partial q^*(w)}{\partial w} = \frac{\lambda_r[\bar{F}(\varphi q^* - \Delta) - \varphi q^* f(\varphi q^* - \Delta)]}{p[\varphi^2 f(\varphi q^* - \Delta) - f(q^*)]} = \frac{\lambda_r[\bar{F}(\hat{x}) - \varphi q^* f(\hat{x})]}{p[\varphi^2 f(\hat{x}) - f(q^*)]} \quad (5.10)$$

由（5.10）分子 $[\bar{F}(\hat{x}) - \varphi q^* f(\hat{x})]$ 变形获得 $\bar{F}(\hat{x})[1 - \varphi q^* h(\hat{x})]$，已知 $0 < \varphi \leq 0$，$\varphi q^* h(\hat{x}) \leq q^* h(\hat{x}) < q^* h(q^*) \leq 1$，$\bar{F}(\hat{x})[1 - \varphi q^* h(\hat{x})] > 0$；已知 $q^* > \hat{x}$，推导可得 $f(\hat{x}) < f(q^*)$ 且 $\varphi^2 f(\hat{x}) - f(q^*) < 0$。

综上可得 $\partial q^*(w)/\partial w < 0$，证毕。

引理 3：零售商的最优订货量 q^* 随着互联网融资 i_r 和服务费 S_r 而降低，即 $\partial q^*/\partial i_r = \partial q^*/\partial S_r < 0$。

证明：已知最优订货量 $q^* = \bar{F}[\varphi \bar{F}(\hat{x})]^{-1}$，将最优订货量 q^* 代入 $\bar{F}(q) = \varphi \bar{F}(\hat{x})$，获得 $\bar{F}(q^*) = \varphi \bar{F}[(wq^* - B_r)(1 + i_r + S_r)/p]$；该式对 i_r 求一阶偏导数，得到下式：

$$\frac{\partial q^*}{\partial i_r} = \frac{\partial q^*}{\partial S_r} = \frac{w[\bar{F}(\hat{x}) - \hat{x}f(\hat{x})]}{p[\varphi^2 f(\hat{x}) - f(q^*)]} \tag{5.11}$$

对 S_r 求一阶偏导数也可获得同样的（5.11）式；分子 $[\bar{F}(\hat{x}) - \hat{x}f(\hat{x})] = \bar{F}(\hat{x})[1 - \hat{x}h(\hat{x})]$，$\hat{x}h(\hat{x}) < q^* h(\hat{x}) < 1$，$[\bar{F}(\hat{x}) - \hat{x}f(\hat{x})] > 0$；分母 $\varphi^2 f(\hat{x}) - f(q^*) < 0$。

综上可得 $\partial q^*/\partial i_r = \partial q^*/\partial S_r < 0$，证毕。

引理 4：零售商的最优订货量 q^* 随其初始资本 B_r 而降低，即 $\partial q^*/\partial B_r < 0$。

证明：$\bar{F}(q^*) = \varphi \bar{F}[(wq^* - B_r)(1 + i_r + S_r)/p]$，该式对 B_r 求一阶偏导数，可得 $-f(q^*)\partial q^*/\partial B_r = -\varphi[\varphi \cdot \partial q^*/\partial B_r - \lambda_r/p]f[(wq - B_r)\lambda_r/p]$，整理该式可得

$$\frac{\partial q^*}{\partial B_r} = \frac{\lambda_r f(\hat{x})}{p[\varphi^2 f(\hat{x}) - f(q^*)]} \tag{5.12}$$

由上文可知，$[\varphi^2 f(\hat{x}) - f(q^*)] < 0$，分子大于零，综上可知 $\partial q^*/\partial B_r < 0$，证毕。

5.2.4.2 生产商最优策略

生产商面临资金短缺，难以维系生产满足零售商的订单需求时，此时生产商已知零售商优化考虑制定的最优订货量 q^*，为了保证自身利益的最大化，会制定最优的订货价格，生产商的决策问题如下式所示：

$(Sub - leader)$

$$\max_w \pi_m(w: i_m, S_m, q) = wq - cq - (cq - B_m)(i_m + S_m)$$

$$\text{s. t. } B_m \leq cq$$

在本书中，我们还假设生产商在采购和生产过程中存在资本约束。生产商可以决定如何根据零售商的订单设置合适的批发价格并取得最大化利润。接下来，将在命题 2 中分析制造商的最佳批发价格。

命题 2：对于 IFR 需求分布，当 P2P 借贷平台设置 S_m 且零售商选择最佳订单数量 q^* 时，存在资本约束生产商有一个独特的最优解决方案 w^*。

$$w^* = c\lambda_m - q^* \frac{p[\varphi^2 f(\hat{x}) - f(q^*)]}{\lambda_r[\bar{F}(\hat{x}) - \varphi q^* f(\hat{x})]} \tag{5.13}$$

证明：由式 $\pi_m(w: i_m, S_m, q) = wq - cq - (cq - B_m)(i_m + S_m)$，该式分别对 w 求一阶导数与二阶导数；一阶导数为

$$\frac{d\pi_m}{dw} = q^* + (w - c\lambda_m)\frac{\partial q^*}{\partial w} \tag{5.14}$$

对 w 求二阶导数为

$$\frac{d^2 \pi_m}{d w^2} = 2\frac{\partial q^*}{\partial w} + (w - c\lambda_m)\frac{\partial^2 q^*}{\partial w^2} \tag{5.15}$$

由引理 2 证明可知 $\frac{\partial q^*(w)}{\partial w} = \frac{\lambda_r[\bar{F}(\hat{x}) - \varphi q^* f(\hat{x})]}{p[\varphi^2 f(\hat{x}) - f(q^*)]}$,由该式对 w 求导获得 $q^*(w)$ 对 w 的二阶偏导函数;$\frac{\partial^2 q^*(w)}{\partial w^2} = -2\left(\frac{\lambda_r}{p}\right)^2 \frac{\varphi^2 f^2(\hat{x})q^* - q^* f(\hat{x}) f(q^*) + 2\varphi f(\hat{x})[\bar{F}(\hat{x}) - \varphi q^* f(\hat{x})]}{[\varphi^2 f(\hat{x}) - f(q^*)]^2}$;广义失效率 $G(x) = xf(x)/1 - F(x) \leq 1$ 推导出 $\frac{\partial^2 q^*(w)}{\partial w^2} \leq -2\left(\frac{\lambda_r}{p}\right)^2 \frac{f(\hat{x}) + \varphi f(\hat{x})[\bar{F}(\hat{x}) - \varphi q^* f(\hat{x})]}{[\varphi^2 f(\hat{x}) - f(q^*)]^2}$;由条件 $[\bar{F}(\hat{x}) - \varphi q^* f(\hat{x})] > 0$ 可证明 $\frac{\partial^2 q^*(w)}{\partial w^2} < 0$,且由引理 2 可知 $\frac{\partial q^*(w)}{\partial w} < 0$,综上两个条件可知由此可以推出,(5.15)式对 w 二阶导数为负,即 $d^2\pi_m/dw^2 < 0$;因此当 $d\pi_m/dw = 0$ 时,生产商可以达到最优的均衡值。

综上可知,当 $w^* = c\lambda_m - q^* \frac{p[\varphi^2 f(\hat{x}) - f(q^*)]}{\lambda_r[\bar{F}(\hat{x}) - \varphi q^* f(\hat{x})]}$ 时,存在资本约束生产商有一个独特的最优解决方案 w^*,证毕。

5.2.4.3 P2P 借贷平台的最优策略

在供应链融资环境中,P2P 借贷平台在缓解资金需求和促进供应链贸易方面发挥着关键作用。因此,作为最重要的合作伙伴之一,其将作为领导者,为每个借款人设定合适的融资利率及服务费。在销售季节结束之后,零售商和生产商从其收入中向 P2P 借贷平台支付贷款本金与利息服务费之和。平台在整个活动获得其他参与方的服务费,投资者获得本金和利息。

P2P 借贷平台的决策问题如下式所示:

$\pi_p^r(i_r, S_r : q) = \min\{(wq - B_r)(1 + i_r + S_r), E[p\min(q, x)]\} - (wq - B_r)(1 + i_r)$

$\pi_p^m(i_m, S_m : w) = \min\{(cq - B_m)(1 + i_m + S_m), (w - c)q\} - (cq - B_m)(1 + i_m)$

命题 3:如果需求分配符合 IFR,考虑到零售商的初始资本,P2P 借贷平台将设置最优服务费 S_r^* 如下:

$$S_r^* = \frac{(wq^* - B_r)[f(q^*) - \varphi^2 f(\hat{x})]}{w\left[\bar{F}(q^*) - \frac{w(1+i_r)}{p}\right][1 - \varphi q^* h(\hat{x})]} - (1 + i_r)$$

证明:利润函数求导公式 $\frac{d\pi_p^r}{dS_r} = \frac{\partial \pi_p^r}{\partial q} \cdot \frac{\partial q}{\partial S_r} + \frac{\partial \pi_p^r}{\partial S_r}$;先将该公式变形为 $\pi_p^r(i_r, S_r : q) = p\int_0^{\hat{x}} \bar{F}(\hat{x})dx - (wq^* - B_r)(1 + i_r)$;该公式先对 q 求一阶偏导可得 $\frac{\partial \pi_p^r}{\partial q} = p\varphi\bar{F}(\hat{x}) - w(1 + i_r) = w\lambda_r \bar{F}(\hat{x}) - w(1 + i_r)$;再用变形式对 S_r 求一阶偏导数可得 $\frac{\partial \pi_p^r}{\partial S_r} = p\bar{F}(\hat{x}) \cdot \frac{\partial \hat{x}}{\partial S_r} = (wq^* - B_r)\bar{F}(\hat{x})$;通过上文引理 3 证明可知 $\frac{\partial q^*}{\partial S_r} =$

$\dfrac{w[\overline{F}(\hat{x}) - \hat{x}f(\hat{x})]}{p[\varphi^2 f(\hat{x}) - f(q^*)]}$。将三项带入求导公式中可得

$$\frac{d\pi_p^r}{dS_r} = \frac{w[\lambda_r w\overline{F}(\hat{x}) - w(1+i_r)][\overline{F}(\hat{x}) - \varphi q^* f(\hat{x})]}{p[\varphi^2 f(\hat{x}) - f(q^*)]} - (wq^* - B_r)\overline{F}(\hat{x})$$

(5.16)

综上,由一阶最优性可知当 $\dfrac{d\pi_p^r}{dS_r} = 0$ 时,P2P 借贷平台对零售商存在一个独特

最优服务费方案 $S_r^* = \dfrac{(wq^* - B_r)[f(q^*) - \varphi^2 f(\hat{x})]}{w\left[\overline{F}(q^*) - \dfrac{w(1+i_r)}{p}\right][1 - \varphi q^* h(\hat{x})]} - (1+i_r)$,证毕。

从命题 3 来看,显然 P2P 借贷平台对资本约束零售商的最优融资服务费率取决于借款人的财务状况(初始资本和信贷额度),以及运营参数(零售价格、订单数量和批发价格)。它还表明,在运营决策和融资决策之间存在不可分割的关系。

命题 4:如果需求分布为 IFR,P2P 借贷平台将在给定的初始资本 B_m 下为生产商设定最佳融资服务费率 S_m,具体如下:

$$S_m^* = \frac{-p(cq^* - B_m)[\varphi^2 f(\hat{x}) - f(q^*)]}{c^2 \lambda_r [\overline{F}(\hat{x}) - \varphi q^* f(\hat{x})]}$$

证明:先将公式变形为 $\pi_p^m(i_m, S_m : w) = (cq^* - B_m)S_m$;该式分别对 S_m 求一阶导数与二阶导数;一阶导数为:

$$\frac{d\pi_p^m}{dS_m} = (cq^* - B_m) + cS_m \cdot \frac{\partial q^*}{\partial S_m}$$

(5.17)

(3)式对 S_m 的二阶导数为:

$$\frac{d^2\pi_p^m}{dS_m^2} = 2c \cdot \frac{\partial q^*}{\partial S_m} + cS_m \cdot \frac{\partial^2 q^*}{\partial S_m^2}$$

(5.18)

由于 $[\overline{F}(\hat{x}) - \varphi q^* f(\hat{x})] > 0$,$[\varphi^2 f(\hat{x}) - f(q^*)] < 0$,可知在公式 (5.17) 和 (5.18) 中 $\dfrac{\partial q^*}{\partial S_m} = \dfrac{\partial q^*}{\partial w} \cdot \dfrac{\partial w}{\partial S_m} = \dfrac{c\lambda_r [\overline{F}(\hat{x}) - \varphi q^* f(\hat{x})]}{p[\varphi^2 f(\hat{x}) - f(q^*)]} < 0$;$\dfrac{\partial^2 q^*}{\partial S_m^2} = \dfrac{c\lambda_r}{p} \cdot$

$\dfrac{-2f(\hat{x})\varphi \cdot \dfrac{\partial q^*}{\partial S_m}}{[\varphi^2 f(\hat{x}) - f(q^*)]} = \left(\dfrac{c\lambda_r}{p}\right)^2 \cdot \dfrac{-2\varphi f(\hat{x})\overline{F}(\hat{x})[1 - \varphi q^* h(\hat{x})]}{[\varphi^2 f(\hat{x}) - f(q^*)]^2} < 0$;将 $\dfrac{\partial q^*}{\partial S_m} < 0$ 和

$\dfrac{\partial^2 q^*}{\partial S_m^2} < 0$ 带入公式 (5.18) 中,得到 $\dfrac{d^2 \pi_p^m}{dS_m^2} < 0$。因此当 $d\pi_p^m/dS_m = 0$ 时,借贷平台对生产商的服务费率可以获得最优均衡解。

综上,当 $S_m^* = \dfrac{-p(cq^* - B_m)[\varphi^2 f(\hat{x}) - f(q^*)]}{c^2 \lambda_r [\overline{F}(\hat{x}) - \varphi q^* f(\hat{x})]}$ 时,P2P 借贷平台对生产商的服务费率存在一个独特的最优解决方案 S_m^*,证毕。

在传统的企业融资中，借贷方专注于评估借款人的历史信誉、资本状况、抵押品和担保。然而，在供应链金融体系中，为了避免破产风险，P2P借贷平台应该进一步关注调查和监控整个供应链的运营。

5.3 P2P供应链线上融资风险控制策略仿真分析

为了进一步分析相关的参数特性，在本节中，我们将举一些数值例子来模拟供应链金融系统中的Stackelberg博弈。算例中出现的相关数据皆为供应链金融系统实际运作案例的数据。

5.3.1 算例参数说明

为了更加符合我们供应链金融系统应用的实际情况，我们着重关注中国制造业的中小型企业的相关数据，使用的数据为2010年至2016年公布的相关数据。现在我们列出了数值研究中使用的参数如下：

服务费率：根据中国互联网金融协会发布的"P2P平台指南与收费标准"，我们设定算例分析中，借款人提供的在线P2P借贷平台的服务费率（S_r或S_m）在[6%~12%]的范围内。

互联网融资利率：根据工业和信息化部发布的行业数据，我们设定了互联网融资利率（i_r或i_m）在[8%-12%]的范围内，其中8%表示低利率水平，9%表示较低利率水平，10%表示中等利率水平，11%表示较高利率水平，12%表示高利率水平。

初始资本：根据Cai等（2014）使用的方法，我们也使用相同的方法来评估公司的初始资本，即用平均流动资产来估计公司的初始资本。借鉴文献Cai等的研究，将借款人的初始资本设定为平均流动资产（$B_r = B_m = 0.45$）。

供应商的单位生产成本：我们设定$c = 0.4$。根据此设置，我们的批发价格为$w \geq 0.4$。市场需求：我们假设需求D遵循指数分布，平均值为10个单位，这与文献一致（参见Buzacott等，2004；Yan等，2016）。

有限融资额度$0 \leq \theta_m, \theta_r \leq 1$，参考晏妮娜和孙宝文（2011）对有限融资额度的设定，我们将θ_m和θ_r初始设定为0.8。

5.3.2 算例分析结果

基于上述参数设置，我们考虑P2P借贷平台的两项主要的风险控制因素（借贷服务费率、有限融资额度）对借贷方运营决策（零售商的订单数量和制造商的批发价格）的影响。值得说明的是，互联网融资利率和融资额度并不是P2P借贷平台所能独立决定的，若引入博弈会将模型复杂化，因此在模型推演和算例分析时都将其视为外生变量影响决策，但我们仍将其视为P2P风险控制的重要因素。

我们的第一组实验说明了 SCF 系统的运营和风险控制决策与存在资本约束零售商之间的相互作用。图 5-6 显示了零售商的最优订单数量如何随着不同互联网融资平台的服务率而变化（i_r = 8%、10%、12%）。我们将批发价格设定为批发价变动范围的中点值，$\bar{w}$ = 0.7。图 5-6 表明，对于固定的 i_r，零售商的最优订货量随着平台的服务率 S_r 而降低。此外，对于给定的 S_r，最优订货量随 i_r 减小。我们有这些观察结果是因为较高的服务率或较高的互联网融资利率意味着较高的融资成本，此时作为存在资金约束的零售商必须考虑存在一定的破产风险，特别是对于工业制造来说，本身加工环节的利润比较低，附加值不高，一旦资金缺口使用高利息的贷款就可能会造成自身经营方面的危机，严重者可能导致破产。因此可以解释在理想的理性状态下高的服务费率将导致较小的贷款金额和订单数量。这也符合我们引理 2 的相关证明结果，零售商的最优订货量 q^* 随着互联网融资 i_r 和服务费 S_r 而降低，即 $\partial q^*/\partial i_r = \partial q^*/\partial S_r < 0$。另外在图 5-6 预设的参数相关范围内，我们发现服务费率 S_r 在低费率（S_r 趋向于 0）时最优订货量 q^* 随着服务费率 S_r 变动的曲线更加陡峭，说明此时最优订货量 q^* 随着服务费率 S_r 变动的灵敏度更高，即一单位的服务费变动对最优订货量的影响更加剧烈。在实际经济活动中，服务费率的设定处于图 5-6 中、高灵敏度的范围，零售商最优订货量随着服务费率变动幅度较大，因此在 P2P 借贷平台可以设定服务费率时可以考虑较低的服务费以促进订货，但较低的服务费带来的更大规模的贷款会提高金融机构的风险，一旦零售商大规模订货发生滞销，必然会危及整条供应链。因此设置合适的服务费率可以控制风险，促进多方共赢。

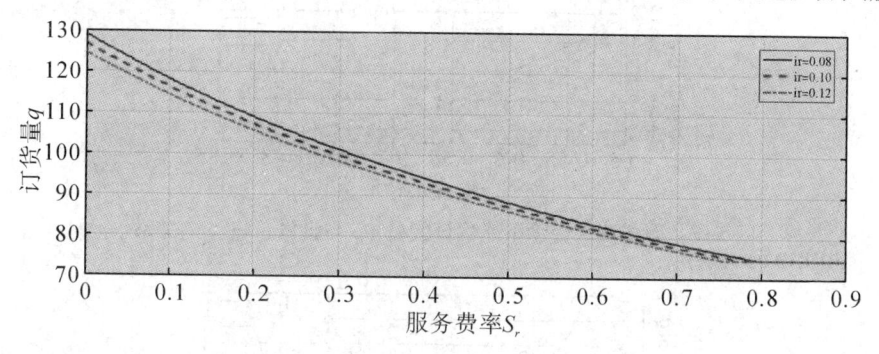

图 5-6 最优订货量与服务费率关系

第二组实验主要研究在 P2P 风险控制下零售商与生产商决策变量的相互关系，即最优订货量与批发价格之间的关系。图 5-7 说明了在风险控制因素 S_r 的变动下，最优订货量 q^* 与批发价格 w 的关系，我们使用互联网融资利率的 i_r = 8% 作为算例数据，其他参数也依照之前设定。我们发现当 S_r 为固定值时，最优订货量 q^* 与批发价格 w 呈负相关；其他条件不变的情况下，批发价格越低时，零售商更倾向于大量囤积商品，同样的，当批发价格较高时，零售商通过降低订购数量来响应更高的批发价格，这也验证了引理 2，在给定零售商的初始资本，如果需求分布为 IFR，零售商的最优订购数量 q^* 随生产商制定的批发价格 w 递减。当对 S_r 做变动（取 S_r = 0.06、0.09、0.12）时，我们发现当 S_r 为高水平服务费（S_r = 0.12），整个相关曲线向原点方向整体平移，说明高的服务费率不仅导致订货数量 q^* 的水平下降，也会造成批发价格的降低，说明过高的服务费率可能会造成生产商和零售商共同的利润损失，不利于供应链协调的产生。由此可以发现金融机构设置合理的服务费更有利于实现多方共赢的局面。

图 5-7 与图 5-8 在大致相等的条件下，固定了 P2P 借贷平台的互联网 S_r = 0.08，引入 P2P 平台另一风险控制因素 θ_r；当固定 θ_r = 0.08 时，对比同样条件下的图 5-8，发现整条曲线弯曲得更加明显，说明在融资额度的影响下，使得原来 q^* 随 w 变化敏感度高的地方愈高，低的地方愈低，敏感度变化得更加明显。我们发现，当 w 较低时，q^* 随 w 变化的敏感度变高，说明此时生产商只要稍稍提升批发价即有可能引起零售商大量减少订货数量。当 w 较高时，q^* 随 w 变化的敏感度变低，说明此时提升订货量并不会对零售商的订货量造成较大影响。因此我们认为，P2P 借贷平台可以通过增加融资额度限制的方式，使得生产商和零售商在制定自身决策变量时更加谨慎，在一定程度上降低了企业的经营风险和 P2P 平台的借贷风险。当对 θ_r 做变动（取 θ_r = 0.2、0.5、0.8）时，我们发现当 θ_r 为低水平融资额度（θ_r = 0.2），整个相关曲线向原点方向整体平移，说明低水平的融资额度不仅导致订货数量 q^* 的水平下降，也会造成批发价格的降低，说明过低的融资限额不能满足零售商资金缺口，可能会造成生产商和零售商共同的利润损失，不利于供应链协调的产生。由此可以发现 P2P 借贷平台对有限融资额度 θ_r 这一风控因素进行合理设置将更有利于实现多方共赢。

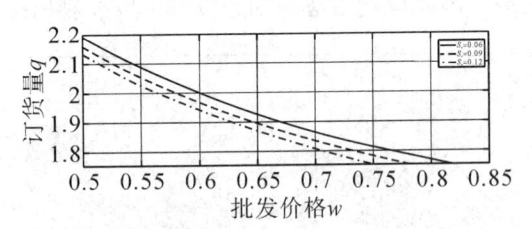

图 5-7 服务费率变动下最优订货量 q^* 与批发价格 w 的关系

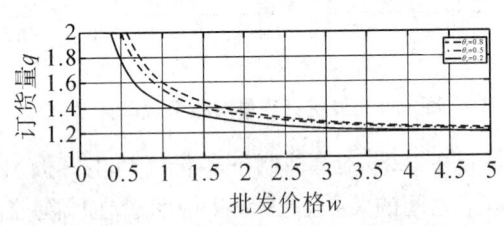

图 5-8 融资额度变动下最优订货量 q^* 与批发价格 w 的关系

第三组实验主要探究 SCF 系统中最优订货量 q 与零售商自有资金 B_r、零售商融资额度 θ_r 三者之间的相互关系。根据图 5-9 所示我们发现，当零售商自有资金较低时，特别是 $B_r ≤ 0.1$ 时，即零售商的融资限额达到最高水平 1，最优订货量 q 的可行解数量相对于较高自有资金的可行解数量仍有较大差距；说明此时零售商经营风险较高，资金缺口较大，需要大量足额融资才能达到最优订货量，因此笔者认为，当零售商自有资金非常低，融资规模大时，P2P 借贷平台可以适当降低融资额度，以抵抗经营风险。

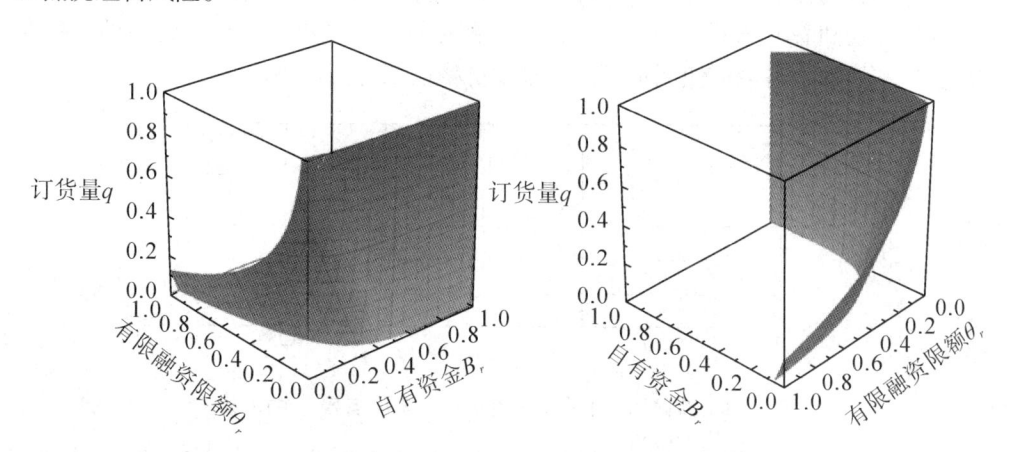

图 5-9 最优订货量 q^* 与自有资金 B_r、融资额度 θ_r 的关系

第四组实验主要探究零售商自有资金 B_r、P2P 借贷平台风险控制因素中的服务费率 S_r 对零售商最优订货数量 q 的影响。根据图 5-10 所示，当零售商的自有资金 B_r 越低时，P2P 借贷平台越倾向于设置更高的服务费率；自有资金越低，零售商想要达成最优的订货数量就意味着多融资；这种行为对于 P2P 借贷平台来说是风险等级较高的行为，为了风险控制的考虑，P2P 借贷平台倾向于设置更高的服务费率 S_r 来限制这类公司的融资。

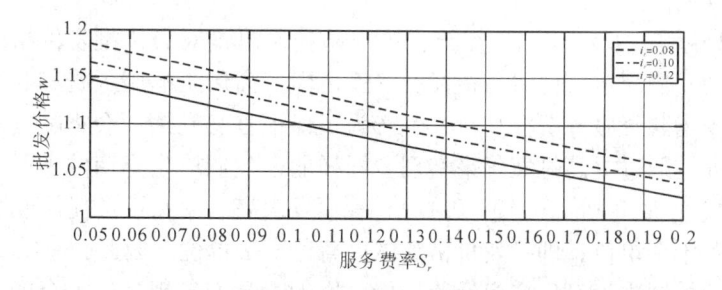

图 5-10 最优批发价格 w 与服务费 S_r 的关系

有资本约束的生产商的核心的运营指标是批发价格，我们这几组数值分析主要说明最优批发价格这项运营指标如何受到 P2P 借贷平台风险控制指标（S_r、S_m、i_r、i_m、θ_r、θ_m）等几项的影响。图 5-11 表示最优批发价格 w^* 与服务费 S_r 的相互关系。我们将采用与上节相类似的几项数据，其中将零售商的订单数量设置为等于其平均值 $\bar{q}=10$。当我们固定 i_r 时，最优的批发价格随着 S_r 下降；我们可以发现当零售商借贷服务费增加时，其融资成本上升，此时较高的批发价格势必会让零售商望而却步，继而如果继续按照原有订货量势必会增加破产的风险，因为为了保证利润，零售商可能会尽量降低订货数量，在订货量大幅下降的条件下，生产商为了鼓励零售商订货会采用降价促销的手段。此外，我们还增加了不同 i_r（取 0.08、0.10、0.12）作为相对浮动值，观察整体财务决策对最优批发价格的影响情况。取高利率水平（0.12）相对于较低利率水平（0.08）会促进生产商降低其零售价格，以促进

可以卖出零售商更多的产品。因此，总结风控指标 i_r 和 S_r 对其运营指标的影响来看，我们发现随着 P2P 平台的服务率或互联网融资利率的增加，资本约束的零售商的融资成本增加，这会迫使制造商降低批发价格以维持其销售。

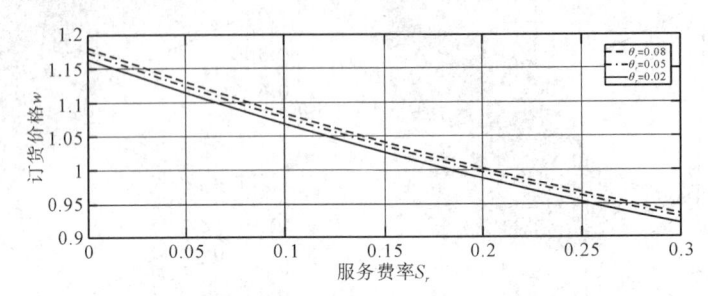

图 5-11 有限融资下最优批发价格 w 与服务费 S_r 的关系

图 5-11 说明了 P2P 平台风险控制因素 θ_r（取值为 0.8、0.5、0.2）下的最优批发价格 w^* 与 S_r 的相互关系。对比图 5-12 与图 5-13 我们发现，当 P2P 平台引入有限融资额度会使整条曲线向下平移，说明 P2P 借贷平台可以通过有限融资额度的限制控制零售商的贷款规模，从而减少零售商的订货数量，生产商只有通过降低批发价格来促进零售商的订货。同时，从两图的变化间距来看，互联网融资利率 i_r 对生产商批发价格 w^* 的影响相对于有限融资额度对批发价格 w^* 影响更加显著，也就说生产商的最优批发价格对零售商的借贷利率更加敏感，当然，这影响也是由零售商的订货量传导的。

图 5-12 说明了 P2P 平台对生产商的风险控制决策对最优批发价格的影响。本组算例分析中我们固定其他财务指标，仅保留生产商借贷的服务费和互联网融资利率。我们发现当融资服务费提高时，生产为了保证自身利润，会将融资成本的提高转嫁给零售商，通过提高批发价来实现。同样的，我们取生产商的不同的互联网融资利率水平（i_m 取 0.08、0.10、0.12），我们发现高利率水平会促使 w—S_m 曲线整体向上平移若干个单位，即批发价格整体提高若干个单位。因此，总结 P2P 平台对生产商的风险控制决策对生产商运营指标的影响，我们发现随着平台的服务率或互联网融资利率的增加，资本约束的生产商的融资成本增加，这会直接影响自身批发价格的制定，即高融资成本，高批发价格，实现融资成本增加对零售商方向的转嫁。

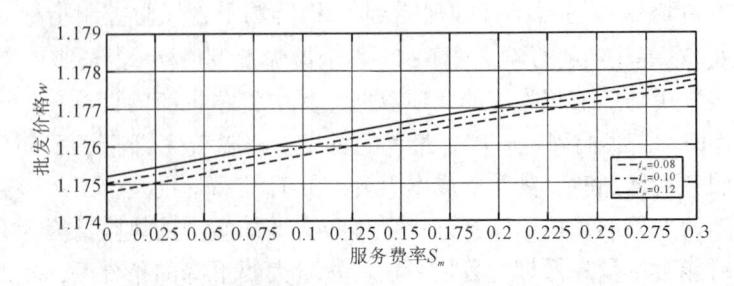

图 5-12 最优批发价格 w 与服务费 S_m 的关系

图 5-13 是引入有限融资额度 θ_m 对 w—S_m 曲线的影响。我们发现，引入 0.8 的融资额度时，会整条曲线向下平移，说明融资金额不能满足生产商所需时，生产商

为了达到最优的利润，倾向于通过降低批发价格来提升零售商的订货数量，通过"降利走量"的方式达到最优的利润。同时，我们变动融资额度限制时，发现越降低额度，越会使得生产商降低批发价格。我们认为 P2P 平台对生产商进行融资额度 θ_m 的风险控制对零售商来说并不一定是坏事，因为零售商可以更低的价格批发到商品。

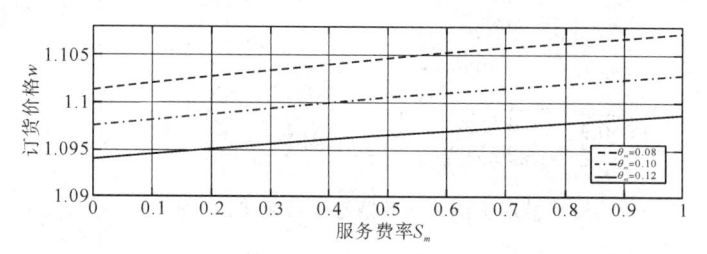

图 5-13 有限融资下最优批发价格 w 与服务费 S_m 的关系

本组实验主要探究 P2P 借贷平台风险控制指标 θ_r 和 S_r 对生产商运营指标的共同作用。如图 5-14 所示，当 P2P 平台对零售商的有限融资额度较低时，最优批发价格在这区域内并无最优可行解，说明融资额度不能满足零售商的需求时，会导致零售商的最优订货量不能实现生产商的最优批发价格。另外 P2P 平台可以通过服务费率和融资额度多样组合的方式是实现在风险控制下，保证自身利益的最大化。本组实验也揭示出，在对零售商放贷进行风险控制时，需要相对平均的融资限额，过低的融资限额很难使生产商找到最优的批发价格，不利于实现供应链的平衡。

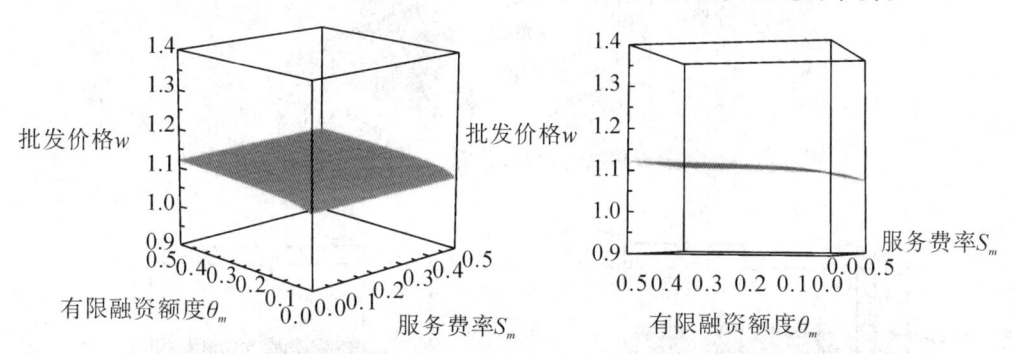

图 5-14 最优批发价格 w 与有限融资额度 θ_m、服务费率 S_m 的关系

本组实验主要探究 P2P 借贷平台风险控制指标 θ_m 和 S_m 对生产商运营指标的共同作用。如图 5-15 所示，我们发现当 P2P 平台的融资额度较低时，最优批发价格的可行解出现明显的向下弯曲，说明融资额度低会导致最优批发价格出现明显下降，特别是在融资额度小于 0.1 时，有较大明显弯曲，此时的最优批发价格受到融资额度的影响变化明显，较为微小的变化也能导致批发价格明显下降。因此，我们认为在 P2P 平台设置风控指标融资额度时，需要尽量保持高于 0.1 的融资额度，或者设置 P2P 基准交易额度，将借款期未达成 0.1 额度的交易自动终止，以防止额度过低引起批发价格随融资限额变动剧烈。

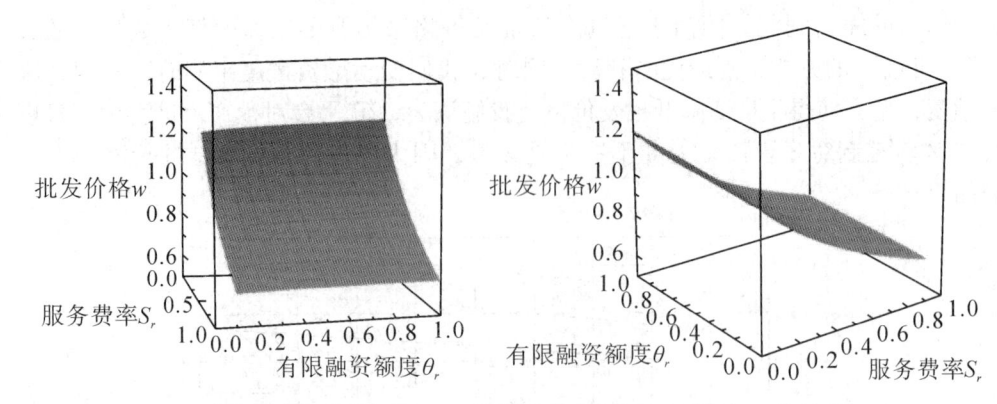

图 5-15　最优批发价格 w 与有限融资额度 θ_r、服务费率 S_r 的关系

本组实验主要探究 P2P 借贷平台风险控制指标 θ_m 和 θ_r 对生产商运营指标批发价格 w 的共同作用。如图 5-16 所示，我们发现有限融资额度无论是对生产商还是零售商都不能设置过低，对于 θ_r 设置过低可能造成 w 无最优无可行解，对 θ_m 设置过低可能造成 w 随其变动剧烈，影响整个供应链协调的形成。因此我们认为 P2P 平台若想限制生产商融资可直接降低 θ_m 或者降低下游零售商融资额度 θ_r 的方式以达到风险控制的目的。

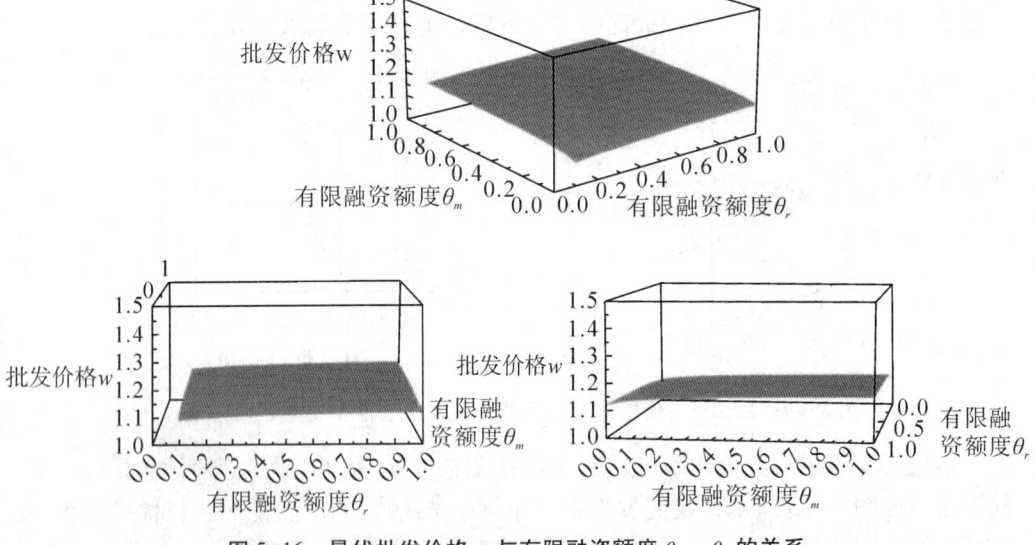

图 5-16　最优批发价格 w 与有限融资额度 θ_m、θ_r 的关系

图 5-17 显示了零售商资金约束程度对最优批发价格的影响。算例分析中，固定财务指标中除零售商互联网融资利率 i_r，并将该指标设置为点变动选项，比较订货价格 w^* 与零售商资金约束程度 B_r 的关系。我们发现当 B_r 越大，即零售商的资金约束程度越小，最优批发价格越大，w^* 与 B_r 呈正相关。零售商资金约束程度越小，融资的总体成本也就越低，其经营过程中抗风险能力相对较强，也就是说，零售商愿意订购更多的产品进行销售，更多的产品订购带来了批发价格的上升。当浮动零

售商互联网融资利率 i_r，我们发现高的利率水平并不会导致实际趋势的改变，仅仅使得最优订货量整体下降了若干个单位。零售商资金约束程度对最优批发价格的影响可以总结为：高资金约束，低最优批发价格；低资金约束，高批发价格。因此，在实际的经济活动中，零售商保留适当的自有资金和合理借贷行为更有利于获得相对低廉的批发价格，从而使得整个供应链体系的更加协调。

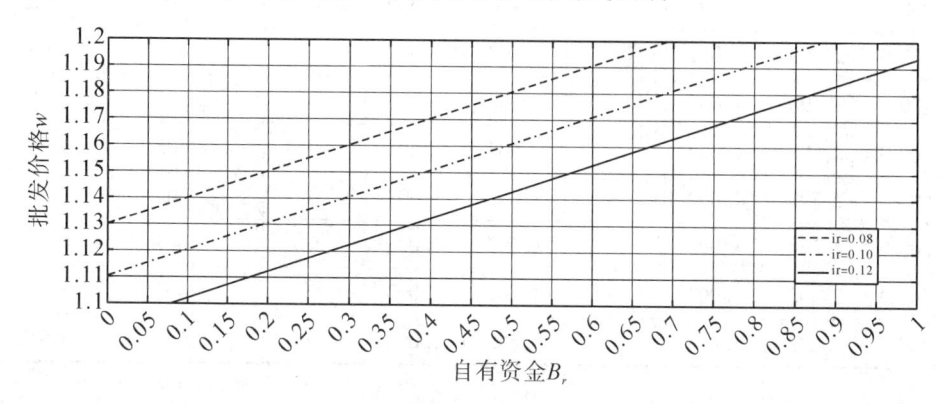

图 5-17 最优批发价格 w 与自有资金 B_r 的关系

以上两节分别通过算例分析的方法，解释 P2P 平台作为 SCF 系统的领导者如何通过自身的风险控制指标来影响生产商与零售商的运营决策。

5.3.3 供应链系统协调分析结果

另外，根据命题 4，我们计算不同初始资金条件下的零售商、生产商、P2P 供应链金融平台的相关核心数据的变动情况，主要包含最优订货量 q^*、服务费 S_r、S_m 及批发价格 w^*，各参与博弈主体的预期利润（$\pi_r/\pi_m/\pi_p$）。及供应链系统最优收益 π_s。考虑计算的复杂性，笔者仅对零售商的自有资金做了变动分析，不考虑生产商自有资金和借贷利息以及服务费率变动情况。

另外需要特别说明的是本次数值模拟还加入供应链整体收益的情况，主要计算结果如表 5-2 所示。

表 5-2 不同初始资金情况下的最优策略

B_r	q^*	w^*	S_r	π_r	π_m	π_p	$\pi_r+\pi_m+\pi_p$	π_s
0.200 0	5.469	1.101	0.076 9	2.859	2.678	0.907	6.444	6.044
0.400 0	5.256	1.153	0.073 2	3.338	3.284	0.871	7.493	8.865
0.600 0	5.356	1.189	0.062 3	3.763	3.368	0.837	7.968	8.578
0.800 0	5.698	1.356	0.062 1	4.140	4.781	0.806	9.727	10.397
1.000 0	5.088	1.365	0.059 9	5.750	4.256	0.727	10.733	10.832
1.200 0	4.883	1.895	0.055 3	5.874	5.335	0.750	11.959	11.564
1.400 0	4.869	1.260	0.052 4	1.525	6.683	0.725	8.933	9.534

表5-2(续)

B_r	q^*	w^*	S_r	π_r	π_m	π_p	$\pi_r+\pi_m+\pi_p$	π_s
1.600 0	1.731	1.002	—	1.600	1.700	0	3.3	3.8
1.800 0	2.000	1.002	—	1.675	1.800	0	3.475	4.173
2.000 0	2.500	1.002	—	1.750	1.900	0	3.65	4.22
2.200 0	2.500	1.002	—	1.602	1.000	0	2.602	3.962
2.400 0	2.598	1.002	—	1.602	1.003	0	2.605	3.962
2.600 0	2.598	1.002	—	1.602	1.003	0	2.605	3.962
2.800 0	2.598	1.002	—	1.602	1.003	0	2.605	3.962
3.000 0	2.598	1.002	—	1.602	1.003	0	2.605	3.962
3.200 0	2.598	1.002	—	1.602	1.003	0	2.605	3.962
3.400 0	2.598	1.002	—	1.602	1.003	0	2.605	3.962

我们发现当零售的资金约束较小时，P2P借贷平台为了提高借贷量从而减少服务费率。因此，零售商通过融资缓解资金约束后的最优订货量 q^* 越大，相应地，制造商提供的最优批发价格 w^* 也就越低。

随着自有资金的增加（$1.4 < B_r \leqslant 2.2$），此时我们发现零售商自有资金充足并不需要融资，但又不足以满足订货量最优 q_s^* 时，零售商的最优订货量较少，这时将取决于自有资金（$\dfrac{B_r}{w}$），因此，制造商制定的批发价格也随之增加。当零售商自有资金非常充足可以自由支配时（$B_r \geqslant 2.2$），零售商可完全按无资金约束条件下的最优订货量订货（$q_s^* = 1.002$）。另外，对比不同资金条件下供应链金融系统整体利润 π_s 和各分散主体利润之和 $\pi_r + \pi_m + \pi_p$ 可以发现，当零售商不存在资金约束时（$B_r > 1.4$），系统整体最优利润明显大于各参与主体最优利润之和，此时我们发现整条供应链无法实现最优的系统协调。在这方面传统银行参与的供应链融资也是此种情况。从数据来看，对零售商来说，充足的资金并不能带来系统最优的情况，只有当存在一定量的融资需求时，供应链系统才能实现协调各方参与者的利益才能最大化。

■ 课后习题

1. 简述P2P供应链融资主要操作模式的种类及其特点。
2. 简述运用多层次Stackelberg博弈法开展P2P供应链融资风险评价的优点与不足。
3. 简述在P2P供应链融资模式中，如何有效展开风险识别、风险度量、风险评估和控制相关工作。

5 P2P供应链融资模式风险管理

■ 案例分析

海尔的P2P供应链金融平台——"海融易"

海融易是海尔集团旗下的供应链金融平台，是核心企业自建P2P供应链金融平台的典型代表。海融易平台于2015年5月正式上线，通过P2P理财服务吸纳社会各方的闲散资金，围绕海尔上下游供应链企业，为个人及企业提供金融服务。海融易平台利用海尔集团在产业链中核心企业的地位优势，掌握了5 000多家供应商及4万多家线下经销商的生产、销售、物流、库存等信息大数据，融资企业的运营情况、资金缺口是否属实等情况都可以清楚地了解到。这是海融易平台独有的优势，P2P供应链金融平台和产业链相结合的商业模式，可以降低P2P平台的投资风险。

海融易平台与海尔第三方支付机构快捷通合作，为海尔产业链上下游那些难以获得银行资金支持的中小企业提供融资服务，打造无担保的纯信用融资模式。

1. 上游供应商的应收账款融资

上游供应商的应收账款融资是指核心企业向上游供应商采购原材料时产生了一定的应收账款，上游供应商凭借该应收账款向海融易平台申请融资，以缓解资金周转困境，投入新的生产运营的一种融资模式。核心企业需要对该笔应收账款予以承付，这也是该笔融资的还款来源，同时还需给予上游供应商在融资审核过程的信用担保和额度建议。

2. 上游供应商的订单融资

上游供应商的订单融资是指核心企业给上游供应商下发生产订单，约定于某个时间进行订单交付，上游供应商凭借该订单向海融易平台申请融资的一种融资模式。核心企业需要对该笔订单承诺按时回购，回购的费用就是该笔融资的还款来源，同时还需给予上游供应商在融资审核过程的信用担保和额度建议。

3. 上游供应商的票据融资

海尔集团向上游供应商采购原材料时开具了支付应收账款的商业汇票，上游供应商可在汇票到期时向海尔集团索要采购的费用。如上游供应商因为资金紧张，生产在即等缘故，可凭借核心企业开具的商业汇票向海融易平台申请融资或打折贴现，核心企业给予上游供应商信用担保和建议额度。汇票到期后，海尔集团对该次采购的承付作为还款来源。

4. 下游经销商的预付账款融资

下游经销商的预付账款融资是指下游经销商向海尔集团大批量采购商品时，由于账款数目较大，下游经销商先行预付一部分账款给海尔集团，并凭借预付款向海融易平台申请融资的一种融资模式。海尔集团收到海融易平台的放款后将商品货物发至物流监管仓库，下游经销商根据需求分批向海融易平台还款并分批申请提货。还款来源是该笔货物的收入。

5. 下游经销商的订单融资

下游经销商的订单融资是指下游经销商根据短期内小额的销售需求向海尔集团

下单采购小批量商品，并凭借该采购订单向海融易平台申请融资的一种融资模式。核心企业给予下游经销商在融资审核过程的信用担保和额度建议，并履行该笔订单的生产任务，下游经销商通过销售该笔订单产品作为还款来源。

（资料来源：姚蔚婷. P2P供应链金融的风险管理研究［D］. 北京：对外经济贸易大学，2022.）

问题分析

1. 试画出海融易五个业务的操作流程图。
2. 分析海融易可面临的各种风险及其管控措施。

■ 参考文献

［1］CAI G G, CHEN X, XIAO Z. The roles of bank and trade credits: theoretical analysis and empirical evidence［J］. Production and operations managemen, 2014, 23(4): 583-598.

［2］KOUVELIS P, ZHAO W. Financing the newsvendor: supplier vs. bank, and the structure of optimal trade credit contracts［J］. Operations research, 2012, 60(3): 566-580.

［3］LIN M. Peer-to-peer lending: an empirical study［J］. In proceedings of the AMCIS 2009 doctoral consortium, 2009: 1-7.

［4］WANG Y, HUA R. Guiding the healthy development of the P2P in- dustry and promoting SME financing［J］. In Proceedings of the 2014 International Conference on Management of e-Commerce and e-Government (ICMeCG), 2014: 318-322.

［5］Zhang, N. Rationality of investors in P2P online lending platform with guarantee mechanism: evidence in China［J］. Journal of applied finance & banking, 2017, 7(3): 121-135.

［6］LIN M, PRABHALA N R, VISWANATHAN S. Judging borrowers by the company they keep: friendship networks and information asymmetry in online peer-to-peer lending［J］. Management science, 2013, 59(1): 17-35.

［7］BUZACOTT J A, ZHANG R Q. Inventory management with asset-based financing［J］. Management science, 2004, 50(9): 1274-1292.

［8］CALDENTEY R, HAUGH M B. Supply contracts with financial hedging［J］. Operations research, 2009, 57(1): 47-65.

［9］YAN N, SUN B. Coordinating loan strategies for supply chain financing with limited credit［J］. OR spectrum, 2013, 35(4): 1039-1058.

［10］Dada M, Hu Q. Financing newsvendor inventory［J］. Operations research letters, 2008, 36(5): 569-573.

［11］SRINIVASA RAGHAVAN N R, MISHRA V K. Short-term financing in a cash-constrained supply chain［J］. International journal of production economics, 2011, 134

(2): 407-412.

[12] LEE C H, RHEE B D. Coordination contracts in the presence of positive inventory financing costs [J]. International journal of production economics, 2010, 124 (2): 331-339.

[13] SRINIVASA RAGHAVAN N R, MISHRA V K. Short-term nancing in a cash-constrained supply chain [J]. International journal of production economics, 2011 (134): 407-412.

[14] KOUVELIS P, ZHAO W. Financing the newsvendor: supplier vs. bank, and the structure of optimal trade credit contracts [J]. Operations research, 2012 (60): 566-580.

[15] CHEN X, WANG A. Trade credit contract with limited liability in the supply chain with budget constraints [J]. Annals of operations research, 2012 (196): 153-165.

[16] JING B, CHEN X, CAI G. Equilibrium nancing in a distribution channel with capital constraint [J]. Production and operations management, 2012 (21): 1090-1101.

[17] YAN N, DAI H, SUN B. Optimal bi-level Stackelberg strategies for sup-ply chain financing with both capital-constrained buyers and sellers [J]. Applied stochastic models in business and industry, 2014, 30 (6): 783-796.

[18] YAN N, SUN B. Comparative analysis of supply chain financing strategies between different financing modes [J]. Journal of industrial and management optimization, 2015, 11 (4): 1073-1087.

[19] YAN N, SUN B, ZHANG H, et al. A partial credit guarantee contract in a capital-constrained supply chain: financing equilibrium and coordinating strategy [J]. International Journal of production economics, 2016 (173): 122-133.

[20] 晏妮娜, 孙宝文. 考虑信用额度的仓单质押融资模式下供应链金融最优策略 [J]. 系统工程理论与实践, 2011, 31 (9): 1674-1679.

[21] 钟远光, 周永务, 李柏勋, 等. 供应链融资模式下零售商的订货与定价研究 [J]. 管理科学学报, 2011, 14 (6): 57-67.

[22] 余大勇, 骆建文. 资金约束下的逆向拍卖 [J]. 系统管理学报, 2012, 21 (2): 206-211.

[23] 张义刚, 唐小我. 供应链融资中的制造商最优策略 [J]. 系统工程理论与实践, 2013, 33 (6): 1434-1440.

[24] 肖肖, 骆建文. 面向资金约束制造商的双渠道供应链融资策略 [J]. 系统管理学报, 2016, 25 (1): 121-128, 138.

[25] 金伟, 骆建文. 基于双边资金约束供应链的均衡组合融资策略 [J]. 系统工程理论与实践, 2017, 37 (6): 1441-1451.

[26] BERGER S C, GLEISNER F. Emergence of financial intermediaries in electronic markets: the case of online P2P lending [J]. BuR-business research, 2009, 2 (1): 39-65.

[27] CHEN D, HAN C. A Comparative study of online P2P lending in the USA and China [J]. Journal of internet banking and commerce, 2012, 17 (2): 1-15.

[28] CHEN D, LAI F, LIN Z. A trust model for online peer-to-peer lending: a lender's perspective [J]. Information technology and management, 2014, 15 (4): 239-254.

[29] EMEKTER R, TU Y, JIRASAKULDECH B, et al. Evaluating credit risk and loan performance in online Peer-to-Peer (P2P) lending [J]. Applied economics, 2015, 47 (1): 54-70.

[30] Guo Y, Zhou W, Luo C, et al. Instance-based credit risk as-sessment for investment decisions in P2P lending [J]. European journal of operational research, 2016, 249 (2): 417-426.

[31] HERZENSTEIN M, DHOLAKIA U M, ANDREWS R L. Strategic herding behavior in peer-to-peer loan auctions [J]. Journal of interactive marketing, 2011, 25 (1): 27-36.

[32] LEE E, LEE B. Herding behavior in online P2P lending: an empirical in-vestigation [J]. Electronic commerce research and applications, 2012, 11 (5): 495-503.

[33] LIU D, BRASS D, LU Y, et al. Friendships in online peer-to-peer lending: pipes, prisms, and relational herding [J]. MIS quarterly, 2015, 39 (3): 729-742.

[34] 郭志俊, 吴椒军. 论我国个人信用体系的法律制度建设 [J]. 社会科学论坛, 2010 (5): 34-38.

[35] 王会娟, 廖理. 中国P2P网络借贷平台信用认证机制研究：来自"人人贷"的经验证据 [J]. 中国工业经济, 2014 (4): 136-147.

[36] 郭登辉, 王毅成. 关于网络联保贷款方式的探究 [J]. 金融与经济, 2010 (2): 83-85.

[37] 廖理, 李梦然, 王正位. 聪明的投资者：非完全市场化利率与风险识别：来自P2P网络借贷的证据 [J]. 经济研究, 2014, 49 (7): 125-137.

[38] 廖理, 李梦然, 王正位, 等. 观察中学习：P2P网络投资中信息传递与羊群行为 [J]. 清华大学学报 (哲学社会科学版), 2015, 30 (1): 156-165, 184.

[39] 姚蔚婷. P2P供应链金融的风险管理研究 [D]. 北京：对外经济贸易大学, 2019.

6 电商担保融资模式风险管理

■ 学习目标

1. 学习电商担保融资的概念和兴起的时代背景。
2. 了解传统银行贷款融资模式,掌握电商担保融资与传统银行融资的区别。
3. 掌握电商担保融资模式的业务运营过程,并进行决策分析。

6.1 电商担保融资模式概述

随着互联网和信息技术的发展,电商平台不仅为中小企业提供了销售平台,也利用其掌握的交易数据为中小企业提供信用担保,帮助它们获得银行融资。2010年,金银岛电商平台和中国建设银行、生意宝电商平台和中国交通银行开展合作,2013年慧聪网和多家银行开展合作,为平台上的中小企业提供担保融资服务。与电商平台直接融资不同,电商平台通过与银行合作为平台上的企业提供担保融资,在这个过程当中,资金短缺方为平台上的企业,资金提供方是银行,电商平台起到中介的作用。

电商平台在提供担保融资的同时,会面临融资企业不能按时偿还银行贷款的信用风险,对于电商平台来说,提供担保服务会给自身带来一定的风险,但提供担保融资服务能够影响到融资企业以及银行的决策,从而影响电商平台本身的利润。对于融资企业来说,在电商平台提供担保的情况下,电商平台能够分担一部分的市场风险,从而使得融资企业的订购量发生变化。对于银行来说,电商平台的担保使得银行面临的风险降低,银行会根据电商平台的担保系数设定自身的利率。因此,在考虑信用风险下,研究中介型电商平台担保融资显得十分重要。

6.2 传统银行贷款融资模式分析

本章在经典报童模型的基础上,对传统银行贷款融资模式的最优决策问题进行分析。与经典报童模型假设类似，考虑零售商面对的市场需求具有随机性和不确定性，并在一定周期内在市场上销售某商品，零售商需要决定进货数量以及订货价格，接着向供应商发出进货合约，其目标为使自身利润达到最大。

对零售商而言，当订货数量无法满足市场的需求时，在存在缺货惩罚成本的条件下，零售商不仅将丢失这一部分的市场需求份额所带来的利润，而且对于未满足的市场需求将承担缺货惩罚。当订货数量多于市场需求时，未售出产品将全部返还给上游。对供应商而言，供应商所能得到的利润是零售商所做的订货决策收益，去除产品总的生产成本，当订货数量多于市场需求时，供应商将损失未售出产品应获得的利润。对整个供应链而言，零售商所获得利润和供应商所获得利润的总和就是系统整体的利润。

具体的模型假设与建立将在下文详细阐述。

6.2.1 问题描述

考虑一个在供应链中处于主导地位的电商和一个存在生产资金限制的供应商构成的简单二级供应链系统。在供应链中，下游电商作为供应链上的大型的核心企业，具有与供应商议价的能力，由零售商决定订单数量与批发价格，并向供应商发起要约。若供应商接受要约，其必须完成订单的生产，但是由于存在生产资金约束，它需要从第三方银行获得贷款以支持对订单的生产。在传统银行融资模式中，供应商直接向银行申请贷款，并承诺在获得订单款项收入时偿还贷款。对银行来说，若给予供应商贷款，将面临供应商因为缺陷产品被退货而无收益导致的违约风险，或因市场需求不足导致的无法足额偿款的违约风险。本节分析在传统银行贷款融资模式下，供应商所获得的贷款金额与贷款利率，以及零售商在各种情况下的最优订货决策。

6.2.2 基本假设及模型参数

6.2.2.1 基本假设

(1) 单周期订货决策。零售商订购的产品只能在一定时期内销售，不考虑二次订货行为。

(2) 供应商存在资金约束，需要获得贷款来支持生产活动。

(3) 单周期内的一级市场需求是非负的随机变量。

(4) 考虑消费者存在退货行为，且存在二级市场。供应商的产品有一定概率存在缺陷产品，对这类产品消费者全部将产品经零售商退回给供应商。若产品不存在缺陷，消费者也会有退货行为，对这类无缺陷产品，零售商只能以价格的一定折扣在二级市场销售。

(5) 假设存在缺货成本，即当订单量小于市场实际需求时，零售商对未满足的单位产品将有一定损失；未售出产品，即订单量大于实际市场需求，零售商有权退回给供应商。

(6) 银行提供竞争性贷款利率。这表明银行并不获得额外收益，即银行贷款所得与其投资无风险资产所获收益相同。此假设也体现了供应商在该模式下所能获得的最优银行贷款利率,若银行获得额外收益,供应商必承受更高的贷款成本。

(7) 供应商与零售商的目标均是目标最大化。

6.2.2.2 模型参数

参数表见表6-1。

表6-1 参数表

参数符号	含义
w	产品批发价格
Q	零售商的订货数量
D_1	产品的一级市场需求
$F(\cdot)$	产品的一级市场需求的累积分布函数
$f(\cdot)$	产品的一级市场需求的概率密度函数
$S(Q)$	一级市场的产品销售量
D_2	产品的二级市场需求
p	产品的销售价格
c_p	供应商生产产品的成本
c_g	产品缺货惩罚成本
c_l	产品的逆向物流成本
k	零售商向供应商进行每单位产品的补偿
r_f	无风险市场利率
r_b	传统银行贷款模式贷款利率
r_d	零售商担保模式贷款利率
δ_d	零售商担保模式中贷款的折扣率
β	无缺陷产品在二级市场销售的折扣
B	供应商的自有资本
L	供应商的贷款决策
a_n	缺陷产品退货率
a_m	无缺陷产品退货率
η	银行预期的缺陷产品退货率
π_R	零售商的利润函数
π_s	供应商的利润函数
π	供应链的利润函数

6.2.3 模型的建立及决策分析

在进行模型的建立前,先对产品在一级市场的销售量进行分析。一级市场的市场需求为 D_1,零售商订购量为 Q,当市场需求满足 $D_1 \geq Q$,即市场需求量大于等于零售商订购量时,产品销售量为 $S(Q) = Q$;当市场需求满足 $D_1 < Q$,即市场需求量小于零售商订购量时,产品销售量为 $S(Q) = D_1$。故产品的期望销量为

$$\begin{aligned} S(Q) = \min\{Q, D_1\} &= \int_0^Q D_1 f(D_1) dD_1 + \int_Q^{+\infty} Q f(D_1) dD_1 \\ &= \int_0^Q D_1 [F(D_1)]' dD_1 + \int_Q^{+\infty} Q f(D_1) dD_1 \\ &= D_1 F(D_1) \big|_0^Q - \int_0^Q F(D_1) dD_1 + Q \int_Q^{+\infty} f(D_1) dD_1 \\ &= QF(Q) + QF(D_1) \big|_Q^{+\infty} - \int_0^Q F(D_1) dD_1 \\ &= Q - \int_0^Q F(D_1) dD_1 \end{aligned} \tag{6.1}$$

在传统银行贷款融资模式中,在 $t=0$ 时零售商向供应商发起订货要约 (w, Q)。若供应商接受要约,其要在 $t=0$ 时生产产品,并将产品批发给零售商,若供应商的自有资本 B 不足以支持生产,其将在 $t=0$ 时从银行贷款,贷款金额为 l,在 $t=1$ 时进行偿还。在 $t=1$ 时,形成了市场需求并且零售商进行产品的销售,若产品为缺陷产品,消费者将产品全部退货,零售商进一步将产品全部退回给供应商,此时供应商将得不到任何收入。而当产品为无缺陷产品时,由于产品仍有一定可能被退货,供应商获得的收入分为两部分,在一级市场销售的未被退货的产品,以及在二级市场销售的被退货的产品。因此,供应商在 $t=1$ 的期初,即偿还贷款前的现金流 B_1 为:若产品为缺陷产品,$B_1 = (B + l - c_p Q)(1 + r_f)$;若产品为无缺陷产品,$B_1 = (B + l - c_p Q)(1 + r_f) + w[(1 - a_m)S(Q) + \min\{a_m S(Q), D_2\}]$。在 $t=1$ 时,若产品存在缺陷,供应商得不到任何销售收入,也就无力偿还贷款;即使产品无缺陷,当市场需求不足时,供应商的收入将无法全额偿还贷款。因此供应商将尽可能向银行偿还贷款本息和 $l(1 + r_b)$,即它将支付给银行 $\min\{l(1 + r_b), B_1\}$。从而我们可得供应商的期望利润为:

$$\begin{aligned} \pi_S^b(w, Q, l) &= B_1 - \min\{l(1 + r_b), B_1\} \\ &= (1 - a_n)(((B + l - c_p Q)(1 + r_f) + w((1 - a_m)S(Q) + \\ &\quad \min\{a_m S(Q), D_2\}) - l(1 + r_b))^+) + \\ &\quad a_n(((B + l - c_p Q)(1 + r_f) - l(1 + r_b))^+) \end{aligned} \tag{6.2}$$

首先,在供应商的生产过程中,供应商必须满足借款后贷款额与自有资金之和足够支撑生产活动。其次,银行提供给供应商具有竞争性的贷款利率,即银行投资于供应商的预期收益等于其投资于无风险资产所带来的收益。因此,我们可得供应商的最优化决策模型为:

$$\max_{l \geq 0} \pi_S^b(w, Q, l)$$

$$\text{s.t. } B + l - c_p Q \geqslant 0$$
$$l(1 + r_f) = (1 - \eta)\min\{(B + l - c_p Q)(1 + r_f) + w((1 - a_m)S(Q) + \min\{a_m S(Q), D_2\}), l(1 + r_b)\} + \eta\min\{(B + l - c_p Q)(1 + r_f), l(1 + r_b)\} \tag{6.3}$$

接下来分析零售商的最优化决策模型。若产品为缺陷产品，消费者将采取退货行为，零售商进一步将产品退回给供应商，并承担消费者退货的逆向物流成本；若产品为无缺陷产品，消费者仍有一定概率无理由退货，对于未退货产品零售商以价格 p 进行销售，对于退货产品零售商在承担逆向物流成本后，将以价格 p 的一定折扣 β 在二级市场进行销售，未销售完的产品将返还给供应商。并且，对于未满足市场的需求，将会产生缺货惩罚成本。因此，我们可得零售商的期望利润为：

$$\pi_R^b(w, Q) = (1 - a_n)((1 - a_m)(p - w)S(Q) + (\beta p - c_l - w)\min\{a_m S(Q), D_2\}) - a_n c_l S(Q) - c_g(D_1 - Q)^+ \tag{6.4}$$

零售商在做出订货决策 (w, Q)，并向供应商发起要约后，为了确保供应商能够接受要约，就要使供应商生产所带来的期望收益大于等于供应商的机会成本，因此零售商将承诺给予供应商每单位销售产品的一定补偿 k。那么，我们可知零售商的最优化决策模型为：

$$\max_{w, Q \geqslant 0} \pi_R^b(w, Q)$$
$$\text{s.t. } \pi_S^b(w, Q, L) \geqslant B(1 + r_f) + k((1 - a_m)S(Q) + \min\{a_m S(Q), D_2\}) \tag{6.5}$$

其中，零售商在做决策时，会考虑销售每单位产品获得的利润为正，即产品预期销售收入大于预期交易成本，若销售每单位产品的收益为负，零售商也不会进行该产品的销售。因此有 $(1 - a_n)((1 - a_m)p + a_m(\beta p - c_l)) - a_n c_l - k > 0$。

在对零售商的最优订货决策进行分析前，首先对银行提供的贷款利率进行分析。对任意的 $w, Q, l > 0$，根据式 (6.3) 可以定义：

$$G(l, r_b) = (1 - \eta)\min\{(B + l - c_p Q)(1 + r_f) + w((1 - a_m)S(Q) + \min\{a_m S(Q), D_2\}), l(1 + r_b)\} + \eta\min\{(B + l - c_p Q)(1 + r_f), l(1 + r_b)\} - l(1 + r_f) \tag{6.6}$$

且令 $H(Q) = (1 - a_m)S(Q) + \min\{a_m S(Q), D_2\}$。

(1) 当 $l(1 + r_b) < (B + l - c_p Q)(1 + r_f) < (B + l - c_p Q)(1 + r_f) + wH(Q)$ 时，$G(l, r_b) = l(1 + r_b) - l(1 + r_f)$，此时 $\dfrac{\partial G(l, r_b)}{\partial r_b} = l \geqslant 0$

(2) 当 $(B + l - c_p Q)(1 + r_f) < l(1 + r_b) < (B + l - c_p Q)(1 + r_f) + wH(Q)$ 时，$G(l, r_b) = (1 - \eta)l(1 + r_b) + \eta(B + l - c_p Q)(1 + r_f) - l(1 + r_f)$，此时 $\dfrac{\partial G(l, r_b)}{\partial r_b} = (1 - \eta)l \geqslant 0$

(3) 当 $(B + l - c_p Q)(1 + r_f) < (B + l - c_p Q)(1 + r_f) + wH(Q) < l(1 + r_b)$ 时，$G(l, r_b) = (B - c_p Q)(1 + r_f) + (1 - \eta)wH(Q)$

综上可知，当 $l(1 + r_b) < (B + l - c_p Q)(1 + r_f) + wH(Q)$ 时，$G(l, r_b)$ 关于 r_b 严

格递增。

当 $B \geq c_p Q$ 时，必有 $l(1+r_f) \leq (B+l-c_p Q)(1+r_f)$，易知 $G(l, r_b)|_{r_b=r_f} = 0$，因此对任意的 $B \geq c_p Q$，$r_b^* = r_f$ 是 $G(l, r_b) = 0$ 的解。

又因为，$G(l, r_b)$ 在 $r_b^* = r_f$ 处关于 r_b 严格递增，且 $G(l, r_b)$ 是关于 r_b 非减的，故 $r_b^* = r_f$ 是 $G(l, r_b) = 0$ 的唯一解。此时说明，在供应商有充足自有资金时，其能获得的贷款利率为无风险利率。

当 $B < c_p Q$，$r_b = r_f$ 时，

$$G(l, r_f) = (1-\eta)\min\{(B+l-c_p Q)(1+r_f) + wH(Q), l(1+r_f)\}$$
$$+ \eta\min\{(B+l-c_p Q)(1+r_f), l(1+r_f)\} - l(1+r_f)$$
$$< (1-\eta)l(1+r_f) + \eta l(1+r_f) - l(1+r_f) = 0$$

由上述分析可知，$G(l, r_b)$ 在 $l(1+r_b) < (B+l-c_p Q)(1+r_f) + wH(Q)$ 时关于 r_b 严格递增。易知，当 $B < c_p Q$ 时，$G(l, r_b) = 0$ 有唯一解 $r_b^* \in (r_f, \frac{(B+l-c_p Q)(1+r_f) + wH(Q)}{l} - 1)$，当且仅当 $(B-c_p Q)(1+r_f) + (1-\eta)wH(Q) > 0$ 时成立。

因为，若 $(B-c_p Q)(1+r_f) + (1-\eta)wH(Q) = 0$，表明对任意的 $r_b \geq \frac{(B+l-c_p Q)(1+r_f) + wH(Q)}{l} - 1$ 时，$G(l, r_b) = 0$，此时 $G(l, r_b) = 0$ 有无穷多个解。若 $(B-c_p Q)(1+r_f) + (1-\eta)wH(Q) < 0$，表明对任意的 $r_b \geq \frac{(B+l-c_p Q)(1+r_f) + wH(Q)}{l} - 1$ 时，$G(l, r_b) < 0$，此时 $G(l, r_b) = 0$ 无解。

综上所述，可得当 $(B-c_p Q)(1+r_f) + (1-\eta)wH(Q) > 0$ 时，有

$$r_b^* = \begin{cases} r_f, & B \geq c_p Q \\ r_b \in (r_f, \frac{(B+l-c_p Q)(1+r_f) + wH(Q)}{l} - 1), & B < c_p Q \end{cases} \quad (6.7)$$

在对银行提供的贷款利率进行了分析后，接下来得出供应商决定的贷款数额 l，对供应商的贷款行为进行讨论。

当 $B \geq c_p Q$ 时，将 $r_b^* = r_f$ 代入式（3.2），$\pi_S^b(l, r_f) = (B-c_p Q)(1+r_f) + (1-a_n)wH(Q)$，此时 $\pi_S^b(l, r_b)$ 独立于 l，即 $\frac{\partial \pi_S^b(l, r_b)}{\partial l} = 0$。

当 $B < c_p Q$，$(B-c_p Q)(1+r_f) + (1-\eta)wH(Q) > 0$ 时，$G(l, r_b)$ 对 l 和 r_b 是连续可微的，r_b^* 是关于 l 的公式，根据隐函数定理，$r_b^*(l)$ 对 l 是连续可微的。因此，供应商的期望利润对 l 可得

$$\frac{d\pi_S^b(l, r_b^*(l))}{dl} = \frac{\partial \pi_S^b(l, r_b^*(l))}{\partial l} + \frac{\partial \pi_S^b(l, r_b^*(l))}{\partial r_b^*} \cdot \frac{dr_b^*(l)}{dl} \quad (6.8)$$

定义阈值 $H(Q^*) = \frac{l(r_b - r_f) + (c_p Q - B)(1+r_f)}{w}$，根据隐函数求导定理有

$$\frac{dr_b^*(l)}{dl} = -\frac{\partial G(l, r_b)/\partial l}{\partial G(l, r_b)/\partial r_b}\bigg|_{r_b = r_b^*(l)}$$

$$= -\frac{(1-\eta)\bar{F}(Q^*)(r_b^*(l) - r_f)}{(1-\eta)\bar{F}(Q^*)l}$$

$$= \frac{(r_f - r_b^*(l))}{l} \quad (6.9)$$

又

$$\frac{\partial \pi_S^b(l, r_b^*(l))}{\partial l} = (1 - a_n)(r_f - r_b^*(l))F(Q^*) \quad (6.10)$$

$$\frac{\partial \pi_S^b(l, r_b^*(l))}{\partial r_b^*} = -(1 - a_n)lF(Q^*) \quad (6.11)$$

将 (6.9)、(6.10)、(6.11) 代入 (6.8) 可得

$$\frac{d\pi_S^b(l, r_b^*(l))}{dl} = \frac{\partial \pi_S^b(l, r_b^*(l))}{\partial l} + \frac{\partial \pi_S^b(l, r_b^*(l))}{\partial r_b^*} \cdot \frac{dr_b^*(l)}{dl}$$

$$= (1 - a_n)(r_f - r_b^*(l))F(Q^*) - (1 - a_n)lF(Q^*) \cdot \frac{(r_f - r_b^*(l))}{l}$$

$$= 0$$

综上所述，不论 $B \geq c_pQ$ 还是 $B < c_pQ$ 时，都有 $\frac{d\pi_S^b(l, r_b^*(l))}{dl} = 0$。这表明，在给定银行竞争性利率的条件下，供应商决定贷款数额的多少并不会改变其期望收益，这是因为在不存在其他投资方式的情况下，供应商只能将多余资金投资于无风险资产，这种多余贷款投资于无风险资产后再偿还银行的行为是不会改变供应商的期望利润的。在此基础上，供应商又要满足生产约束 $l \geq (c_pQ - B)^+$，因此，供应商在传统银行融资模式中最佳贷款额为 $L = (c_pQ - B)^+$。

最后，本节对零售商的最优决策进行分析，求解零售商最大化利润目标下的最优订货量与订货价格。

当 $B \geq c_pQ$ 时，根据前文可知，供应商的贷款决策为 $L = 0$。

此时零售商为使供应商接受要约的约束条件为

$$(B - c_pQ)(1 + r_f) + (1 - a_n)wH(Q) \geq B(1 + r_f) + kH(Q) \quad (6.12)$$

根据供应商与零售商的期望收益可知，$\frac{\partial \pi_S^b(w, Q, L)}{\partial w} > 0$，$\frac{\partial \pi_R^b(w, Q)}{\partial w} < 0$，即供应商期望收益随产品批发价格 w 递增，零售商反之。因此在以零售商为核心的供应链中，零售商在做决策时考虑自身利益最大化，只需供应商接受要约，即满足：

$$(B - c_pQ)(1 + r_f) + (1 - a_n)wH(Q) = B(1 + r_f) + kH(Q) \quad (6.13)$$

此时可得

$$w = \frac{c_pQ(1 + r_f) + kH(Q)}{(1 - a_n)H(Q)} \quad (6.14)$$

若二级市场的需求充足，即无缺陷退货产品能全部销售完（$a_m S(Q) \leq D_2$），此时有 $H(Q) = S(Q)$。因此将式（6.14）代入式（6.4），可得零售商在 $B \geq c_p Q$ 时的期望收益函数为

$$\pi_R^1(Q) = ((1-a_n)((1-a_m)p + a_m(\beta p - c_l)) - a_n c_l - k + c_g)S(Q) - c_g D_1 - c_p Q(1 + r_f) \tag{6.15}$$

进一步，对 $\pi_R^1(Q)$ 进行求导可得

$$\frac{d\pi_R^1(Q)}{dQ} = ((1-a_n)((1-a_m)p + a_m(\beta p - c_l)) - a_n c_l - k + c_g)(1 - F(Q)) - c_p(1 + r_f)$$

$$\frac{d^2\pi_R^1(Q)}{dQ^2} = -((1-a_n)((1-a_m)p + a_m(\beta p - c_l)) - a_n c_l - k + c_g)f(Q) < 0$$

因此可知，$\pi_R^1(Q)$ 为凹函数，通过解一阶条件 $\frac{d\pi_R^1(Q)}{dQ} = 0$，得 $\pi_R^1(Q)$ 取最大值时有

$$Q = Q_1 = F^{-1}\left(1 - \frac{c_p(1 + r_f)}{(1-a_n)((1-a_m)p + a_m(\beta p - c_l)) - a_n c_l - k + c_g}\right) \tag{6.16}$$

将 Q_1 代入式（6.14）可得，$w_1 = \dfrac{c_p Q_1(1 + r_f) + k S(Q_1)}{(1-a_n)S(Q_1)}$。

若二级市场的需求不足，即无缺陷退货产品未能全部销售完（$a_m S(Q) > D_2$），此时有 $H(Q) = (1-a_m)S(Q) + D_2$。因此将式（6.14）带入式（6.4），可得零售商在 $B \geq c_p Q$ 时的期望收益函数为

$$\pi_R^2(Q) = ((1-a_n)(1-a_m)p - k(1-a_m) - a_n c_l + c_g) \cdot S(Q) + ((1-a_n)(\beta p - c_l) - k) \cdot D_2 - c_g D_1 - c_p Q(1 + r_f) \tag{6.17}$$

进一步，对 $\pi_R^2(Q)$ 进行求导可得

$$\frac{d\pi_R^2(Q)}{dQ} = ((1-a_n)(1-a_m)p - k(1-a_m) - a_n c_l + c_g)(1 - F(Q)) - c_p(1 + r_f)$$

$$\frac{d^2\pi_R^2(Q)}{dQ^2} = -((1-a_n)(1-a_m)p - k(1-a_m) - a_n c_l + c_g)f(Q) < 0$$

因此可知，$\pi_R^2(Q)$ 为凹函数，通过解一阶条件 $\frac{d\pi_R^2(Q)}{dQ} = 0$，得 $\pi_R^2(Q)$ 取最大值时有

$$Q = Q_2 = F^{-1}\left(1 - \frac{c_p(1 + r_f)}{(1-a_n)(1-a_m)p - k(1-a_m) - a_n c_l + c_g}\right) \tag{6.18}$$

将 Q_2 代入式（6.14）可得，$w_2 = \dfrac{c_p Q_2(1 + r_f) + k((1-a_m)S(Q_2) + D_2)}{(1-a_n)((1-a_m)S(Q_2) + D_2)}$。

(2) 当 $B < c_p Q$ 时，根据前文有供应商的贷款决策为 $L = c_p Q - B$。

将 $L = c_p Q - B$ 分别带入式 (6.2) 和 (6.3)，可得供应商此时的利润与银行的贷款利率等式分别为

$$\pi_S^b(w, Q, L) = (1 - a_n)(wH(Q) - \min\{L(1 + r_b), wH(Q)\}) \quad (6.19)$$

$$L(1 + r_f) = (1 - \eta)\min\{L(1 + r_b), wH(Q)\} \quad (6.20)$$

与 $B \geq c_p Q$ 一致，零售商做决策时考虑自身利益最大化，只需供应商接受要约，即满足：

$$(1 - a_n)(wH(Q) - \min\{L(1 + r_b), wH(Q)\}) = B(1 + r_f) + kH(Q) \quad (6.21)$$

将 $L = c_p Q - B$ 与式 (6.20) 代入 (6.21) 得

$$w = \frac{(c_p Q - B)(1 + r_f)}{(1 - \eta)H(Q)} + \frac{B(1 + r_f)}{(1 - a_n)H(Q)} + \frac{k}{(1 - a_n)}$$

$$= \left(\frac{c_p Q(1 + r_f)}{1 - \eta} - B(1 + r_f)\left(\frac{1}{1 - \eta} - \frac{1}{1 - a_n}\right)\right) \cdot H^{-1}(Q) + \frac{k}{(1 - a_n)} \quad (6.22)$$

若二级市场的需求充足，即无缺陷退货产品能全部销售完（$a_m S(Q) \leq D_2$），此时有 $H(Q) = S(Q)$。因此将 (6.22) 代入 (6.4)，可得零售商在 $B < c_p Q$ 时的期望收益函数为

$$\pi_R^3(Q) = ((1 - a_n)((1 - a_m)p + a_m(\beta p - c_l)) - a_n c_l - k + c_g)S(Q)$$
$$- c_g D - (c_p Q - B)\frac{(1 + r_f)(1 - a_n)}{1 - \eta} - B(1 + r_f) \quad (6.23)$$

进一步，对 $\pi_R^3(Q)$ 进行求导可得

$$\frac{d\pi_R^3(Q)}{dQ} = ((1 - a_n)((1 - a_m)p + a_m(\beta p - c_l)) - a_n c_l - k + c_g)(1 - F(Q)) -$$

$$c_p \cdot \frac{(1 + r_f)(1 - a_n)}{1 - \eta}$$

$$\frac{d^2 \pi_R^3(Q)}{dQ^2} = -((1 - a_n)((1 - a_m)p + a_m(\beta p - c_l)) - a_n c_l - k + c_g)f(Q) < 0$$

因此可知，$\pi_R^3(Q)$ 为凹函数，通过解一阶条件 $\frac{d\pi_R^3(Q)}{dQ} = 0$，得 $\pi_R^3(Q)$ 取最大值时有

$$Q = Q_b^*$$

$$= F^{-1}\left(1 - \frac{c_p(1 + r_f)(1 - a_n)}{(1 - \eta)((1 - a_n)((1 - a_m)p + a_m(\beta p - c_l)) - a_n c_l - k + c_g)}\right)$$
$$(6.24)$$

将 Q_b^* 代入 $L = c_p Q - B$ 与 (6.22)，可得

$$L_b^* = c_p Q_b^* - B$$

$$w_b^* = \left(\frac{c_p Q_b^*(1 + r_f)}{1 - \eta} - B(1 + r_f)\left(\frac{1}{1 - \eta} - \frac{1}{1 - a_n}\right)\right) \cdot S^{-1}(Q_b^*) + \frac{k}{(1 - a_n)}$$

最后，将 L_b^* 代入 (6.3) 可得

$$\frac{L_b^*(1+r_f)}{1-\eta} = \min\{L_b^*(1+r_b),\ wS(Q_b^*)\}$$

$$= L_b^*(1+r_b)\overline{F_y}(L_b^*(1+r_b)) + \int_0^{L_b^*(1+r_b)} z f_y(z)dz \qquad (6.25)$$

其中，$y = w \cdot \min\{Q, D\}$，$F_y(\cdot)$ 为 y 的累积分布函数，$f_y(\cdot)$ 为 y 的概率密度函数。通过式（6.25）可以求得传统银行融资模式中，当二级市场需求充足时最优贷款利率 r_b^*，并且通过前文论述可知 $r_b^* > r_f$ 且解唯一。

若二级市场的需求不足，即无缺陷退货产品未能全部销售完（$a_m S(Q) > D_2$），此时有 $H(Q) = (1-a_m)S(Q) + D_2$。因此将（6.25）代入（6.4），可得零售商在 $B < c_p Q$ 时的期望收益函数为

$$\pi_R^4(Q) = ((1-a_n)(1-a_m)p - k(1-a_m) - a_n c_l + c_g) \cdot S(Q) +$$
$$((1-a_n)(\beta p - c_l) - k) \cdot D_2 - c_g D_1 - \frac{c_p Q(1+r_f)}{1-\eta}(1-a_n) +$$
$$B(1+r_f)\left(\frac{1}{1-\eta} - \frac{1}{1-a_n}\right)(1-a_n) \qquad (6.26)$$

进一步，对 $\pi_R^4(Q)$ 进行求导可得

$$\frac{d\pi_R^4(Q)}{dQ} = ((1-a_n)(1-a_m)p - k(1-a_m) - a_n c_l + c_g)(1 - F(Q)) -$$
$$c_p \cdot \frac{(1+r_f)(1-a_n)}{1-\eta}$$

$$\frac{d^2\pi_R^4(Q)}{dQ^2} = -((1-a_n)(1-a_m)p - k(1-a_m) - a_n c_l + c_g)f(Q) < 0$$

因此可知，$\pi_R^4(Q)$ 为凹函数，通过解一阶条件 $\frac{d\pi_R^4(Q)}{dQ} = 0$，得 $\pi_R^4(Q)$ 取最大值时有

$$Q = Q_4 = F^{-1}\left(1 - \frac{c_p(1+r_f)(1-a_n)}{(1-\eta)((1-a_n)(1-a_m)p - k(1-a_m) - a_n c_l + c_g)}\right) \qquad (6.27)$$

将 Q_4 代入 $L = c_p Q - B$ 与（6.22），可得
$$L_4 = c_p Q_4 - B$$
$$w_4 = \left(\frac{c_p Q_4(1+r_f)}{1-\eta} - B(1+r_f)\left(\frac{1}{1-\eta} - \frac{1}{1-a_n}\right)\right) \cdot ((1-a_m)S(Q) + D_2)^{-1} +$$
$$\frac{k}{(1-a_n)}$$

最后，将 L_4 代入（6.3）可以求得传统银行融资模式中，当二级市场需求不足时最优贷款利率 r_4。

6.3 电商担保融资模型

6.3.1 问题描述

传统银行融资模式虽然能够提供给供应商适当的现金流，但是对于中小型供应商来说，信息不对称、信誉缺失等问题将带给供应商融资成本高甚至是无法获得银行贷款的问题。

电商担保融资模式可以很好地解决这些问题，电商向中小型供应商提供担保，承诺在期末替其偿还贷款，并且其作为供应链中的核心大型企业，有充足的资金去偿还承诺的贷款。这就使得供应商因为缺陷产品被退货而无收益导致的违约风险，或因市场需求不足导致的无法足额偿款的违约风险将由零售商承担。

6.3.2 模型假设

（1）单周期订货决策。零售商订购的产品只能在一定时期内销售，不考虑二次订货行为。

（2）供应商存在资金约束，需要获得贷款来支持生产活动。

（3）单周期内的一级市场需求是非负的随机变量。

（4）考虑消费者存在退货行为，且存在二级市场。供应商的产品有一定概率存在缺陷产品，对这类产品消费者全部将产品经零售商退回给供应商。若产品不存在缺陷，消费者也会有退货行为，对这类无缺陷产品，零售商只能以价格的一定折扣在二级市场销售。

（5）假设存在缺货成本，即当订单量小于市场实际需求时，零售商对未满足的单位产品将有一定损失；未售出产品，即订单量大于实际市场需求，零售商有权退回给供应商。

（6）银行提供竞争性贷款利率。这表明银行并不获得额外收益，即银行贷款所得与其投资无风险资产所获收益相同。此假设也体现了供应商在该模式下所能获得的最优银行贷款利率，若银行获得额外收益，供应商必承受更高的贷款成本。

（7）供应商与零售商的目标均是目标最大化。

6.3.3 模型的建立及决策分析

与传统银行融资模式不同，供应商在决定贷款金额 l 后，零售商根据以往与供应商的交易数据，向供应商制定一个贷款折扣 $\delta_d = 1 - \dfrac{1}{1+r_d}$，$\delta_d \in (0, 1)$，其中 r_d 为电商担保模式下的银行贷款利率。基于此，供应商在 $t=0$ 时获得的实际贷款额为 $l(1-\delta_d)$，零售商承诺在 $t=1$ 时向银行偿还贷款额 l，并且 $0 \leqslant l \leqslant wQ$，因为若贷款金额大于合约金额，零售商必定承担额外损失。对供应商来说，当产品存在缺陷被退货后，其既没有销售收入也不用偿还贷款，当产品不存在缺陷产品时，其将获

得 $w((1-a_m)S(Q)+\min\{a_mS(Q),D_2\})-l$，并且供应商同样需要贷款以维持自身的生产活动，因此我们可得供应商的最优化决策模型为

$$\max_{0 \leq l \leq wQ} \pi_S^d(w,Q,l,\delta_d) = (B+l(1-\delta_d)-c_pQ)(1+r_f)+(1-a_n)$$
$$(w((1-a_m)S(Q)+\min\{a_mS(Q),D_2\})-l)$$
$$\text{s.t.} \quad B+l(1-\delta_d)-c_pQ \geq 0 \tag{6.28}$$

对零售商来说，与传统银行融资模式相比，零售商承担了贷款的偿付。当产品发生缺陷退货时，零售商依然要偿还贷款 l，这就使零售商面临额外的风险。并且若供应商获得的贷款加上自有资本多于生产所需成本，其可以利用多余贷款进行无风险资产投资，而多余的贷款仍由零售商偿还。面对供应商的这种投机行为，零售商有必要限制供应商的贷款量，即满足 $l(1-\delta_d) \leq (c_pQ-B)^+$。此外，对于银行来说，其要保证贷款所获得的收益大于等于其机会成本，其才会选择与零售商合作。因此我们可得零售商的最优化决策模型为

$$\max_{w,Q \geq 0, \delta_d \in (0,1)} \pi_R^d(w,Q,\delta_d) = \pi_R^b(w,Q) - a_nL$$
$$\text{s.t.} \quad \pi_S^d(w,Q,l,\delta_d) \geq B(1+r_f)+k((1-a_m)S(Q)+\min\{a_mS(Q),D_2\})$$
$$l \geq l(1-\delta_d)(1+r_f)$$
$$L(1-\delta_d) \leq (c_pQ-B)^+ \tag{6.29}$$

与传统银行融资模式分析类似，先从供应商的借款行为开始分析。将 π_S^d 对 l 求导可得

$$\frac{\partial \pi_S^d(w,Q,l,\delta_d)}{\partial l} = (1+r_f)(1-\delta_d)-(1-a_n) \tag{6.30}$$

根据（6.30）易知，当且仅当 $\delta_d \geq 1-\frac{1-a_n}{1+r_f}$ 时，供应商的期望利润随 l 非增。这表明，对任意的 $\delta_d \in (0, 1-\frac{1-a_n}{1+r_f})$，供应商都会选择获得尽可能高的贷款来提高自身期望利润。但是核心零售商有权利去限制供应商过度的借款行为，即，使供应商实际获得的贷款金额满足 $l(1-\delta_d) \leq (c_pQ-B)^+$，所以零售商制定的 δ_d 将满足 $\delta_d \geq 1-\frac{1-a_n}{1+r_f}$。同时，考虑供应商的生产约束条件，可得供应商的最终贷款金额为 $L = \frac{(c_pQ-B)^+}{1-\delta_d}$。

接下来，对零售商的最优决策进行分析。

（1）当 $B \geq c_pQ$ 时，由前文可知，供应商的最终贷款金额为 $L = \frac{(c_pQ-B)^+}{1-\delta_d} = 0$。

与上一章相同，定义 $H(Q) = (1-a_m)S(Q)+\min\{a_mS(Q),D_2\}$。将 $L=0$ 代入（6.28）、（6.29），可得在供应商自有资金足够生产时，供应商与零售商的最大化利润分别为

$$\pi_S^d = (B-c_pQ)(1+r_f)+(1-a_n)wH(Q) \tag{6.31}$$

$$\pi_R^d = \pi_R^b - a_n L = \pi_R^b \qquad (6.32)$$

与传统银行贷款融资模式中 $B \geq c_p Q$ 时相同，可以求出若二级市场的需求充足，即无缺陷退货产品能全部销售完（$a_m S(Q) \leq D_2$），此时零售商最优收益模型为 $\pi_R^d = \pi_R^1(Q)$，进一步求得零售商的最优决策为 (w_1, Q_1)；若二级市场的需求不足，即无缺陷退货产品未能全部销售完（$a_m S(Q) > D_2$），此时零售商最优收益模型为 $\pi_R^d = \pi_R^2(Q)$，进一步求得零售商的最优决策为 (w_2, Q_2)。

（2）当 $B < c_p Q$ 时，由前文可知，供应商的最终贷款金额为 $L = \dfrac{c_p Q - B}{1 - \delta_d}$，且此时有零售商制定的 δ_d 满足 $\delta_d \geq 1 - \dfrac{1 - a_n}{1 + r_f}$。将 L 分别代入供应商与零售商的目标函数（6.28）、(6.29)，可得

$$\pi_S^d = (1 - a_n)\left(w H(Q) - \dfrac{c_p Q - B}{1 - \delta_d}\right) \qquad (6.33)$$

$$\pi_R^b(w, Q) = (1 - a_n)\left((1 - a_m)(p - w)S(Q) + (\beta p - c_l - w)\min\{a_m S(Q), D_2\}\right)$$
$$- a_n c_l S(Q) - c_g (D_1 - Q)^+ - \dfrac{a_n (c_p Q - B)}{1 - \delta_d} \qquad (6.34)$$

根据（6.33）与（6.34），易知供应商与零售商的利润均随 δ_d 的减小而增大，且由 $\delta_d \geq 1 - \dfrac{1 - a_n}{1 + r_f}$ 有

$$(1 + r_f)(1 - \delta_d) \leq (1 + r_f)\dfrac{1 - a_n}{1 + r_f} = 1 - a_n < 1 \qquad (6.35)$$

（6.35）证明随着 δ_d 的减小，依然满足（6.28）中的约束条件。所以在求得最优均衡解时，必定有 $\delta_d^* = 1 - \dfrac{1 - a_n}{1 + r_f}$。因此有，$L_d = \dfrac{c_p Q - B}{1 - \delta_d^*} = \dfrac{(c_p Q - B)(1 + r_f)}{1 - a_n}$。

将 L_d 代入（6.28）中约束条件，与传统银行贷款融资模式求解相同，可求得对任意的 $Q > \dfrac{B}{c_p}$，有

$$w(Q) = \dfrac{c_p Q(1 + r_f) + k H(Q)}{(1 - a_n) H(Q)} \qquad (6.36)$$

若二级市场的需求充足，即无缺陷退货产品能全部销售完（$a_m S(Q) \leq D_2$），此时有 $H(Q) = S(Q)$。因此将（6.36）代入（6.28）中零售商目标函数，可得零售商在 $B < c_p Q$ 时的期望收益函数为

$$\pi_R^5(Q) = \left((1 - a_n)\left((1 - a_m)p + a_m(\beta p - c_l)\right) - a_n c_l - k + c_g\right)S(Q)$$
$$- c_g D_1 - \dfrac{(c_p Q - B)(1 + r_f)}{1 - a_n} - B(1 + r_f) \qquad (6.37)$$

进一步，对 $\pi_R^5(Q)$ 进行求导可得

$$\dfrac{d\pi_R^5(Q)}{dQ} = \left((1 - a_n)\left((1 - a_m)p + a_m(\beta p - c_l)\right) - a_n c_l - k + c_g\right)(1 - F(Q)) -$$

$$c_p \cdot \frac{1+r_f}{1-a_n}$$

$$\frac{d^2\pi_R^5(Q)}{dQ^2} = -((1-a_n)((1-a_m)p + a_m(\beta p - c_l)) - a_n c_l - k + c_g)f(Q) < 0$$

因此可知，$\pi_R^5(Q)$ 为凹函数，通过解一阶条件 $\frac{d\pi_R^5(Q)}{dQ} = 0$，得 $\pi_R^5(Q)$ 取最大值时有

$$Q = Q_d^* = F^{-1}(1 - \frac{c_p(1+r_f)}{(1-a_n)((1-a_n)((1-a_m)p + a_m(\beta p - c_l)) - a_n c_l - k + c_g)}) \tag{6.38}$$

将 Q_d^* 代入 L_d 与（6.36）可得

$$L_d^* = \frac{(c_p Q_d^* - B)(1+r_f)}{1-a_n} \tag{6.39}$$

$$w_d^* = \frac{c_p Q_d^*(1+r_f) + kS(Q_d^*)}{(1-a_n)S(Q_d^*)} \tag{6.40}$$

若二级市场的需求不足，即无缺陷退货产品未能全部销售完（$a_m S(Q) > D_2$），此时有 $H(Q) = (1-a_m)S(Q) + D_2$。因此将（6.36）代入（6.28）中零售商目标函数，可得零售商在 $B < c_p Q$ 时的期望收益函数为

$$\pi_R^6(Q) = ((1-a_n)(1-a_m)p - k(1-a_m) - a_n c_l + c_g) \cdot S(Q) + ((1-a_n)(\beta p - c_l) - k) \cdot D_2 - c_g D_1 - \frac{(c_p Q - B)(1+r_f)}{1-a_n} - B(1+r_f) \tag{6.41}$$

进一步，对 $\pi_R^6(Q)$ 进行求导可得

$$\frac{d\pi_R^6(Q)}{dQ} = ((1-a_n)(1-a_m)p - k(1-a_m) - a_n c_l + c_g)(1 - F(Q)) - c_p \cdot \frac{1+r_f}{1-a_n}$$

$$\frac{d^2\pi_R^6(Q)}{dQ^2} = -((1-a_n)(1-a_m)p - k(1-a_m) - a_n c_l + c_g)f(Q) < 0$$

因此可知，$\pi_R^6(Q)$ 为凹函数，通过解一阶条件 $\frac{d\pi_R^6(Q)}{dQ} = 0$，得 $\pi_R^6(Q)$ 取最大值时有

$$Q = Q_6 = F^{-1}(1 - \frac{c_p(1+r_f)}{(1-a_n)((1-a_n)(1-a_m)p - k(1-a_m) - a_n c_l + c_g)}) \tag{6.42}$$

将 Q_6 代入 L_d 与（6.36）可得

$$L_6 = \frac{(c_p Q_6 - B)(1+r_f)}{1-a_n} \tag{6.43}$$

$$w_6 = \frac{c_p Q_6(1+r_f) + k((1-a_m)S(Q_6) + D_2)}{(1-a_n)((1-a_m)S(Q_6) + D_2)} \tag{6.44}$$

在对模型求解分析后，我们最终得出以下结论：在电商担保融资模式下，当供应商自有资金充足时，与传统银行贷款融资模式中相同，其不会选择贷款，此时若二级市场需求量充足，零售商的最优决策为 (w_1, Q_1)，若二级市场需求量不足，零售商的最优决策为 (w_2, Q_2)；当供应商存在资金约束时，其贷款额为 L_d，此时若二级市场需求量充足，零售商的最优决策为 (w_d^*, Q_d^*)，若二级市场需求量不足，零售商的最优决策为 (w_6, Q_6)，且有贷款利率 $r_d = \dfrac{1}{1-\delta_d} - 1 = \dfrac{1+r_f}{1-a_n} - 1 > r_f$。

6.3.4 模型的比较分析

前文分别对传统银行贷款融资模式与电商担保融资模式在产品退货情形下进行了建模，并分别分析求解了供应商在无资金约束时与存在资金约束时零售商的最优订货量与批发价格等。下面将对两种模式进行横向比较，分别从订货量、批发价格、贷款利率、供应商利润与零售商利润的角度着手分析，且主要考虑二级市场需求充足的情况，即无缺陷退货产品能以折扣价格在二级市场全部销售，这也符合生活中存在大量二级市场的现状。

6.3.4.1 供应商无资金约束时的比较分析

由于信息的不对称，与供应商长期合作的零售商，基于以往的销售数据所推算的供应商产品缺陷率 a_n 更贴近产品实际缺陷产品退货率；而银行缺少关于供应商的历史数据，其预期的缺陷产品退货率 η 会更偏离实际值，因此有 $0 < a_n < \eta < 1$。进一步，通过比较，可以得到 $Q_1 > Q_\varphi^*$，其中 $\varphi \in \{b, d\}$。不论是传统银行融资模式还是电商担保融资模式，若 $B > c_p Q_\varphi^*$，那么供应商在均衡时将不会获得贷款，因为此时供应商的自有资本足够支持生产活动。

命题 1：若 $B \geq c_p Q_1$，则最优订货数量为 $Q_\varphi^* = Q_1$。

证明：首先考虑传统银行贷款融资模式。

令 $\pi_R^1(Q) = \pi_R^3(Q)$，可得 $Q = \dfrac{B}{c_p}$。

当 $\dfrac{B}{c_p} \geq Q_1$ 时，有 $Q_b^* < Q_1 \leq \dfrac{B}{c_p}$。因为 $\pi_R^3(Q)$ 为凹函数，并且在 $Q > Q_b^*$ 时随 Q 的增加而减小，所以对任意的 $Q > \dfrac{B}{c_p}$ 有，$\pi_R^3(\dfrac{B}{c_p}) > \pi_R^3(Q)$。

又，因为 $\dfrac{B}{c_p} \geq Q_1$，$\pi_R^1(Q)$ 为凹函数，并且在 Q_1 时取得最大值，所以有 $\pi_R^1(Q_1) \geq \pi_R^1(\dfrac{B}{c_p})$。

因此，对任意的 $Q > \dfrac{B}{c_p}$ 有

$$\pi_R^b(w(Q_1), Q_1) = \pi_R^1(Q_1) \geq \pi_R^1(\dfrac{B}{c_p}) = \pi_R^3(\dfrac{B}{c_p}) > \pi_R^3(Q) = \pi_R^b(w(Q), Q)$$

(6.45)

由式（6.45）可知，当 $B \geq c_p Q_1$ 时，在传统银行融资模式中，零售商的最优订货量为 $Q_b^* = Q_1$。同理可证明在电商担保融资模式中，零售商的最优订货量为 $Q_d^* = Q_1$。因此有 $Q_\varphi^* = Q_1$，得证。命题1说明，当供应商的资金十分充足时，它将不考虑任何的融资方式，依靠自有资金进行生产。此时零售商所做的最优决策为订货量 Q_1。

命题2：若 $c_p Q_1 > B \geq c_p Q_\varphi^*$，则最优订货数量为 $Q_\varphi^* = \dfrac{B}{c_p}$。

证明：同样先考虑传统银行融资模式。

当 $Q_b^* \leq \dfrac{B}{c_p} < Q_1$ 时，因为 $\pi_R^1(Q)$ 是凹函数，并且在 Q_1 时取得最大值，那么有 $\pi_R^1(Q)$ 在 $0 \leq Q \leq \dfrac{B}{c_p}$ 时随 Q 递增，所以有 $\pi_R^b(w(Q), Q) = \pi_R^1(Q) \leq \pi_R^1(\dfrac{B}{c_p})$，此时 $\pi_R^1(Q)$ 在 $Q = \dfrac{B}{c_p}$ 处取得极大值。

又，当 $Q_b^* \leq \dfrac{B}{c_p} < Q_1$ 时，因为 $\pi_R^3(Q)$ 是凹函数，并且在 Q_b^* 时取得最大值，那么有 $\pi_R^3(Q)$ 在 $Q > \dfrac{B}{c_p}$ 时随 Q 递减，所以有 $\pi_R^b(w(Q), Q) = \pi_R^3(Q) < \pi_R^3(\dfrac{B}{c_p})$，此时 $\pi_R^3(Q)$ 在 $Q = \dfrac{B}{c_p}$ 处取得极大值。

最后，由命题1可知 $\pi_R^1(\dfrac{B}{c_p}) = \pi_R^3(\dfrac{B}{c_p})$。综上，可以得出当 $c_p Q_1 > B \geq c_p Q_b^*$ 时，在传统银行融资模式中，零售商取得最大收益的均衡订货量为 $Q_b^* = \dfrac{B}{c_p}$。同理可证明在电商担保融资模式中，零售商的最优订货量为 $Q_d^* = \dfrac{B}{c_p}$。因此有 $Q_\varphi^* = \dfrac{B}{c_p}$。得证。此命题说明，当供应商的自有资金不足以生产订零 Q_1，但是足以生产两种融资模式的最优订货量，此时零售商的决策为供应商自有资金所能生产的最大产量。

6.3.4.2 供应商面临资金约束时的比较分析

接下来探讨当供应商自有资金不足，存在生产资金约束时，需要从银行贷款以支持生产活动的情况，即 $L_b^*, L_d^* > 0$。

命题3：$r_f < r_d^* < r_b^*$，即电商担保融资模式下供应商的贷款利率低于传统银行融资的贷款利率。

证明：

$$\begin{aligned}
\dfrac{L_b^*(1+r_f)}{1-\eta} &= L_b^*(1+r_b)\overline{F_y}(L_b^*(1+r_b)) + \int_0^{L_b^*(1+r_b)} z f_y(z) dz \\
&< L_b^*(1+r_b^*)\overline{F_y}(L_b^*(1+r_b^*)) + L_b^*(1+r_b^*)F_y(L_b^*(1+r_b^*)) \\
&= L_b^*(1+r_b^*)
\end{aligned} \qquad (6.46)$$

因此有，$1 + r_b^* > \dfrac{1 + r_f}{1 - \eta}$，又有 $1 + r_d^* = \dfrac{1}{1 - \delta_d^*} = \dfrac{1 + r_f}{1 - a_n}$ 且 $0 < a_n < \eta < 1$，所以有

$$1 + r_f < \frac{1 + r_f}{1 - a_n} = 1 + r_d^* < \frac{1 + r_f}{1 - \eta} < 1 + r_b^* \tag{6.47}$$

所以有 $r_f < r_d^* < r_b^*$。这说明，相较于传统银行贷款，零售商在给供应商做担保以获得的银行贷款时，能够有效降低供应商的融资成本。

命题 4：存在 $\theta > 0$，若 $\mathrm{Var}[D] < \theta$，则有 $w_d^* < w_b^*$，即此时电商担保融资模式下的批发价格低于传统银行融资的批发价格。

证明：首先考虑传统银行融资模式，当供应商面临资金约束时，

$$F(Q_b^*) = \int_0^{Q_b^*} f(D) dD$$
$$= 1 - \frac{c_p(1 + r_f)(1 - a_n)}{(1 - \eta)((1 - a_n)((1 - a_m)p + a_m(\beta p - c_l)) - a_n c_l - k + c_g)} > 0 \tag{6.48}$$

从（6.48）可知，等式右边独立于 $\mathrm{Var}[D]$。当 $\mathrm{Var}[D] \to 0$ 时，对任意的 $D \neq E[D]$ 有，$f(D) \to 0$。所以有，$\lim\limits_{\mathrm{Var}[D] \to 0} Q_b^* = E[D]$。同理可得 $\lim\limits_{\mathrm{Var}[D] \to 0} Q_d^* = E[D]$。并且，当 $\mathrm{Var}[D] \to 0$ 时，$D \xrightarrow{P} E[D]$，因此对 $\varphi \in \{b, d\}$ 有

$$\lim_{\mathrm{Var}[D] \to 0} E[\min\{Q_\varphi^*, D\}] = E[D] \tag{6.49}$$

将（6.49）代入（6.9）可得

$$\lim_{\mathrm{Var}[D] \to 0} (w_b^* - w_d^*) = \frac{(1 + r_f)}{E[D]} \left(\frac{1}{1 - \eta} - \frac{1}{1 - a_n} \right)(c_p E[D] - B) \tag{6.50}$$

因为有 $\lim\limits_{\mathrm{Var}[D] \to 0} Q_\varphi^* = E[D]$，若 $c_p E[D] < B$，那么存在 $\theta > 0$，对所有 $\mathrm{Var}[D] < \theta$，有 $L_\varphi^* = 0$，矛盾。因此必有存在 $\theta > 0$，若 $\mathrm{Var}[D] < \theta$，有 $c_p E[D] > B$。又 $0 < a_n < \eta < 1$，所以根据式（6.50）可得 $\lim\limits_{\mathrm{Var}[D] \to 0}(w_b^* - w_d^*) > 0$，即 $w_b^* > w_d^*$。得证。

命题 5：当且仅当 $\eta > 1 - (1 - a_n)^2$ 时，有 $Q_d^* > Q_b^*$，$\pi_S^d > \pi_S^b$，$\pi_R^d > \pi_R^b$，并且在电商担保融资模式中供应商能够获得其生产成本的更高比例的贷款。

证明：由前文论述可得，当供应商存在生产资金约束时，传统银行融资模式与电商担保融资模式均衡时的最优订货量分别为

$$Q_b^* = F^{-1}\left(1 - \frac{c_p(1 + r_f)(1 - a_n)}{(1 - \eta)((1 - a_n)((1 - a_m)p + a_m(\beta p - c_l)) - a_n c_l - k + c_g)}\right)$$

$$Q_d^* = F^{-1}\left(1 - \frac{c_p(1 + r_f)}{(1 - a_n)((1 - a_n)((1 - a_m)p + a_m(\beta p - c_l)) - a_n c_l - k + c_g)}\right)$$

因为 $F^{-1}(\cdot)$ 为单调递增，所以可得，当且仅当 $\eta > 1 - (1 - a_n)^2$ 时有 $Q_d^* > Q_b^*$。

又由前文有，处于均衡解时，对于 $\varphi \in \{b, d\}$ 有，$\pi_S^\varphi = B(1 + r_f) + kS(Q_\varphi^*)$，

易知当 $Q_d^* > Q_b^*$ 时，有 $\pi_S^d > \pi_S^b$。由 (6.23) 与 (6.37) 可得

$$\pi_R^d(Q) - \pi_R^b(Q) = \pi_R^5(Q) - \pi_R^3(Q) = (c_p Q - B)(1 + r_f)\left(\frac{1-a_n}{1-\eta} - \frac{1}{1-a_n}\right) \tag{6.51}$$

当 $\eta > 1-(1-a_n)^2$ 时，根据 (6.51) 有，$\pi_R^d(Q) > \pi_R^b(Q)$。

又因为当 $\eta > 1-(1-a_n)^2$ 时，有 $Q_d^* > Q_b^*$，并且 π_R^5 与 π_R^3 均为凹函数，此时有 $\pi_R^5(Q_d^*) > \pi_R^5(Q_b^*) > \pi_R^2(Q_b^*)$，即得 $\pi_R^d > \pi_R^b$。

最后，对于 $\varphi \in \{b, d\}$，供应商所获得的贷款与其生产成本的比例 $\varepsilon_\varphi = \dfrac{c_p Q_\varphi^* - B}{c_p Q_\varphi^*} = 1 - \dfrac{B}{c_p Q_\varphi^*}$。当 $\eta > 1-(1-a_n)^2$ 时，有 $Q_d^* > Q_b^*$，从而有 $\varepsilon_d > \varepsilon_b$。这表明，电商担保融资模式相较于传统银行融资模式，供应商能够获得其生产成本的更高比例的贷款，得证。

命题6：π_R 与 β 正相关，与 a_m 负相关，即零售商的利润与二级市场销售的折价比率正相关，与无缺陷产品退货率负相关，零售商利润受无缺陷产品退货率与二级市场销售率的综合影响。

证明：根据前文零售商最优利润模型，当 $0 < \beta < 1$ 时有

$$\frac{d\pi_R}{d\beta} = (1-a_n) \cdot a_m p \cdot S(Q) > 0$$

$$\frac{d\pi_R}{da_m} = (1-a_n)(\beta-1) \cdot PS(Q) < 0 \text{ 得证}。$$

特别的，当 $\beta = 0$ 时，表明无缺陷退货产品的残值为 0，这类产品无法在二级市场继续销售，如一些易逝品，虽然产品无缺陷，但可能因为时效性无法继续销售；当 $\beta = 1$ 时，表明产品无缺陷，退货并不会影响其价值，能在二级市场以原价出售，如消费者后悔性购物行为，产品未经拆封就退货；而生活中大部分退货现象都是处于这两种之间，零售商经常会对无缺陷产品折价出售，即 $0 < \beta < 1$。

此外，通过零售商最优利润模型，可知零售商的收入来源由两部分组成，正常销售所获收入 $(1-a_m)p$ 与二级市场销售收入 $a_m(\beta p - c_l)$，β 值的大小直接影响了零售商二级市场的收入，而 a_m 的大小影响着零售商收入的主要来源。从而可知，若产品无缺陷，退货率较高，零售商决定的折价率对零售商总体利润的影响较大；若产品无缺陷，退货率较低，零售商决定的折价率对零售商总体利润的影响微乎其微。

6.4 电商担保融资模式仿真分析

本节主要利用 MATLAB 工具，通过具体的算例分析，对传统银行贷款融资模式（以下简称传统）与电商担保融资模式（以下简称担保）的最优决策进行分析。

结合模型假设条件，本书选取了一家向京东商城供货的玩具企业制造商作为模型的应用，进行算例分析。笔者通过与商家的工作人员沟通，了解到该制造商规模

较小，自有资金量比较少，为维持日常的生产资金周转，该企业一直依靠的是直接向银行申请贷款。他们反映虽然直接向银行申请贷款审批通过不难，但是贷款额度不高而贷款成本较高是他们长期以来一直面临的问题。因此，本书选取了该企业作为模型的应用，来比较传统与担保。

该企业生产的产品在京东商城的零售价格为 19.98 元。在与企业联系后得知，其生产成本约为 12 元。后通过向京东客服以及相关工作人员咨询了解到，该企业的产品由于售价不高，好评相对较好，产品无缺陷，退货率较低，约为 0.02；京东有自己的物流系统，这就使逆向物流的成本很低，此处假设退货成本为 1 元；并且京东有自己的二级市场销售渠道，此市场中产品因为打折往往供不应求。另外，通过阅读相关的参考文献，并且结合现实情况，我们假设市场需求是不确定的随机变量，服从均值 μ 为 0.5、标准差 σ 为 0.5 的对数正态分布，产品的缺货成本为 5 元，零售商承诺给予供应商每单位的补偿为 1.5 元，市场的无风险利率为 0.06。据前文分析，下文将根据银行预期的不同缺陷产品退货率，同时考虑零售商评价的缺陷产品退货率（标准为 a_n 与 $1-\sqrt{(1-\eta)}$ 的大小关系）时，从贷款利率、订货量、批发价格以及供应商和零售商的利润这几个方面，对两种融资模式进行对比分析。

6.4.1 供应商贷款利率分析

从图 6-1 中我们可以看出，不论是传统模式还是担保模式，供应商的贷款利率 r 均与银行对供应商产品预期的缺陷产品退货率 η 正相关。

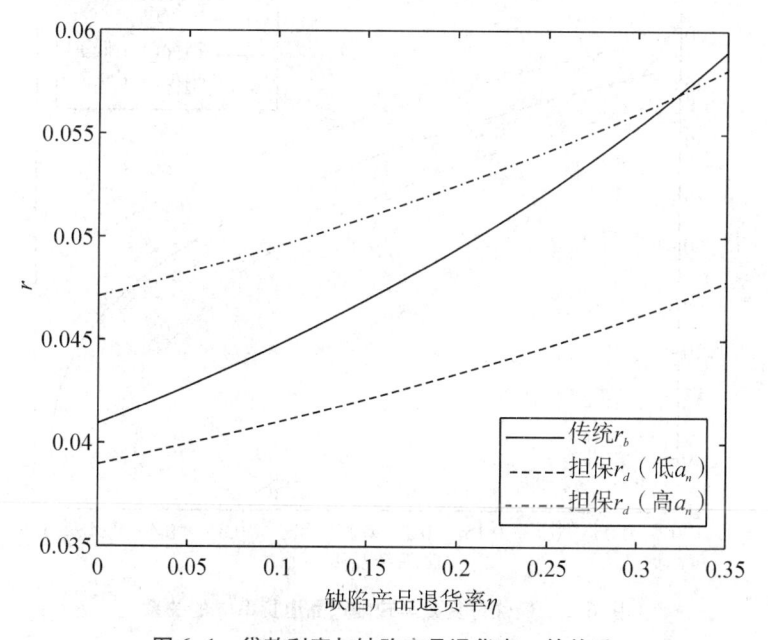

图 6-1　贷款利率与缺陷产品退货率 η 的关系

贷款利率反映的是银行对贷款违约风险的补偿，当银行预期供应商有较高的缺陷产品退货率时，就意味着银行认为供应商有较大的可能性因产品缺陷而卖不出去致使违约的发生，这时银行就会收取较高的风险补偿，体现为更高的贷款利率。特别地,因为信息不对称的原因,零售商具有与供应商的交易记录,而银行没有供应商的相关信用记录,这就使零售商能够较为准确地推算供应商的缺陷产品退货率,而银行预估的缺陷产品退货率往往会高出许多。并且从图 6-1 中易知,当 a_n 较低时,r_d 始终在 r_b 下方,即当零售商预估的缺陷产品退货率较低时,担保中的贷款利率始终优于传统;而当 a_n 较高时,担保下的贷款利率在 η 较小时高于传统,但是传统的贷款利率随着 η 的增大速度大于担保,因此当 η 较大时依然有传统贷款利率大于担保贷款利率。综上所述,作为供应链中的核心企业,零售商为供应商做担保,以帮助供应商获得融资,能够显著降低其融资成本。

6.4.2 零售商最优订货量分析

首先,从图 6-2 中可以得知,不论是传统模式还是担保模式,零售商的最优订货数量随着银行的预期缺陷产品退货率水平增加而减少,并且随着 η 的增大,订货量递减的幅度也在增大。其次,当 a_n 较低时,Q_d 始终在 Q_b 上方,即当零售商预估的缺陷产品退货率较低时,担保中的最优订货量始终优于传统;而当 a_n 较高时,Q_d 始终在 Q_b 下方,即当零售商预估的缺陷产品退货率较高时,担保中的最优订货量始终不如传统。不论哪种模式,订货量的下降主要是因为,随着 η 的增加,供应商的贷款利率也在急剧增加,这就增加了供应商的融资成本,其需要留出更多的资金以偿债,这就降低了其所能够生产的上限。

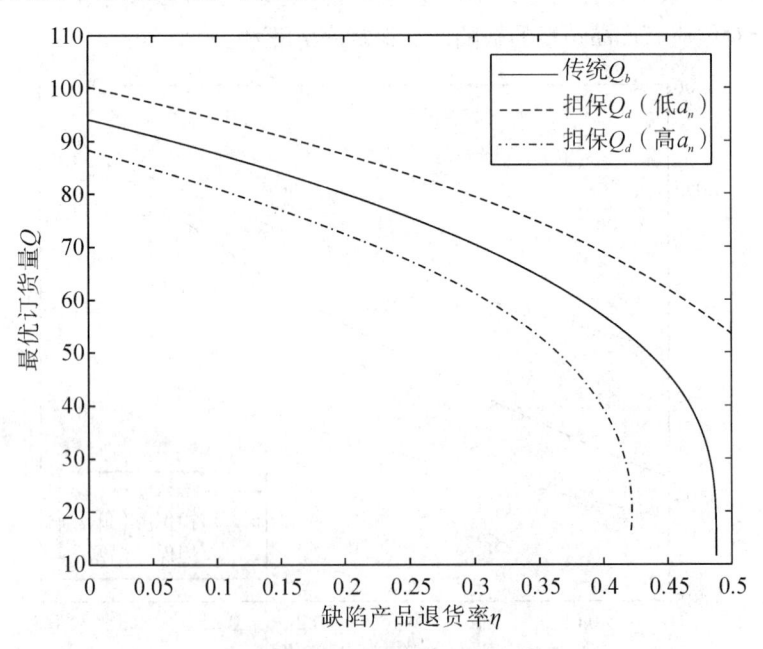

图 6-2 最优订货量与缺陷产品退货率 η 的关系

6.4.3 零售商最优批发价格分析

从图 6-3 中可以看出,当市场需求分布的 $\sigma = 0.5$ 时,担保模式下的最优批发价格可以低于也可以高于传统模式下的最优批发价格。在该分布下,传统模式的最优批发价格变动较大，当 η 大约大于 0.45 时，供应商批发价格 w_b 急剧下降，这是因为虽然此时供应商面临较高的贷款利率，但是产品订货量却很少，进而供应商需要贷款的数额也很少，这意味着零售商不需要提高批发价格来补偿供应商的融资成本；当 η 小于 0.45 时，随着 η 的增加，供应商面临的贷款利率在增加，虽然订货量在减少，但仍需要一笔相当的贷款以完成生产，零售商考虑要与供应商合作，在供应商融资成本提高时会相应增加批发价格。而当市场需求分布的 $\sigma = 0.05$ 时，随着 η 的增加，担保模式下的批发价格始终低于传统银行贷款模式，这也验证了命题 4 的结论。

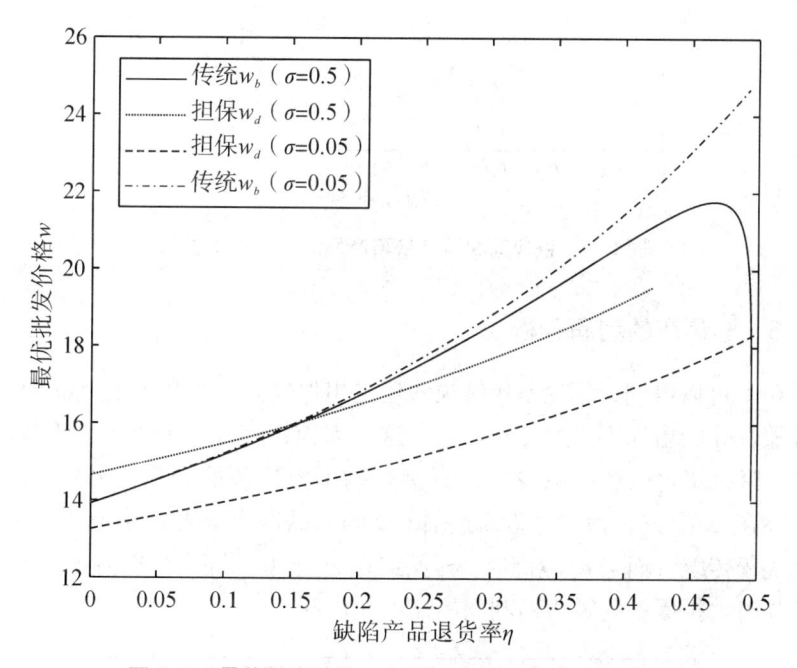

图 6-3 最优批发价格 w 与缺陷产品退货率 η 的关系

6.4.4 供应商的利润分析

从图 6-4 可以得到，不论是传统模式还是担保模式，供应商的利润与 η 负相关，且随着 η 的增加下降幅度在增大。这是因为，随着 η 的增加，一方面，供应商所获得的贷款利率在上升，融资成本的增加直接降低了供应商的利润；另一方面，订货量的下降，直接影响了供应商的销售收入，降低利润。另外，当 a_n 较低时，π_d 始终在 π_b 上方，即当零售商预估的缺陷产品退货率较低时，担保中的供应商利润始终优于传统；而当 a_n 较高时，π_d 始终在 π_b 下方，即当零售商预估的缺陷产品退货率较高时，担保中的供应商利润始终不如传统，并且随着 η 的增加，两种模式中的供应商利润差距越来越大。

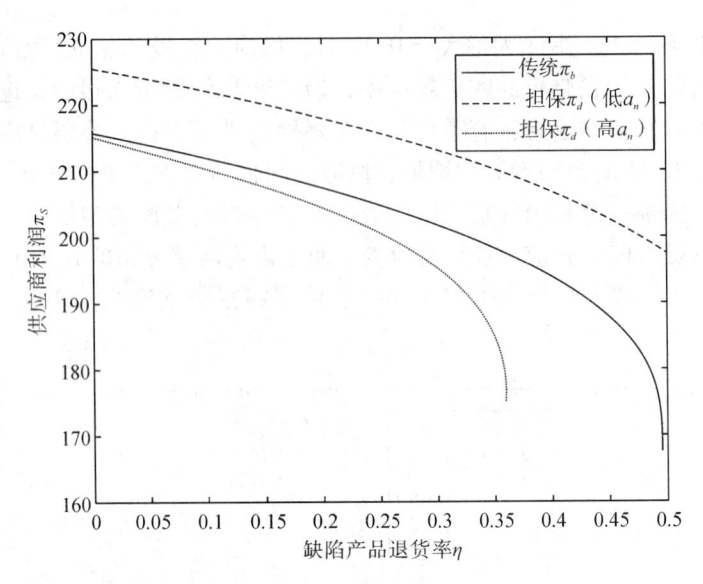

图 6-4 供应商利润与缺陷产品退货率 η 的关系

6.4.5 零售商的利润分析

从图 6-5 可以得到，不论是传统模式还是担保模式，零售商的利润同样与 η 负相关，且随着 η 的增加下降幅度在增大。这是因为，随着 η 的增加，零售商最优的订货量在下降，销售的产品减少了，直接影响了零售商的利润。另外，当 a_n 较低时，π_d 始终在 π_b 上方，即当零售商预估的缺陷产品退货率较低时，担保中的零售商利润始终优于传统；而当 a_n 较高时，π_d 始终在 π_b 下方，即当零售商预估的缺陷产品退货率较高时，担保中的零售商利润始终不如传统。

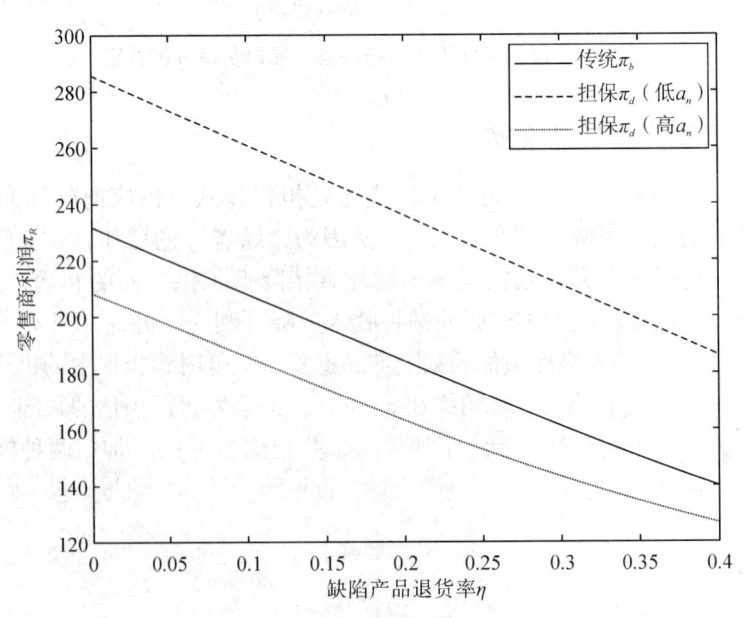

图 6-5 零售商利润与缺陷产品退货率 η 的关系

本章通过对一家玩具企业的具体算例分析，从图形上对传统银行贷款融资模式与电商担保融资模式进行了相应的比较分析。因为信息不对称等原因，零售商有与供应商的交易记录，而银行没有供应商的相关信用记录，这就使零售商能够较为准确地推算供应商的缺陷产品退货率 a_n，而银行预估的缺陷产品退货率 η 往往会高出许多，为更直观地进行比较，本章不仅考虑了 a_n 取值较低时的情况，同时还对比了 a_n 较高的情形。最终验证，该企业如果选择了电商担保融资模式，可以有效地提高供应链整体效益，因为该模式降低了供应商的融资成本，同时提高了供应商与零售商双方的利润。

■ 课后习题

1. 简述电商担保融资的发展和概述。
2. 分析传统银行贷款融资与电商担保融资的区别。
3. 分析电商担保融资业务中的主要融资风险及其管控措施。

■ 案例分析

蚂蚁金服与京东金融运营模式比较

蚂蚁金服与京东金融是将小微企业作为重要融资服务对象的电商大数据金融平台，比较二者运营模式的异同和优劣，分析电商大数据金融如何基于自身优势解决小微企业的融资问题，有利于总结我国电商大数据金融的特点和问题，并进一步提出发展建议。

1. 蚂蚁金服运营模式分析

阿里集团旗下的蚂蚁金服以 2004 年成立的支付宝为起点，历经 10 年在 2014 年正式成立，已经发展成为全球最大、业务最全的互联网金融公司。蚂蚁金服表示旨在为小微企业提供安全、便捷的普惠金融服务，其蚂蚁家族包括支付宝、蚂蚁财富、网商银行、芝麻信用、蚂蚁金融云。蚂蚁金服在其生态体系中应用了大数据技术、云计算技术和风控技术等，通过大数据资源建立征信体系，为小微企业提供贷款的同时将信贷风险降低。蚂蚁金服融资服务具有以下优势：

（1）平台优势。现今，阿里巴巴是国内市场占有率最大的电子商务交易平台，为蚂蚁金服的业务发展积累了客户资源与大数据信息资源。其主导的网商银行多年来通过大数据模型对客户相关数据进行分析，综合判断风险，形成了网络贷款"310"模式——"3 分钟申请、1 秒钟到账、0 人工干预"。

（2）风险管控优势。支付宝风控体系以平台积累的大数据为基础，已实现了风险管控的智能化。利用原始交易数据进行预测性分析和建模，通过大数据风控体系实现交易和账户风险的实时监控及预先识别，在智能风控阶段就可以解决 80% 的风险事件。据官网统计，蚂蚁金服在平均 100 毫秒内实时进行风险识别与管控，将支付宝的资损率控制在十万分之一以下；另外，还创建了切实有效的风险预警机制，基本上可实现信用可控，让有能力、符合贷款资格的小微企业能够快速成功地获得贷款。

（3）征信体系优势。蚂蚁金服首先通过蚂蚁金融云接收支付、融资、理财、保险平台传递的客户行为信息，然后通过第三方征信平台——芝麻信用的云计算、机器学习等技术真实展现小微企业的信用状态。大数据分析和云计算处理相结合把小微企业纷繁复杂的信息数据转化为分类详细的信用数据，最后生成芝麻信用分与企业信用报告，可直接用于融资、理财、保险等平台业务。

（4）数据使用场景优势。蚂蚁金服通过电商平台累积的信用数据建立信用评价体系，在阿里平台上搭建了一个更具凝合力的金融平台，同时吸纳各方金融机构的加入，向小微企业提供多种金融服务场景。蚂蚁金服解决了过去金融业对小微企业提供融资服务时的信息不对称、审批流程复杂等问题，极大降低了信贷成本和风险，提高了融资效率，可以实现坏账率低于1%。

2. 京东金融运营模式分析

2017年，京东金融位于新互联网公司TOP300榜单之首，近600家主流金融机构与其合作，成为市场上与金融机构合作范围最广的科技公司。京东金融打造"一站式"在线投融资平台，旨在为小微企业提供安全、低成本、高收益、定制化的"金融+科技+产业"服务。目前，京东金融以其丰富的数据资源和强大的大数据技术应用，使小微企业及其他金融行业的成本降低、效率提高、收入增加，逐步形成了以大数据为驱动的供应链体系。京东金融融资服务具有以下优势：

（1）"一站式"全产业链金融模式优势。京东金融将小微企业的供应链进行拆解分析后，利用大数据等技术分析产品的质量，预测消费者喜好，提供个性化服务，将数据与供应商信息共享，帮助其改善产品和服务，最终形成一个良好的循环系统，达到合作共赢。京东金融将旗下六大金融产品匹配至企业供应链每个节点，为小微企业提供了完整的供应链金融解决方案，能够高效缓解小微企业在不同节点的融资压力，使其专注于产品设计、用户体验、市场营销等环节，达到资源利用的最大化。

（2）信贷风控优势。京东金融透过大数据分析建模、风险量化，综合使用智能化信用评估、风险决策系统把控供应链风险，将小微企业供应链环节的情况可视化。通过对企业采购贸易、生产情况、货物销售路径等经营数据与信贷历史、交易信息、工商信息、行业信息、黑名单库等其他数据进行结构化处理和深度挖掘，预先对融资客户行为进行测算，评估其风险特征以及供应链的各个节点状况，制定差异化的信贷策略，有利于降低企业运营成本、提升效率。

（3）产品服务优势。京东金融运用大数据技术分析客户评价数据，以契合消费者的心理和需求为根本，有针对性地进行优化和升级，提供更细致、更全面、更精准的产品和服务。由此让小微企业了解自身的特点与机会，同时发现潜在的威胁和问题。

（4）授信主体优势。京东金融授信主体多元，包括与京东平台合作的商业银行和京东自营金融公司。由此可见，京东金融既能获得银行充足的资金支持和业务经验，又可高效利用自有资金获取更高收益。

（资料来源：张璐昱，王永茂. 电商大数据金融下小微企业融资模式研究：基于蚂蚁金服与京东金融的比较[J]. 西南金融，2018（7）：53-59.）

问题分析

1. 分析两大平台小微企业融资服务的优劣。
2. 分析电商大数据金融平台与传统银行业的异同。

■ 参考文献

［1］王新权. 产品退货情形下的电商担保融资模式的订购策略研究［D］. 成都：西南财经大学，2019.

［2］ALEN N B, GREGORY F U. A More Complete Conceptual Framework for SME Finance［J］. Journal of banking and finance, 2006, 30（11）：2945-2966.

［3］BING J, CHEN X F, CAI G. Equilibrium financing in a distribution channel with capital constraint［J］. Production and operations management, 2012, 21（6）：1090-1101.

［4］Cunat V. Trade credit：Suppliers as debt collectors and insurance providers［J］. The review of financial studies, 2007, 20（2）：491-527.

［5］GIANLUIGI V. The Research on Modes and Application of Inventory Financing［J］. Advances in intelligent and soft computing, 2012（137）：35-42.

［6］GONZALO G, MARIANA B. A holistic framework for short-term supply chain management integrating production and corporate financial planning［J］. Production economics, 2006（7）：25-27.

［7］GUOMING L, LAURENS G D, KATIA S. Sharing inventory risk in supply chain：The implication of financial constraint［J］. Omega, 2008, 37（4）：811-825.

［8］JOBST A. Asset security station as a risk management and funding tool［J］. Managerial finance, 2006, 32（9）：731-760.

［9］KLAPPER L, LAEVEN L, RAJAN R. Trade credit contracts［J］. Review of financial studies, 2012, 25（3）：838-867.

［10］KOUVELIS P, ZHAO W. Financing the Newsvendor：Supplier vs. Bank, and the Structure of Optimal Trade Credit Contracts［J］. Operations research：the journal of the operations research society of America, 2012, 60（3）：566-580.

［11］LEORA K. The role of factoring for financing small and medium enterprises［J］. Journal of banking and finance, 2006, 30（11）：3111-3130.

［12］MAQBOOL DADA, QIAOHAI HU. Financing newsvendor inventory［J］. Operations research letters, 2008, 36（5）：569-573.

［13］MICKAEL C, PIERRE F, NIKOLAY T. Acombined financial and Physical flows evaluation for logistic Process and tactical Production Planning：application in a company supply chain［J］. International journal of production economics, 2008（112）：77-95.

［14］白世贞，徐娜，鄢章华. 基于存货质押融资模式的供应链金融最优决策

[J]. 物流技术, 2013, 3 (3): 212-214.

[15] 包晓岚, 高思新. 应收账款融资的方式与前景分析 [J]. 财会通讯, 2004 (4): 58-61.

[16] 陈其安, 肖映红, 程玲. 中小企业融资的三方信贷担保模型研究 [J]. 中国管理科学, 2008 (A1): 210-214.

[17] 陈祥锋, 朱道立, 应雯珺. 资金约束与供应链中的融资和运营综合决策研究 [J]. 管理科学学报, 2008, 11 (3): 70-77, 105.

[18] 程志亮. 基于供应链管理视角的企业预付款融资方案初探 [J]. 商场现代化, 2015 (29): 116-117.

[19] 贡迪. 供应链金融核心企业分析 [J]. 现代企业教育, 2010 (4): 93-95.

[20] 韩国藏. 中小企业应收账款融资创新模式研究 [J]. 中国商贸, 2012 (3): 150-151.

[21] 胡跃飞. 供应链金融一极富潜力的全新领域 [J]. 中国金融, 2007 (22): 38-39.

[22] 江玮潘, 易东波, 吴容, 等. 多批次存货质押融资下的库存管理 [J]. 系统工程, 2015 (1): 122-127.

[23] 李碧珍. 融通仓: 中小企业融资新思路 [J]. 商讯商业经济文荟, 2005 (3): 86-88.

[24] 李超, 骆建文. 基于预付款的资金约束供应链收益共享协调机制 [J]. 管理学报, 2016, 13 (5): 763-771.

[25] 李超, 骆建文. 针对资金约束供应商的预付款融资均衡策略 [J]. 上海交通大学学报, 2017, 1 (2): 229-236.

[26] 李占雷, 米晓云, 李月听. 物流企业主导的预付账款融资与供应链收益研究 [J]. 财会专刊, 2016 (6): 96-99.

[27] 刘佳, 隋超. 存货质押融资模式下煤炭供应链收益分配模型研究 [J]. 中国商论, 2017 (21): 142-143.

[28] 鲁其辉, 姚佳希, 周伟华. 基于 EOQ 模型的存货质押融资业务模式选择研究 [J]. 中国管理科学, 2016, 24 (1): 56-66.

[29] 钱佳, 王文利. 预付款融资下供应链协调的定价策略 [J]. 系统工程, 2016, 34 (7): 8s-89.

[30] 阮祺. 国际保理中应收账款转让的法律风险及防范研究 [J]. 华北电力大学学报 (社会科学版), 2017 (6): 51-55.

[31] 孙海雷, 王勇, 陈晓旭, 等. 随机需求下基于存货质押融资的项目投资决策 [J]. 系统工程学报, 2016, 31 (2): 227-233.

[32] 孙喜梅, 余博, 韩彪. 基于 Stackelberg 模型的应收账款融资决策优化 [J]. 深圳大学学报 (理工版), 2014, 31 (6): 654-660.

[33] 陶恒清, 朱东红. 供应链金融存货质押融资多阶段博弈研究 [J]. 物流工程与管理, 2017, 39 (5): 59-61.

[34] 王志宏, 王瑞娟, 耿静. 电商平台担保下供应链的融资和运营策略研究 [J]. 供应链管理, 2021, 2 (11): 35-48.

[35] 张璐昱, 王永茂. 电商大数据金融下小微企业融资模式研究: 基于蚂蚁金服与京东金融的比较 [J]. 西南金融, 2018, 444 (7): 53-59.

7　3PL 金融服务模式风险管理

■ **学习目标**

1. 学习 3PL 供应链金融业务模式的主要类型。
2. 掌握 3PL 金融服务的供应链融资风险要点。
3. 了解 3PL 金融服务融资模式及业务过程，并学习决策分析方法。

7.1　3PL 金融服务模式概述

7.1.1　3PL 金融服务的供应链融资模式

3PL 主要提供包括物流、金融咨询、监管、融资、评估、流通加工、资产处理等的金融服务。3PL 金融服务是物流企业在物流服务的基础上进行扩展的一种创新的服务模式，实现了物流和金融服务的结合。3PL 不仅能够将质量和附加值都很高的物流和加工服务提供给客户，同时还能够直接或间接地将金融服务提供给客户。物流和金融服务相结合的实现，在一定程度上也将客户的经营效率以及整条供应链的绩效水平大大提高了。3PL 提供金融服务也是区别于传统供应链融资的一种全新的融资模式。融资提供商——3PL 因为自身与金融机构的紧密合作的关系，在为供应链中需要融资的中小企业提供物流和金融结合的服务时比传统供应链融资中的银行有着明显的优势。

随着 3PL 的迅速发展，物流企业提供金融服务的业务模式也越来越多。3PL 参与的供应链金融业务模式可以分为以下四种：

(1) 代收货款模式

这种模式是 3PL 在提供物流运输服务的同时提供的一项增值服务，3PL 在代收货款模式中就是一个资金结算的中间人，供应商一般会和 3PL 签订一个长期的合作合同。当上游企业供应商向下游的零售商发送货物的时候，供应商一般不直接向零售商收取购买产品的货款，通过 3PL 帮助供应商代理收取货物款项，3PL 按照约定的周期向供应商结算货物款项，物流企业从中收取一定的手续费作为自己的利润来源。这种模式是较简单的 3PL 参与供应链金融模式。

(2) 融资中介模式

提供融资中介模式的前提是第三方物流企业的规模达到一定程度。因为这种融资中介的模式需要物流企业提供具有加大的仓储能力，3PL 在提供物流服务的同时也提供一定的仓储服务。资金短缺的企业以第三方物流企业仓库中货物为质押可以向物流企业申请一定比例的融资贷款。在整个交易的过程中，零售商向供应商订购的货物始终在物流公司的仓库中保存，等到一轮销售结束，全部资金回笼之后融资企业偿还贷款的本息金额，这时候物流企业会从中收取相应的融资利息。这种融资模式中，需要融资的企业不只有处在供应链下游的分销商，供应商也可以凭借储存在第三方物流公司仓库中的货物向物流企业融资。

(3) 统一授信模式

这种模式中物流公司凭借自身信用，向银行金融机构申请贷款，银行对 3PL 授信后由物流企业自主安排供应链中各融资企业的授信额度。这种模式主要适用于具有规范的管理制度、先进的管理信息系统、资信水平较高、实力雄厚的第三方物流公司。统一授信模式的整个过程分为两步，首先，银行对物流企业的财务状况、经营水平和现金流等情况进行综合考量，确定授信额度，对物流企业实现授信。其次，第三方物流企业通过自身的信息管理系统对融资企业的当前业务开展情况、财务状况、现金流、合作年限等众多因素进行综合评价，确定融资方的授信额度，再根据授信额度向下分配从金融机构得到的贷款，银行和物流企业在统一授信模式下都能很好地控制自己的风险，但是通过层层授信，各级都要保证一定的利润，导致出现较高的融资费用。

(4) 完全自营模式

当第三方物流企业资金实力强大到可以成立自己的全资资本公司时，可采取完全自营模式。物流公司通过自身平台对供应链中的资金约束企业提供融资服务。因为这种模式下物流企业摆脱了银行等金融机构，对物流企业的规模、实力、资金流、风控体系形成了极大的挑战。在完全自营模式中第三方物流作为交易支付桥梁连通了供应链中的上下游企业，其主要过程是：分销商在向上游核心企业供应商采购货物时，由第三方物流企业的自身金融平台向供应商先行垫付货款，第三方物流企业与下游的融资方分批进行货款结算。这种模式下，资金周转效率较快，上游企业回款较快，供应商可以优先发货，而下游的分销商也缓解了资金压力，从而加快存货周转率，提高供应链的整体效率，实现供应链中各个成员的共赢。完全自营模式已然成为供应链金融成熟度最高和要求最高的模式。

7.1.2 3PL 金融服务的供应链融资风险

从 3PL 企业的角度来看，物流企业在提供金融服务的过程中会面临很多的风险，主要风险因素有以下几点：

(1) 融资企业资质风险

3PL 企业提供金融服务的前提是融资企业的资质符合考察标准。一般来说，融资企业都是信誉等级比较低的中小企业，为了避免在整个融资过程中融资企业故意选择违背契约，或者出现因为融资企业某些自身的原因，没有办法继续执行合同条款的规定，非常有必要事前对融资企业的资质进行考察。首先，物流企业对融资企业的经营规模、业务范围、企业经营范围进行调研；其次，对融资企业当前的盈亏状况和经营是否妥当以及未来可能的经营情况进行考察，对其盈利能力和持续经营情况等一系列指标进行评估；最后，3PL 企业会依据融资企业是否有过物流业务合作来决定是否提供金融服务，物流企业可以通过管理系统调查融资企业的库存变化、资金流动情况等，进而对融资企业进行综合考虑。

(2) 合同风险

合同是企业间展开合作以及处理纠纷的重要依据。签订一份有效的合同能够很好地对物流金融中各参与成员的权利和责任进行划分；签订合同的时候要对条款中提到的关键节点进行一个详细的约定和说明，同时在合同条款中也要对风险控制措施做出一个明确的说明和规定。但是目前我国物流金融处于初步发展阶段，合同的制定也不够严谨，导致很多风险发生，因此 3PL 企业应该着重关注合同风险的防控。首先，我国物流金融服务刚刚兴起，缺少相关的经验和参照物来制定合理的融资合同，对于合同中涉及的条款制定得还不够完善，由此导致合同纠纷经常出现；其次，因为当前我国开展物流金融的业务主要基于行业内部的规章制度，这方面的法律法规的制定还没有很完善，这些问题的存在都导致合同条款的制定存在不确定性。所以合同风险对于经验不足的 3PL 企业来说是值得关注的重点。

(3) 操作风险

操作风险主要来自系统错误或者人为操作失误。3PL 提供金融服务时质押物主要由 3PL 的仓库负责监管，3PL 企业负责质押物的安全；同时 3PL 负责出具仓单，所以要确保质押物的数量或者价值与仓单保持一致，如果对融资企业的质押物评估出现错误，就会导致质押物仓单价值与其实际价值不一致，由此就会对 3PL 或者金融机构造成威胁；在供应链金融中，质押物信息在 3PL 与金融机构之间传递，有可能产生信息传递错误，从而直接导致决策失误，3PL 企业对于安全库存的控制能力也是操作风险的因素之一。

(4) 融资企业信用风险

供应链金融中的重要风险来源主要是融资企业的信用风险，物流企业提供金融服务同样面临融资企业的信用风险。目前的信用评价体制尚不健全，缺少相关的法律法规来约束和惩罚企业失信行为。这种环境下物流企业在提供金融服务的过程中缺少来自社会信用体系的保障，并且对于需要融资的企业的可信度的评估带有很强的主观色彩，最主要的判断依据还是以往经验的积累。在以往传统的 3PL 参与供应链融资的模式中，3PL 企业主要是为需要融资的企业提供担保服务，银行就能够将放贷的风险转移给 3PL 企业，由此一来 3PL 企业面临的风险更加严峻，所以对于 3PL 来说，如何准确评估需要融资的企业的可信度水平成为 3PL 开展金融服务业务的重中之重。

(5) 环境风险

国家政策变化、政治稳定、政府的帮扶等宏观因素也可能给 3PL 开展金融服务带来风险。目前我国的政治环境平稳、经济发展态势良好，物流金融服务中不存在大的环境风险，但是就国际形势来说，全球性的金融危机、汇率起伏、国际政治经济局势的风云变化等，都可能会严重威胁到物流企业开展金融服务。

7.2　3PL 参与的供应链融资运营决策

该部分主要研究在统一授信存货质押融资模式下 3PL 参与供应链融资的运营决策及其影响因素，重点分析了零售商和供应商的决策以及 3PL 的物流费用对 3PL 制定质押率的影响。首先，依据存货质押融资模式的业务过程，完成 3PL 在银行提供授信的存货质押融资业务中的一般利润模型的建立，其次，通过模型的求解结果，分析供应链中上下游企业的相关决策变量对 3PL 存货质押率决策的影响，最后，通过数值仿真，分析各变量对 3PL 确定质押率的影响的灵敏性，意在为 3PL 在统一授信存货质押的供应链融资中的运营决策提供参考。

7.2.1　融资模式及业务过程

根据银行授信给物流企业的不同权限，实际的统一授信融资有两种不同的模式，第一种是物流企业只提供对货物的库存管理和物流运输的服务，不提供金融服务。在这个过程中，银行会直接分配给物流企业一定的贷款额度，这个额度的分配主要依据物流企业的可信度的评估等级。第二种是第三方物流企业直接为中小企业提供一定额度的金融服务，通过银行给物流企业一定的贷款权利。在这个过程中，因为物流企业也要从银行那里先提取贷款，存在一定的成本利率，所以银行可以通过这个成本利率以双方协定的方式获得贷款收益。统一授信存货质押融资模式下，3PL 提供金融服务的热情得到了很大的提升，因为银行授予 3PL 贷款权利。在这种模式下，银行、3PL 和中小微企业之间的业务往来过程得到了简化，从而提高了整个供应链的融资效率。该融资模式的操作流程如图 7-1 所示，银行对 3PL 的可信度进行衡量，依据信用评估结果确定对应的授信额度，物流企业和银行之间通过签订授信合同使得物流企业能够获得一定额度的提供贷款融资的权利；此时，资金紧张的需要贷款融资的企业则直接与物流企业展开合作，通过让物流企业监管质押物，从而获取贷款。

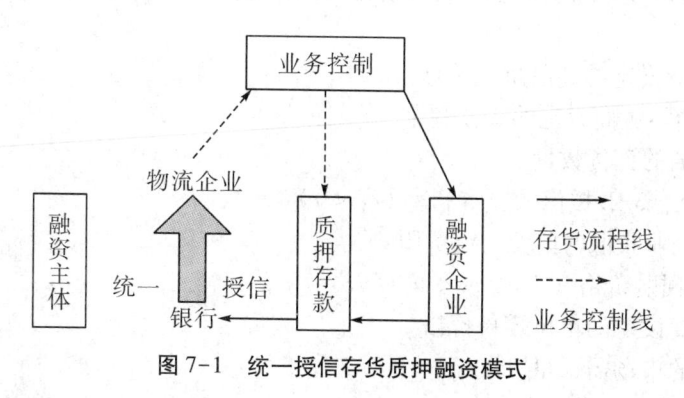

图 7-1　统一授信存货质押融资模式

结合以上分析，对统一授信存货质押融资模式的具体操作总结如下：

（1）3PL 通过审核获得银行的信任，银行根据 3PL 的可信任程度给 3PL 指定可以贷款的额度，3PL 开始提供融资服务。

（2）将市场对产品的需求量、供应商对产品设定的批发价格作为零售商的订货依据，零售商和供应商签订好合同之后开始采购产品。

（3）通过采购合同，融资企业可以向物流企业申请贷款融资，物流企业融通仓库保管所采购的产品，物流企业为其提供仓储和监管服务。

（4）3PL 仓库存储的产品的价值作为提供贷款的依据，3PL 给零售商提供贷款，3PL 建立一个收款账户和零售商签订合同。

（5）供应商和 3PL 签订关于没有售出的产品的回购协议。

（6）依据合同条款，零售商的销售收入会被分次或一次转移到 3PL 的收款账户中。

（7）3PL 依据零售商的销售收益情况，将仓库中的货物分批运送给零售商。

（8）一轮销售结束，如果零售商能够依据合同规定归还 3PL 的贷款本息金额，3PL 就把剩余的全部仓库里的货物发送给零售商，并解除合同。

（9）如果零售商在一轮销售结束时不能偿还贷款本息，供应商则需要按照回购合同的条款回购规定数量的剩余产品，3PL 自行处理剩下的没有卖出的产品。

统一授信存货质押融资业务流程如图 7-2 所示。

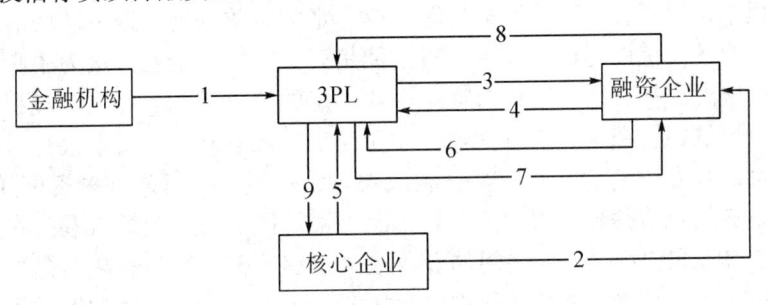

图 7-2 统一授信存货质押融资业务流程

7.2.2 模型的参数设置

本节研究 3PL 参与供应链融资的运营决策，建立 3PL 的基本模型需要用到以下参数：

w：供应商设定的商品批发价格

r：3PL 给零售商设定的贷款利率

q：零售商的订货数量

r_0：银行给 3PL 授信的成本利率（$r_0 < r$）

s：物流企业收取的单位物流费用

m：单位回购价格（$b \leq m < w$）

p：零售商设定的单位零售价格

x：产品的市场需求量

α：3PL 根据质押物价值确定的质押率（$0 \leq \alpha \leq 1$）
θ：供应商对没有卖出产品的回购率（$0 \leq \theta \leq 1$）
b：期末剩余产品的单位处置价格（$0 \leq b < m$）
h：零售商违约概率
$f(x)$：产品市场需求的密度函数
$F(x)$：产品市场需求的累积分布函数

为了使模型更简洁且符合实际的运作流程，对所研究模型做出下面的假设：

假设1：零售商的初始资金为零。

假设2：贷款期间，3PL 的贷款利息以单利计算。

假设3：贷款期间，产品的销售价格不变；质押产品的市场需求随机波动，密度函数为 $f(x)$，其中 $f(x) > 0$，概率函数为 $F(x)$。

假设4：一轮销售结束，按照合同规定供应商回购一定比例的未出售产品；供应链内部信息对称，未卖出的产品处置价格一致。

假设5：通过签订合同约束供应链成员之间的信用。

7.2.3 模型构建

在所研究的融资模式中，3PL 设定存货质押率主要受到来自中小企业零售商的可信度水平，3PL 给零售商提供融资的贷款利率，供应商对没有卖出的产品的回购程度，3PL 质押产品的市场需求以及 3PL 的风险规避水平等因素的影响。3PL 如果确保在一轮销售结束时收回贷款本息金额，需要重点考察质押产品的实际价值和零售商的可信度水平。下面将建立 3PL 期望利润的模型，求出 3PL 的最优存货质押率，分析 3PL 存货质押率供应链上下游企业的决策的影响的敏感性。3PL 如果确保在一轮销售结束时收回贷款本息总额，就要确保零售商对质押产品的销售收入、供应商按照条款回购的产品的价值和没有卖出的产品的处理价值必须大于等于 3PL 贷款本息，这时候零售商可以偿还 3PL 贷款本息。

当 $xp + \theta(q-x)m + (1-\theta)(q-x)b = \alpha qp(1+r) + sq$ \hfill (7.1)

$x_0 = \dfrac{\alpha pq(1+r) + sq - \theta qm - qb + \theta qb}{p - \theta m - b + \theta b}$，此时的 x_0 是市场需求的一个临界值，令

$\lambda = \theta m + (1-\theta)b$，此时的 $x_0 = \dfrac{\alpha pq(1+r) + sq - \lambda q}{p - \lambda}$ \hfill (7.2)

（1）如果 3PL 仓储的产品的市场需求 $x > x_0$ 时，零售商就可以归还 3PL 的贷款本息，此时 3PL 的期望利润为

$$\Pi(\alpha) = \alpha qp(r - r_0) + sq \hfill (7.3)$$

（2）如果 3PL 仓储的产品的市场需求 $x < x_0$ 时，市场不需要那么多产品，零售商对产品的售卖获得的收入、供应商按照合同条款回购的产品价值和 3PL 对没有卖出的产品的处理获得的收入，不能偿还 3PL 的贷款本息。那么零售商在这个时候选择违约，供应商就要按照合同条款规定的回购比例和回购价格回购一部分质押产品，剩余的产品由 3PL 自行处理，此时 3PL 的利润为

$$\Pi_h(\alpha) = xp + \theta(q-x)m + (1-\theta)(q-x)b - \alpha pq(1+r_0) \quad (7.4)$$

此时 3PL 的期望利润为

$$E(\Pi_h(\alpha)) = p\int_0^{x_0} xf(x)\mathrm{d}x + \lambda\int_0^{x_0}(q-x)f(x)\mathrm{d}x - \alpha pq(1+r_0)F(x_0) \quad (7.5)$$

如果零售商守约，则 3PL 获得的利润为

$$\Pi_{1-h}(\alpha) = \alpha pq(r-r_0) + sq \quad (7.6)$$

由此得到贷款期间 3PL 的期望利润为

$$E(\Pi_3(\alpha)) = \Pi(\alpha)(1-F(x_0)) + (1-h)\Pi_{1-h}(\alpha)F(x_0) + hE(\Pi_h(\alpha)) \quad (7.7)$$

综合前面的式子求得：

$$E(\Pi_3(\alpha)) = \alpha pq(r-r_0) + sq - h(p-\lambda)\int_0^{x_0} F(x)\mathrm{d}x \quad (7.8)$$

在统一授信存货质押融资模式中，3PL 在考虑预期收益的同时还要考虑如何进行风险控制。当市场对于产品没有那么多需求时，零售商因为没办法偿还贷款本息就只能选择违约，此时就会给 3PL 带来一定程度的利益损失。在本书研究的融资模式中，3PL 主要需要应对来自市场对产品的需求较少和零售商选择违约的风险，一般来说 3PL 也有自身的风险防范系统。选择下侧风险控制模式 (η, β) 预防风险的出现，其中 η 是 3PL 设置的贷款损失比例，3PL 能够接受的贷款的最大损失值 L 是贷款额度的函数 $L = \eta\alpha pq$，实际的损失超过能够接受的贷款的最大损失概率要小于 β。此时可得到：

$$p\left\{\frac{\alpha pq(1+r-\eta) + sq - \lambda q}{p-\lambda} \leq x\right\} = F\left(\frac{\alpha pq(1+r-\eta) + sq - \lambda q}{p-\lambda}\right) \leq \frac{\beta}{h} \quad (7.9)$$

此时 3PL 的期望利润函数为

$$E(\Pi_3(\alpha)) = \alpha pq(r-r_0) + sq - h(p-\lambda)\int_0^{x_0} F(x)\mathrm{d}x \quad (7.10)$$

$$\text{s.t.} \begin{cases} F\left(\dfrac{\alpha pq(1+r-\eta)+sq-\lambda q}{p-\lambda}\right) \leq \dfrac{\beta}{h} \\ 0 \leq \alpha \leq 1 \\ 0 \leq \theta \leq 1 \\ r_0 \leq r \end{cases}$$

7.2.4 模型求解与分析

求解 3PL 的最优质押率需要基于 3PL 的利润函数取得最大值这一前提，因此我们需要对 (7.10) 进行一阶和二阶求导：

$$\frac{\partial E(\Pi_3(\alpha))}{\partial(\alpha)} = pq(r-r_0) - hpq(1+r)F(x_0)$$

$$\frac{\partial^2 E(\Pi_3(\alpha))}{\partial^2(\alpha)} = -f(x_0)\frac{[hpq(1+r)]^2}{p-\lambda} < 0$$

由此可知 3PL 的利润函数存在最大值，令

$$\frac{\partial E(\Pi_3(\alpha))}{\partial(\alpha)} = 0$$

$F(x_0) = \dfrac{r - r_0}{h(1 + r)}$ 其中 $x_0 = \dfrac{\alpha pq(1 + r) + sq - \lambda q}{p - \lambda}$，这时候 3PL 期望利润函数能够达到最大的质押率为

$$\hat{\alpha} = \frac{(p - \lambda) F^{-1}\left(\dfrac{r - r_0}{h(1 + r)}\right) - sq + \lambda q}{pq(1 + r)} \tag{7.11}$$

此时的质押利率是在 3PL 风险中性的前提下求解出来的，如果 $F\left(\dfrac{\hat{\alpha}pq(1 + r - \eta) + sq - \lambda q}{p - \lambda}\right) \leqslant \dfrac{\beta}{h}$ 这个时候的质押率既能够让 3PL 的期望利润函数得到最大值而且符合 3PL 的下侧风险控制的要求。如果 $F\left(\dfrac{\hat{\alpha}pq(1 + r - \eta) + sq - \lambda q}{p - \lambda}\right) > \dfrac{\beta}{h}$ 时，通过上面的求导结果可知 3PL 的期望利润在 $(0, \hat{\alpha})$ 之间是递增函数，又因为 $F\left(\dfrac{\alpha pq(1 + r - \eta) + sq - \lambda q}{p - \lambda}\right)$ 是关于 α 的递增函数，所以只需要满足 $F\left(\dfrac{\hat{\alpha}pq(1 + r - \eta) + sq - \lambda q}{p - \lambda}\right) = \dfrac{\beta}{h}$，即可满足 3PL 的风险控制机制，此时的

$$\hat{\alpha} = \frac{(p - \lambda) F^{-1}\left(\dfrac{\beta}{h}\right) + \lambda q}{pq(1 + r - \eta)}。 \tag{7.12}$$

该融资模式下 3PL 的最优贷款利率为

$$\alpha \begin{cases} \dfrac{(p - \lambda) F^{-1}\left(\dfrac{r - r_0}{h(1 + r)}\right) + \lambda q - sq}{pq(1 + r)} & F\left(\dfrac{\hat{\alpha}pq(1 + r - \eta) + sq - \lambda q}{p - \lambda}\right) \leqslant \dfrac{\beta}{h} \\[2ex] \dfrac{(p - \lambda) F^{-1}\left(\dfrac{\beta}{h}\right) + \lambda q - sq}{pq(1 + r - \eta)} & F\left(\dfrac{\hat{\alpha}pq(1 + r - \eta) + sq - \lambda q}{p - \lambda}\right) > \dfrac{\beta}{h} \end{cases} \tag{7.13}$$

根据式子（7.13），该融资模式下 3PL 制定的存货质押率受到产品的订购数量 q，3PL 给中小企业零售商提供融资的贷款利率 r，供应商按照合同要求对没有卖出的产品的回购率 θ，没有卖出的产品的回购价格 m，一轮销售结束时 3PL 对没有卖出的产品的单位处置价格 b 等因素的影响，重点分析合同规定的回购率、回购价格和 3PL 对没有卖出的产品的处置价格对 3PL 设定最优质押率的影响。

（1）在统一授信存货质押模式下，当其他变量都保持不变的情况下分析供应商承诺的对滞销产品的回购率 θ 对 3PL 设置质押率 α 的影响。

由（7.13）可以知道

当 $F\left(\dfrac{\hat{\alpha}pq(1 + r - \eta) + sq - \lambda q}{p - \lambda}\right) \leqslant \dfrac{\beta}{h}$ 时，$\dfrac{\partial \hat{\alpha}}{\partial \theta} = \dfrac{(q - F^{-1}(\dfrac{r - r_0}{h(1 + r)}))(m - b)}{pq(1 + r)}$

当 $F(\dfrac{\hat{\alpha}pq(1+r-\eta)+sq-\lambda q}{p-\lambda}) > \dfrac{\beta}{h}$ 时，$\dfrac{\partial \hat{\alpha}}{\partial \theta} = \dfrac{(q-F^{-1}(\dfrac{\beta}{h}))(m-b)}{pq(1+r)}$

因为 $q - F^{-1}(\dfrac{r-r_0}{h(1+r)}) > 0$，$q - F^{-1}(\dfrac{\beta}{h}) > 0$，$m - b > 0$，所以 $\dfrac{\partial \hat{\alpha}}{\partial \theta} > 0$

通过分析可以看到，3PL 对质押率的设定是供应商根据合同条款对没有卖出的产品的回购率的增函数。这就说明：供应商签订的合同里面对没有卖出的产品的回购率会影响 3PL 的质押率的设定。供应商答应签订合同回购没有卖出的产品某种程度上帮助零售商分担了风险，供应商通过帮助分担风险的方式刺激零售商提高订购量。对于 3PL 来说，供应商与其签订合同回购没有卖出的产品是一种第三方担保的方式，这种方式帮助 3PL 分担了一部分来自零售商违约的风险。所以供应商对没有卖出的产品的回购率的提高会导致 3PL 制定的质押率的提高。

下面我们将继续讨论供应商设定的对未出售产品的回购价格 m 和 3PL 对未出售产品的处置价格 b 对 3PL 质押率设定的影响。为了方便分析，我们将讨论在供应商完全回购 $\theta = 1$ 和供应商完全不回购 $\theta = 0$ 的两种情况。

(2) 在统一授信存货质押融资模式下，合同规定的供应商对没有卖出的产品的回购价格 m 在其他变量不变的情况下对 3PL 设定的质押率 α 的影响：

由 (7.13) 对 m 求导得

$$\dfrac{\partial \hat{\alpha}}{\partial m} = \dfrac{(q-F^{-1}(\dfrac{r-r_0}{h(1+r)}))\theta}{pq(1+r)}$$

$$\dfrac{\partial \hat{\alpha}}{\partial m} = \dfrac{(q-F^{-1}(\dfrac{\beta}{h}))\theta}{pq(1+r)}$$

并且 $q - F^{-1}(\dfrac{r-r_0}{h(1+r)}) > 0$，$q - F^{-1}(\dfrac{\beta}{h}) > 0$，所以 $\dfrac{\partial \hat{\alpha}}{\partial m} > 0$

通过分析知道，统一授信存货质押融资模式下，3PL 制定的存货质押率是供应商按照合同条款对没有卖出的产品的回购价格的增函数。这就说明，如果回购合同条款规定的回购率一定时，没有卖出的产品的回购价格越高，3PL 就会制定更高的存货质押率，这也说明供应商对没有卖出的产品的回购率越高，产品的剩余价值越大，3PL 也就可以面临较小的存货的风险，所以 3PL 会提高存货质押率。

(3) 在统一授信存货质押融资模式中，研究 3PL 对没有卖出的产品的处置价格 b 对 3PL 制定存货质押率的影响。

由 (3-13) 对 b 求导得

$$\dfrac{\partial \hat{\alpha}}{\partial b} = \dfrac{(q-F^{-1}(\dfrac{r-r_0}{h(1+r)}))(1-\theta)}{pq(1+r)}$$

$$\frac{\partial \hat{\alpha}}{\partial b} = \frac{(q - F^{-1}(\frac{\beta}{h}))(1-\theta)}{pq(1+r)}$$

并且 $q - F^{-1}(\frac{r-r_0}{h(1+r)}) > 0$, $q - F^{-1}(\frac{\beta}{h}) > 0$, 所以 $\frac{\partial \hat{\alpha}}{\partial b} > 0$

通过分析知道，统一授信存货质押融资模式下，3PL 设定的存货质押率是 3PL 对没有卖出的产品的处置价格的增函数。如果供应商承诺对没有卖出的产品全部回购，没有卖出产品的回购价格就是其处置价格，所以回购价格和没有卖出的产品的处置价格对 3PL 设定质押率有着相同的影响。处理没有卖出产品的价格越高，说明产品的剩余价值越大，也就降低了 3PL 的存货风险，所以 3PL 会设置更高的质押率。

（4）在统一授信存货质押融资模式下，研究 3PL 的单位物流费用在其他变量保持不变时对 3PL 确定存货质押率的影响。

由 (7.13) 对 b 求导得

$$\frac{\partial \hat{\alpha}}{\partial s} = \frac{-1}{p(1+r)} < 0, \quad \frac{\partial \hat{\alpha}}{\partial s} = \frac{-1}{p(1+r-\eta)} < 0$$

通过分析知道，统一授信存货质押模式下，3PL 对于存货质押率的制定是物流企业的单位物流运输费用的减函数，产品的单位物流运输费用越高，3PL 的存货质押率越低。

7.3 3PL 参与的供应链融资 CVaR 风险仿真分析

本部分在上一节对 3PL 在统一授信存货质押融资模式中的运营决策的研究基础上进行扩展，从风险规避的角度，将条件风险值理论 CVaR 模型引入 3PL 参与的供应链融资研究中，考虑当核心担保企业供应商和资金不足的融资企业零售商都具有风险规避倾向对 3PL 的运营决策的制定的影响，分析除了 3PL 自身的下侧风险控制机制之外，零售商和供应商的风险规避程度对 3PL 制定质押率的影响，并对结论进行数值模拟证实。

7.3.1 参数设置和基本假设

本节建立 CVaR 模型需要使用的参数及含义如下：

w：供应商设定的批发价格

r：3PL 给零售商的贷款利率

q：零售商的订货数量

r_0：银行给 3PL 授信的成本利率 $(r)_0 < r$

c：供应商的单位生产成本

m：单位回购价格（$b \leq m < w$）

p：零售商设定的单位零售价格

x：产品的市场需求量

α：3PL根据质押物价值确定的质押率（$0 \leq \alpha \leq 1$）

s：商品的单位物流运输费用

θ：供应商对销售期末没有卖出产品的回购率（$0 \leq \theta \leq 1$）

$f(x)$：质押产品市场需求的密度函数

$F(x)$：质押产品市场需求的累积分布函数

η_1：零售商的风险规避程度

η_2：供应商的风险规避程度

Π_r：零售商的利润函数

Π_3：3PL的利润函数

Π_s：供应商的利润函数

为了使建立的模型既简洁又符合实际，我们对模型做出以下假设：

假设1：首先由零售商决定产品的订购量，供应商依据该订购量给出回购率，最后3PL根据订购量和回购率确定质押率和贷款利率，其中零售商和供应商具有风险规避的倾向。

假设2：质押产品的销售所得收入和没有卖出的产品的剩余价值的总和不能偿还3PL贷款本息金额的时候，零售商选择完全违约；无论零售商是否违约，供应商都将按照合同回购一定比例的没有卖出的产品。

假设3：零售商的初始资金为零；一轮销售结束，没有卖出的产品的剩余价值为零。

假设4：供应链成员通过签订合同进行信用约束。

假设5：供应链内部完全信息对称。

假设6：3PL是风险中性的。

7.3.2 CVaR模型建立

CVaR准则被用来计算在风险规避程度为η时的平均利润水平α。$\eta \in (0, 1]$代表风险规避程度，也被定义为达到某个利润目标μ的信心指标。所以，η值越大则代表其风险规避程度越大，当$\eta = 0$时，代表风险中性；当$\eta = 1$时则代表完全规避风险。根据CVaR的定义，风险效用模型可以表示为

$$\text{CVaR}_\eta(\Pi) = \max_{v \in R}\{\mu - (1-\eta)^{-1} E[\mu - \Pi]^+\}, \eta \in (0, 1]$$

其中，Π代表供应链成员的利润函数，R代表全体实数集。为了便于分析，我们引入函数：$F(\mu) = \mu - (1-\eta)^{-1} \int_0^{+\infty}(\mu - \Pi)^+ f(x)d(x)$作为研究对象。根据CVaR模型的基本原理分别建立零售商、供应商的CVaR模型和3PL的期望利润函数模型。

（1）零售商的CVaR模型。

要想建立零售商的CVaR模型，首先应该找到零售商的利润函数模型，零售商在确定产品的订购量时最关注的是产品的市场需求，本研究中产品的市场需求有一

个临界值,该临界值就是零售商在一轮销售结束时的产品销售收入和没有卖出的产品的剩余价值之和,正好是 3PL 的贷款本息和物流费用之和。即 $xp + \theta(q-x)m = \alpha pq(1+r) + sq$ 此时 $x_1 = \dfrac{\alpha pq(1+r) + sq - \theta qm}{p - \theta m}$ 令 $\lambda = \theta m$ 化简为 $x_1 = \dfrac{\alpha pq(1+r) + sq - \lambda q}{p - \lambda}$, $x_1 = tq$,其中 $t = \dfrac{\alpha p(1+r) + s - \lambda}{p - \lambda}$。同时,$\alpha m(1+r) \le p$,$0 < \theta < 1$,所以 $0 < x_1 < q$。

根据前提的假设,当 $x < x_1$ 时,零售商售卖产品的收入和没有卖出的产品的价值不能够抵消 3PL 的贷款的本息和物流费用,这个时候零售商选择完全违约,宣布破产。产品的销售收入和没有卖出的产品交给 3PL 自行处置,所以此时零售商的利润为 0。综上,零售商的利润函数为

$$\Pi_r(q) = \begin{cases} 0 & x < x_1 \\ xp + \lambda(q-x) - \alpha pq(1+r) - sq & x_1 < x < q \\ pq - \alpha pq(1+r) - sq & x \ge q \end{cases} \quad (7.14)$$

根据(7.14)式可以列出零售商的 CVaR 函数为

$$F_r(q, \mu) = \mu - (1-\eta_1)^{-1} \Big[\int_{x_1}^{q} (\mu - xp - \lambda(q-x) + sq + \alpha w(1+r))^+ f(x)\mathrm{d}x + \int_{q}^{+\infty} (\mu - pq + \alpha pq(1+r) + sq)^+ f(x)\mathrm{d}x \Big] \quad (7.15)$$

(2) 供应商的 CVaR 模型。

供应商关注的重点是需不需要对没有卖出的产品进行回购,如果市场上需要大量的产品,库存的产品能够全部卖出,那么就不需要供应商对产品进行回购,如果市场对产品的需求小于零售商的订货量,那么供应商需要按照回购合同回购一定比例的剩余产品,所以供应商的利润函数为

$$\Pi_s \begin{cases} wq - cq & q < x \\ wq - cq + \lambda(q-x) & q > x \end{cases} \quad (7.16)$$

根据(7.16)可以列出供应商的 CVaR 函数:

$$F_s(w, \mu) = \mu - (1-\eta_2)^{-1} \Big[\int_0^q (\mu - (w-c)q)^+ f(x)\mathrm{d}x + \int_q^{+\infty} (\mu - (w-c)q - \lambda(q-x))^+ f(x)\mathrm{d}x \Big] \quad (7.17)$$

(3) 3PL 的期望利润函数模型。

对于 3PL 来说,当产品的市场需求大于质押产品的数量时,零售商的产品销售收入能够偿还 3PL 的贷款本息金额和物流运输费用。如果市场上对于产品的需求小于质押产品的数量时,产品的销售收入、没有卖出的产品的回购收入和最终剩余产品的处置价值的和不能抵消 3PL 的贷款本息之和,这个时候零售宣布破产,产品的全部销售收入交给 3PL,供应商回购一定比例的剩余产品,因此 3PL 的利润函数为

$$\Pi_3 \begin{cases} \alpha pq(r - r_0) + sq & x > x_1 \\ xp + \lambda(q-x) - \alpha pq(1+r_0) & x < x_1 \end{cases} \quad (7.18)$$

根据(7.18)3PL 的期望利润函数为

$$E\Pi_3(q, \lambda) = \int_0^{x_1}(xp + \lambda(q-x))f(x)dx - \alpha pq(1+r_0)F(x_1) +$$
$$(\alpha pq(r-r_0) + sq)(1-F(x_1))$$
$$= \alpha pq(r-r_0) + sq - \frac{(p-\lambda)t^2q^2}{2b} \tag{7.19}$$

7.3.3 模型求解与分析

定理 1：通过求解零售商的 CVaR 模型，得到零售商的最优订购数量为 $q_r^* = F^{-1}[\frac{(1-\eta_1)(p-\alpha p(1+r)-s)}{p-\lambda}]$。

证明：零售商的条件风险值函数 $F_r(q, \mu) = \mu - (1-\eta_1)^{-1}[\int_{x_1}^{q}(\mu - xp - \lambda(q-x) + sq + \alpha qw(1+r))^+ f(x)dx + \int_q^{+\infty}(\mu - pq + \alpha pq(1+r) + sq)^+ f(x)dx]$ 进行求解可得到零售商的最优订购数量，具体求解过程如下：

当 $\mu \leq [(1+r)\alpha w - \lambda]q$ 时，$F_r(q, \mu) = \mu$，此时 $\frac{\partial F_r(q, \mu)}{\partial \mu} = 1 > 0$；

当 $[(1+r)w\alpha - \lambda]q < \mu \leq [1-(1+r)\alpha w]q$ 时，$x < \frac{\mu + (w\alpha(1+r) - \lambda)q}{1-\lambda}$

令 $k_1 = \frac{\mu + (w\alpha(1+r) - \lambda)q}{1-\lambda}$,

$$F_r(q, \mu) = \mu - (1-\eta_1)^{-1}\int_0^{k_1}(\mu - x - \lambda(q-x) + q\alpha w(1+r))f(x)dx \tag{7.20}$$

此时 $\frac{\partial F_r(q, \mu)}{\partial \mu} = 1 - (1-\eta_1)^{-1}F(k_1)$

当 $\alpha > [1 - (1+r)\alpha w]q$ 时，

$$F_r(q, \mu) = \mu - (1-\eta_1)^{-1}[\int_0^q(\mu - x - \lambda(q-x) + q\alpha w(1+r))f(x)dx - \int_q^{+\infty}(\alpha - (1-w(1+r))q)f(x)dx]$$

此时 $\frac{\partial F_r(q, \mu)}{\partial \mu} = \frac{-\eta_1}{1-\eta_1} < 0$。

当 $\frac{\partial F_r(q, \mu)}{\partial \mu} = 1 - (1-\eta_1)^{-1}F(k_1) > 0$ 时，$\mu_r^{1*} = [1-(1+r)\alpha w]q$，此时 $k_1 = q$，代入（7.20）式可得

$$F_r(q, \mu) = [1 - w(1+r)]q - (1-\eta_1)^{-1}\int_0^q(1-m)(q-x)f(x)dx \tag{7.21}$$

$$\frac{\partial F_r(q, \mu)}{\partial q} = 1 - w(1+r) - \frac{(1-\lambda)F(q)}{1-\eta_1} \tag{7.22}$$

$$\frac{\partial^2 F_r(q,\mu)}{\partial q^2} = \frac{(-1)f(q)}{1-\eta_1} < 0$$

所以（7.21）式存在最优解

$$q_r^* = F^{-1}\left[\frac{(1-\eta_1)(p-\alpha p(1+r)-s)}{p-\lambda}\right]$$

当 $\dfrac{\partial F_r(q,\mu)}{\partial \mu} = 1-(1-\eta_1)^{-1}F(k_1) \leqslant 0$ 时，$\alpha_r^{2*} = (1-\lambda)F^{-1}(1-\eta_1) - [w\alpha(1+r)-\lambda]q$

令 $k_2 = F^{-1}(1-\eta_1)$，代入（7.20）式可得

$$F_r(q,\mu) = (1-\lambda)F^{-1}(1-\eta_1) - [w(1+r)-\lambda]q - \\ (1-\eta_1)^{-1}\int_0^{k_2}(1-\lambda)(q-x)f(x)\mathrm{d}x \quad (7.23)$$

$\dfrac{\partial F_r(q,\mu)}{\partial q} = -[w(1+r)-\lambda] < 0$ 所以 $F_r(q,\alpha)$ 单调递减，没有最优解。

因此，只有当 $\alpha_r^* = \alpha_r^{1*} = [1-(1+r)w\alpha]q$ 时，存在最优订购量：

$$q_r^* = F^{-1}\left[\frac{(1-\eta_1)(p-\alpha p(1+r)-s)}{p-\lambda}\right]$$

定理2：通过求解供应商的 CVaR 模型，可以求得供应商确定的最优批发价格为

$w_s^* = \dfrac{(1-\eta_1)\lambda + (1-\eta_2)(1-\lambda)c}{(1-\eta_2)(1-\lambda) + \lambda(1+r)(1-\eta_1)}$，所以有 $\lambda^* = \dfrac{(1-\eta_2)(w-c)}{(1-\eta_2)(w-c) - r(1-\eta_1)}$

又因为 $\lambda = \theta m$，所以 λ^* 可以作为供应商制定回购策略的依据。

证明：对供应商的条件风险值函数 $F_s(w,\mu) = \mu - (1-\eta_2)^{-1}[\int_0^q (\mu - (w-c)q)^+ f(x)\mathrm{d}x + \int_q^{+\infty}(\mu - (w-c)q - \lambda(q-x))^+ f(x)\mathrm{d}x]$ 进行求解可得到供应商确定的最优批发价格，具体求解过程如下：

当 $\mu \leqslant (w-c-\lambda)q$ 时，$F_s(w,\mu) = \mu$，此时 $\dfrac{\partial F_s(w,\mu)}{\partial \mu} = 1 > 0$；

当 $(w-c-\lambda)q < \mu \leqslant (w-c)q$ 时，$x < \dfrac{\mu - (w-c)q + \lambda q}{\lambda}$

令 $k_3 = \dfrac{\mu - (w-c)q + \lambda q}{\lambda}$

$$F_s(w,\mu) = \mu - (1-\eta_2)^{-1}\int_0^{k_3}(\mu - (w-c)q + \lambda(q-x))f(x)\mathrm{d}x \quad (7.24)$$

$$\frac{\partial F_s(w,\mu)}{\partial \mu} = 1 - (1-\eta_2)^{-1}F(k_3)$$

当 $\alpha = (w-c)q$ 时，$k_3 = q$

$$\frac{\partial F_s(w,\mu)}{\partial \mu} = 1 - (1-\eta_2)^{-1}F(q)$$

当 $\alpha > (w-c)q$ 时,
$$\frac{\partial F_s(w,\mu)}{\partial \mu} = 1 - (1-\eta_2)^{-1} < 0$$

当 $1 - (1-\eta_2)^{-1} F(q) > 0$ 时,$\alpha_{s1}^* = (w-c)q$ 代入 (4-11) 式得

$$F_s(w,\mu) = (w-c)q - (1-\eta_2)^{-1} \int_0^q \lambda(q-x) f(x) dx \qquad (7.25)$$

$$\frac{\partial F_s(w,\mu)}{\partial q} = (w-c) - (1-\eta_2)^{-1} \lambda F(q)$$

$\frac{\partial^2 F_s(w,\mu)}{\partial q^2} = -\lambda(1-\eta_2)^{-1} f(q) < 0$ 所以 $F_s(w,\mu)$ 存在最优解:

$$q_s^* = q_r^* = F^{-1}\left[\frac{(1-\eta_1)(p - \alpha p(1+r) - s)}{p - \lambda}\right] \qquad (7.26)$$

令 $\frac{\partial F_s(w,\mu)}{\partial q} = (w-c) - (1-\eta_2)^{-1} \lambda F(q) = 0$ 得

$$F(q) = \frac{(w-c)(1-\eta_2)}{\lambda} \qquad (7.27)$$

根据 (7.26) 和 (7.27) 可得

$$w_s^* = \frac{(1-\eta_1)\lambda + (1-\eta_2)(1-\lambda)c}{(1-\eta_2)(1-\lambda) + \lambda(1+r)(1-\eta_1)}$$

当零售商的最优订货数量为 $q_r^* = F^{-1}\left[\frac{(1-\eta_1)(p - \alpha p(1+r) - s)}{p - \lambda}\right]$,$1 - \frac{F(q)}{1-\eta_1} > 0$ 时,考虑风险规避的前提下,供应商追求利润最大化,则其确定的最优批发价格为: $w_s^* = \frac{(1-\eta_1)\lambda + (1-\eta_2)(1-\lambda)c}{(1-\eta_2)(1-\lambda) + \lambda(1+r)(1-\eta_1)}$。

根据定理1,零售商的最优订购数量为 $q_r^* = F^{-1}\left[\frac{(1-\eta_1)(p - \alpha p(1+r) - s)}{p - \lambda}\right]$,可得 $\alpha = \frac{(p-s)}{p(1+r)} - \frac{(p-\lambda)F(q_r^*)}{(1-\eta_1)p(1+r)}$。从所得结果来看,3PL 制定的质押率和零售商的风险规避程度是正相关的,零售商的风险规避程度越高,3PL 就会设定更高的存货质押率,来刺激零售商提高订货量增加贷款。

根据定理1及定理2,因为 $\lambda^* = \frac{(1-\eta_2)(w-c)}{(1-\eta_2)(w-c) - r(1-\eta_1)}$,$\alpha = \frac{(p-s)}{p(1+r)} - \frac{(p-\lambda)F(q_r^*)}{(1-\eta_1)p(1+r)}$,可知供应商风险规避程度越高,供应商制定的回购率和回购价格会就会越低,根据前面一章我们得出的结论,供应商的回购率降低了,3PL 的存货质押率也会降低,所以供应商的风险规避程度会对 3PL 的存货质押率的制定产生间接的影响,即 3PL 的存货质押率随着供应商风险规避程度的增加而降低。

根据定理1，3PL给零售商提供贷款的贷款利率会随着零售商的风险规避程度的增加而降低，3PL降低贷款利率可以鼓励零售商提高贷款额度，从而3PL可以获得更多的利润。

7.3.4 CVaR模型的数值模拟

通过matlab软件对前面所得结论进行数值模拟，以更直观的形式进一步展现在供应商和零售商同时采取风险规避时3PL制定质押率的选择，分别模拟了零售商的订货量、3PL的存货质押率、3PL的贷款利率与零售商的风险规避程度之间的关系，回购合同规定的回购率、3PL的存货质押率与供应商的风险规避程度之间的关系，3PL为零售商提供融资的贷款利率和零售商的订购量与供应商的批发价格之间的关系。

依据模型的基本假设，假设产品的市场需求满足 $U=[400,1500]$ 的均匀分布，其余参数设定为：$c=7$，$w=10$，$p=15$，$m=10$，$r_0=5.36\%$。其中3PL成本利率参考国债利率设定，3PL为零售商提供融资的贷款利率参考中国银行利率。

（1）首先通过求解零售商的CVaR模型，找到了零售商的最优订购数量，通过对零售商的最优订购数量的模拟得到图7-3。

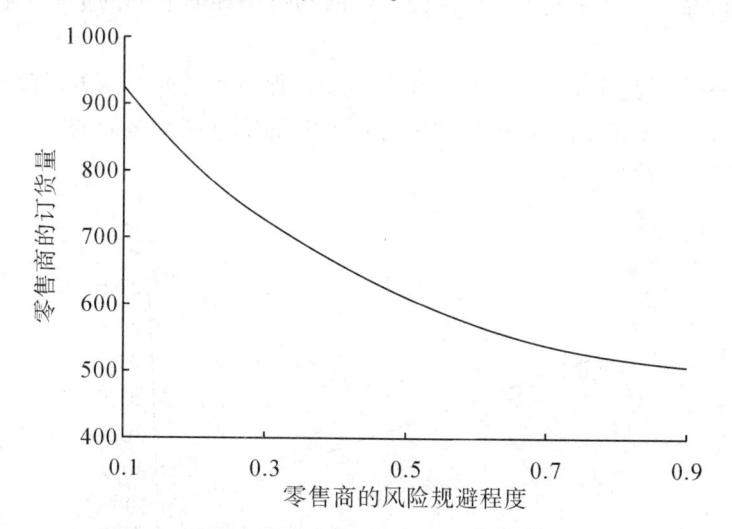

图7-3　零售商的风险规避程度对其订购数量的影响

根据图7-3可以明显看到，零售商的风险规避程度越高，零售商对质押货物的订购数量越少。由此说明，零售商通过减少货物的订购量来减少贷款，从而避免产品的市场需求不足给自身带来的风险。这也说明了风险规避型的零售商的特点就是保守经营。

（2）从供应商的风险规避的角度，研究供应商的风险规避程度对供应商签订的回购合同规定的回购率和回购价格的影响。模拟结果如图7-4所示。

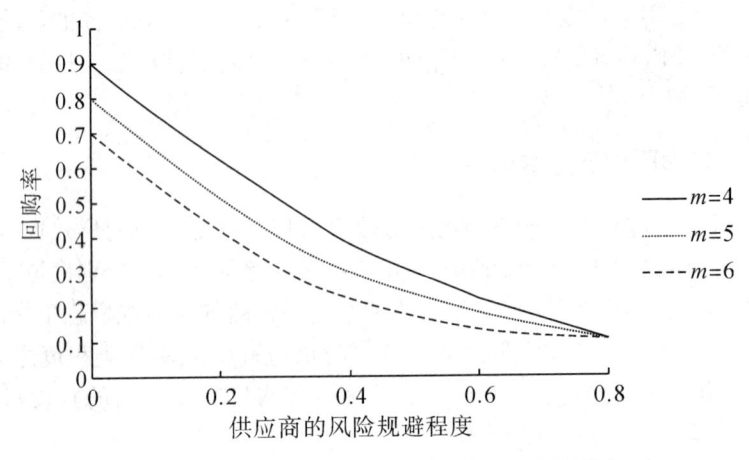

图 7-4 供应商的风险规避程度对回购率的影响

从图 7-4 中可以看出，供应商的风险规避程度越高，供应商承诺的回购没有卖出的产品的回购率越低，可见供应商规避风险的措施之一就是降低对没有卖出产品的回购率。与此同时，当风险规避程度一定时供应商承诺的回购价格越高，那么对没有卖出的产品的回购率越低，供应商通过回购价格和回购率的平衡来保证自身对风险的控制。

（3）进一步研究模拟了当供应链中其他变量保持不变时，两方风险规避时零售商的最优订货量、供应商的最优批发价格和 3PL 的贷款利率之间的关系，得到的模拟结果如图 7-5 所示。

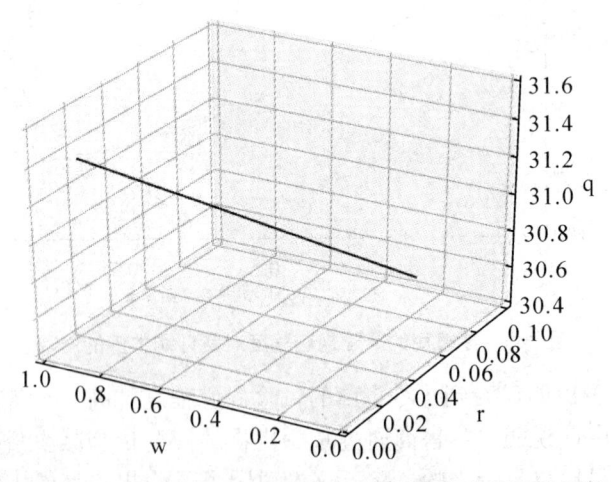

图 7-5 3PL 贷款利率、供应商批发价格和零售商订购量的关系

根据图 7-5 可以看到零售商的订购量、供应商的批发价格和 3PL 利率之间的关系：若 3PL 确定的贷款利率一定，零售商如果增加产品的订货量，那么供应商就会降低产品的批发价格。在此情况下，由于产品的市场需求很大，质押产品可以全部售出，零售商有能力偿还 3PL 的贷款本息金额，这种情况下供应商无须对质押产品进行回购，其风险成本也会随之减小。由于风险成本减少，供应商就会将批发价格

适度降低,供应商的利润是由批发价格和零售商的订购量以及回购合同规定的回购率和回购价格共同决定的。零售商的订购量提高时,供应商的批发价格降幅较小,因此供应商收益总体仍然保持上升趋势。

(4) 同时研究零售商的风险规避程度对 3PL 的贷款利率和质押率的影响,具体见图 7-6 和图 7-7。

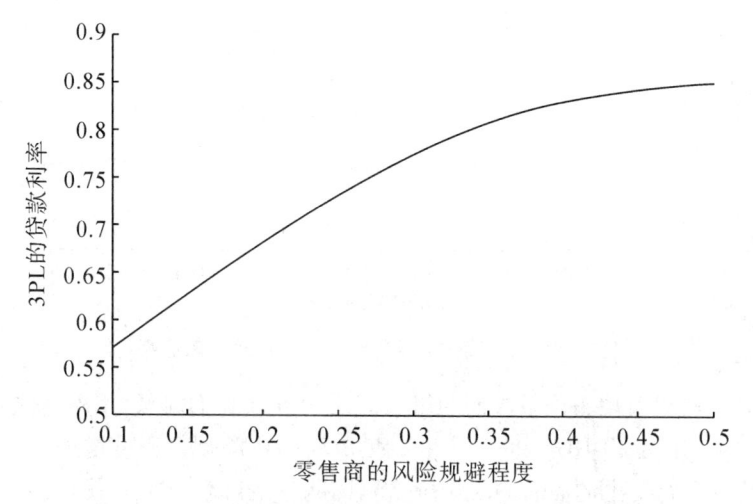

图 7-6　零售商的风险规避程度对 3PL 的贷款利率的影响

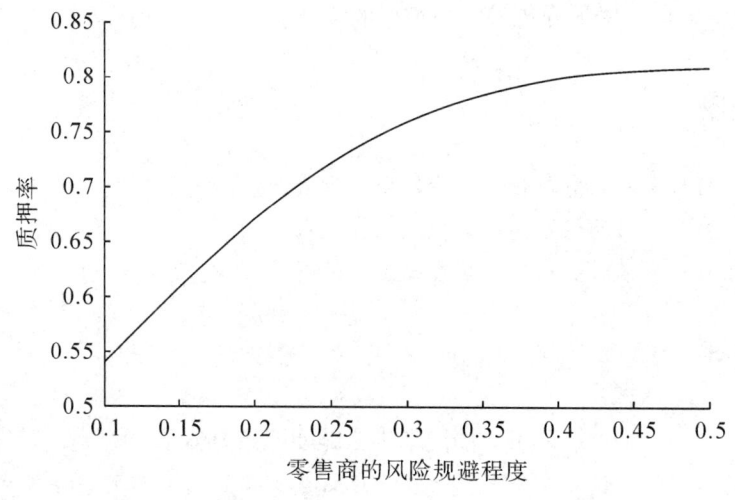

图 7-7　零售商的风险规避程度对 3PL 质押率的影响

综合图 7-6 和图 7-7 可以看出,零售商的风险规避程度越高,3PL 制定的贷款利率和存货质押率越高。3PL 提高存货质押率是为了增加零售商的订货量进而增加贷款额度,从某种程度上是分担了一部分零售商的风险。但是 3PL 也有风险规避的倾向,所以 3PL 会通过提高贷款利率来降低自身的风险,保证利润。这既体现了 3PL 对零售商的激励政策,也体现了 3PL 自身的风险规避倾向,这种政策下 3PL 和零售商能够同时实现风险的规避和平衡。

(5) 进一步研究供应商的风险规避程度对 3PL 设定质押率的影响,模拟的结果如图 7-8 所示。

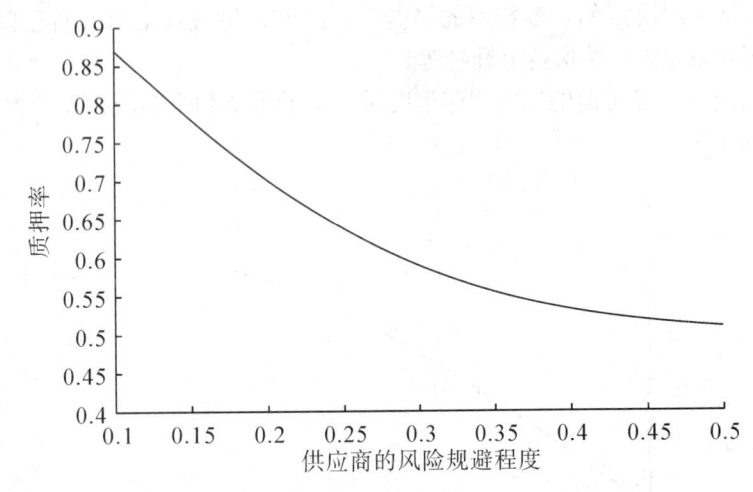

图 7-8　供应商的风险规避程度对质押率的影响

从图 7-8 可以看出，当供应商的风险规避程度增加的时候，3PL 就会制定较低的质押率。从前面的模拟结果总和来看，供应商的风险规避程度增加必然会导致供应商承诺的对没有卖出的商品的回购价格和回购率的降低，本质就是供应商将风险转移给 3PL。这个时候，3PL 需要降低质押率来保证自身的利益，所以就会出现供应商风险规避程度的增加导致 3PL 质押率的降低。

■ 课后习题

1. 分析 3PL 金融服务与传统供应链金融的异同。
2. 简述 3PL 参与的供应链融资模式业务流程。
3. 总结 3PL 金融服务如何缓解中小企业的融资困境。

■ 案例分析

基于 3PL 的汽车供应链物流集成体系

基于 3PL 的供应链物流集成框架体系是为了支撑第三方物流运作模式的成功运行，实现第三方物流服务商对供应链物流的集成运作，使得供应链物流达到协同运作，所以，供应链物流集成框架体系的构建应遵循以下原则：①集成（integration）。集成原则要求信息在供应链各成员之间实现无缝衔接，实现对物流运作活动的有效支持，最终实现供应链的整体目标。②协同（collaboration）。协同原则是在信息共享的基础上，要求零部件供应商、整车生产商、销售商和第三方物流服务商在物流运作中达到协同，提高物流效率，降低物流成本。

图 7-9 所示的框架体系是基于 Brower/Server 架构，供应商、制造商、分销商以及客户通过 Web 浏览器和 Internet 与第三方物流服务商建立联系。该框架分为四个

层次：供应链物流层、企业功能层、共享信息层和供应链协调层。构建这一框架体系，可实现第三方物流服务商对供应链物流的集成。

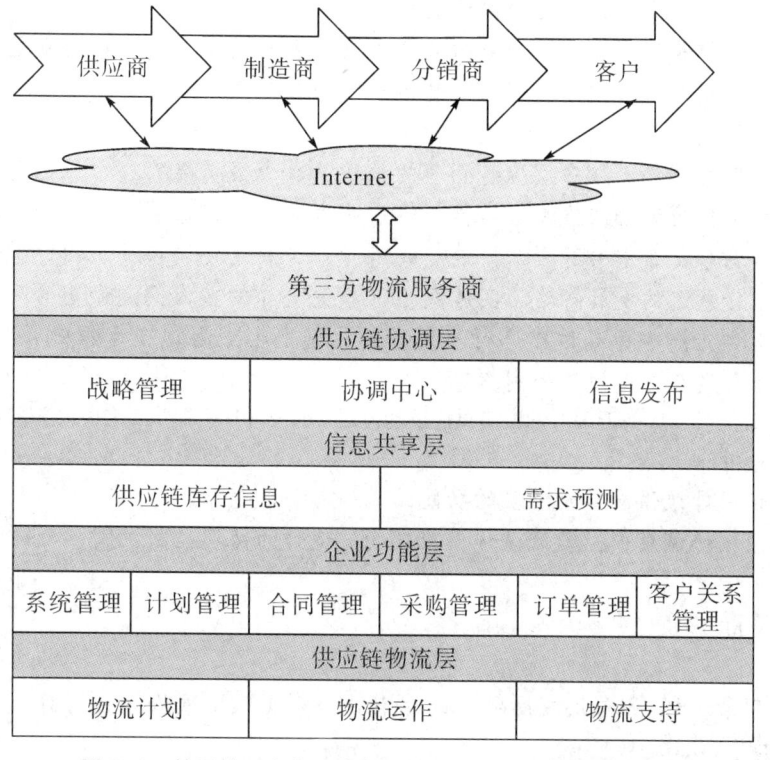

图 7-9 基于第三方物流服务商的供应链物流集成框架体系

①供应链物流层。基于 3PL 的供应链物流运作能有效降低供应链企业在空间上的分散性和时间上的不一致性，通过物流协调来实现供应链企业间的同步计划和同步运作，降低整个供应链中的总库存水平和缩短供应链企业间的响应时间。并且利用第三方专业物流服务商出色的物流活动，为供应链成员企业提供高质量的服务，增强交付的可靠性和及时性等。对实物流的运作管理是在供应链的物流层中实现的，物流层包括物流计划、物流运作和物流支持。物流运作实现的是供应链中重要的物流功能：采购管理、仓储管理、运输管理和配送管理。从汽车供应链流程的角度，企业供应链的物流运作包括：零部件集并运输管理、零部件仓储及配送管理、整车分拨中心仓储及发运管理、地区整车配送中心仓储及配送管理。物流支持和物流计划是物流运作的保障，物流计划包括采购计划和配送资源计划，物流支持包括支持物流运作的实时物流信息的采集、数据库系统、基础计算机网络以及运输车辆的监控和调度等。

②企业功能层。企业功能层主要是为了实现第三方物流服务商与供应链成员企业的交互作用而设置的一种管理模块，它并不一定要包含企业所有的功能活动，企业还可以拥有自己独立的 MIS 系统，如 ERP/MRP 系统等，它们通过 Internet 或 EDI 技术实现不同系统之间的数据传输和交换。

③共享信息层。共享信息层是整个供应链物流运作管理的关键部分。该集成模

型的成功应用，是基于以下两个前提假设：a. 供应链上所有企业形成了一种战略联盟，每个企业的关键信息（如库存状态、短期需求计划以及生产能力）能够共享，每个企业都要为其上下游企业提供这些重要信息而积极努力。b. 每个企业提供的短期需求预测应该是结合最下游企业的近期需求预测和其紧邻的下游企业的需求计划经过权衡后做出的，计划的周期应该是短期的而且是实时更新的。每个企业的需求信息不应该被放大。

④供应链协调层。很多供应链管理的失败，其中很重要的一个原因是供应链没有一个良好的供应链协调机制。本框架体系中的供应链协调层包括供应链战略管理、协调中心和信息发布中心这三个模块。战略管理是整个协调层的核心，它的职责是对整个供应链物流的发展战略、实施战略等事关全局的重大问题做出合理决策。协调中心是对供应链的物流运作进行协调，解决链上企业间物流运作的矛盾与冲突。信息发布中心发布的是协调控制信息。

（资料来源：吴琼. 基于3PL的汽车供应链物流运作研究［D］. 重庆：重庆大学，2006.）

问题分析

1. 尝试设计该供应链物流层的功能结构。
2. 供应链协调层中，尝试设计供应链物流运作的协调控制机制。

■ 参考文献

［1］周倩. 3PL参与供应链融资的运营决策和CVaR风险分析［D］. 成都：西南财经大学，2020.

［2］李胜馨. 基于福建3PL企业物流金融服务模式创新探析［J］. 全国流通经济，2018，2175（15）：73-74.

［3］BUZACOTT J A, ZHANG R Q. Inventory management with asset–based financing［J］. Management science, 2004, 50（9）: 1274-1292.

［4］CHAO X, CHEN J, WANG S. Dynamic inventory management with cash flow constraints［J］. Naval research logistics, 2010, 55（8）: 758-768.

［5］CHEN X. A model of trade credit in a capital-constrained distribution channel［J］. International journal of production economics, 2015（159）: 347-357.

［6］CAI G, CHEN X, XIAO Z. The roles of bank and trade credits: Theoretical analysis and empirical evidence［J］. Production & operations management, 2014, 23（4）: 583-598.

［7］CHEN X, WANG A. Trade credit contract with limited liability in the supply chain with budget constraints［J］. Annals of operations research, 2012, 196(1): 153-165.

［8］DADA M, HU Q. Financing newsvendor inventory［J］. Operations research letters, 2008, 36（5）: 569-573.

［9］JING B, CHEN X, CAI G. Equilibrium financing in a distribution channel with capital constraint［J］. Production & operations management, 2012, 21（6）: 1090-1101.

[10] HERZENSTEIN M, DHOLAKIA U M, ANDREWS R L. Strategic herding behavior peer-to-peer loan auctions [J]. Journal of interactive marketing, 2011, 25 (1): 27-36.

[11] KOUVELIS P, ZHAO W. Supply chain contract design under financial constraints and bankruptcy costs [J]. Management science, 2016, 62 (8): 2341-2357.

[12] LIN Q, SU X, PENG Y. Supply chain coordination in confirming warehouse financing [J]. Computers & industrial engineering, 2018 (118): 104-111.

[13] LEE E, LEE B. Herding behavior in online P2P lending: an empirical investigation [J]. Electronic commerce research and applications, 2012, 11 (5): 495-503.

[14] HUANG S, FAN Z P, WANG X H. The impact of transportation fee on the performance of capital-constrained supply chain under 3PL financing service [J]. Computers & industrial engineering, 2019 (130): 358-369.

[15] YAN N, SUN B, ZHANG H, et al. A partial credit guarantee contract in a capital-constrained supply chain: Financing equilibrium and coordinating strategy [J]. International journal of production economics, 2016 (173): 122-133.

[16] 陈烨敏. 中小企业融资需求与供应链金融的对接 [J]. 商场现代化, 2016 (13): 222-224.

[17] 陈欢. 中小企业应收账款质押融资模式中的道德风险研究 [J]. 江苏商论, 2014 (11): 53-55.

[18] 陈祥锋, 朱道立. 现代物流金融服务创新：金融物流 [J]. 物流技术, 2005 (3): 4-7.

[19] 郭涛. 中小企业融资的新渠道：应收账款融资 [J]. 经济师, 2005 (2): 152-153.

[20] 胡婉婷, 张宁, 柳飘. 基于P2P平台的中小企业供应链融资研究 [J]. 赤峰学院学报（自然科学版）, 2016 (13): 94-95.

[21] 刘园, 陈浩宇, 任淮源. 中小企业供应链融资模式及风险管理研究 [J]. 经济问题, 2016 (5): 57-61.

[22] 刘斌, 胡莎. 互联网视角下我国中小企业供应链融资模式创新 [J]. 商业经济研究, 2016 (10): 110-111.

[23] 罗齐, 朱道立, 陈伯铭. 第三方物流服务创新：融通仓及其运作模式初探 [J]. 中国流通经济, 2002 (2): 11-14.

[24] 马娟, 万解秋. 银行与第三方物流合作供应链金融：异业协作的演化博弈 [J]. 天津财经大学学报, 2015 (3): 47-57.

[25] 王光石, 马宁. 供应链金融服务模式探讨 [J]. 物流技术, 2006 (8): 35-37.

[26] 杨绍辉. 从商业银行的业务模式看供应链金融服务 [J]. 物流技术, 2005 (10): 179-182.

8 绿色供应链金融模式风险决策

■ 学习目标

1. 学习绿色供应链的概念，了解绿色供应链金融模式兴起的时代背景。
2. 分析政府提供与不提供补贴下绿色供应链金融模式的异同。
3. 掌握绿色供应链金融模式的业务运营过程，并进行不同政府补贴情况下的决策分析。

8.1 绿色供应链金融模式概述

绿色供应链金融在传统的供应链金融基础上考虑了绿色发展，更加强调了环境管理。"供应链金融"，涉及银行等三方金融机构、供应链中的核心企业以及上下游中小企业，是指三方金融机构通过核心企业管理中小企业的资金流，在中小企业满足一定的融资条件的情况下向中小企业提供的金融服务，该种模式将原本的单个企业的不可控风险转变为整条供应链的可控风险。而"绿色供应链金融"，除了满足上述条件外，还要求中小企业提供绿色生产或污染物排放相关证明，银行根据企业提供的绿色文件判断其是否符合贷款条件，再根据企业的绿色等级提供相应规模的贷款。

关于绿色供应链金融的定义，国内外学者自 2012 年便开始研究，目前国际上存在很多说法。Narasimhan 等从供应商的角度出发，认为供应商可以通过金融机构对可持续供应链的投资，来实现绿色供应链金融的发展。Perez 建立了绿色供应链金融的框架，并从金融机构的角度定义了绿色供应链金融：绿色供应链金融可以其可持续发展模式，帮助金融机构恢复其在金融危机中丧失的公众信任。随着国外研究者对绿色供应链金融概念的提出，国内学者也展开了对绿色供应链金融的探索，并对绿色供应链金融的定义进行了阐述。牟伟明指出，绿色供应链金融在传统供应链金融的基础上考虑了环境保护的因素，是为了引导供应链生产企业在生产过程中注重绿色发展的重要性；商业银行等金融机构在传统供应链融资条件的基础上将环境绩效纳入考核，优先贷款给进行绿色生产的供应链企业，这样可以有效减少环境污染徐耀芬等认为，绿色供应链金融是实现国家循环经济建设的一种创新型方式，不仅可以从循环经济的角度治理环境污染，还能从金融的角度促进供应链的绿色生产行为。综上所述，绿色供应链金融能够帮助供应链上下游中小企业进行融资，并将资金投入环境保护生产行为中，以降低生产过程中由于环境破坏而承担的赔偿金成本，常见的环境保护模式有降低设备能源消耗水平以及减少生产制造过程中的噪声污染和其他环境污染。

现阶段，我国的绿色供应链金融主要应用在节能减排上，例如融资购买低能耗设备、治理生产过程中产生的"三废"等。相比传统的供应链金融，绿色供应链金融不仅能够鼓励生产企业进行绿色生产，降低环境污染程度的同时提高资源利用程度，还能够让银行等金融机构利用融资的方式发挥环境保护的作用，强调其社会责任。由此可见，绿色供应链金融的价值主要体现在两个方面：经济价值和可持续发展价值。因为在企业融资过程中强调环境保护因素，供应链企业在生产过程中会更加注重环境管理，既可以减少由于环境污染带来的赔偿金成本，还可以降低商业银行的不良贷款，这体现了其经济价值；此外，对中小企业绿色等级进行约束，可以鼓励生产企业注重环境保护和资源节约问题，不仅能够提高资源利用率，还能强调商业银行和非银行金融机构在企业价值层面的道德操守，减少公众对金融机构的质疑，这体现了绿色供应链金融的社会和可持续发展价值。

8.2 政府不提供补贴的绿色供应链金融决策分析

8.2.1 问题描述

假设市场上存在政府、银行以及生产商和供应商这一个二级供应链，生产商生产的产品需要满足政策规定的最低绿色水平，低于最低绿色水平的生产商不能获得贷款（绿色度水平用 g 表示，最低绿色度水平用 g_0 表示，g 越高表明绿色度水平越高），并且绿色水平越高在银行处的绿色信用度越高，能够获得更高的利率优惠，该部分优惠由政府补贴银行。银行对不满足绿色水平补贴下限的供应商提供普通贷款业务，对高绿色水平的供应商提供高优惠利率的贷款业务。考虑两种不同的模型，生产商生产的产品的绿色度水平分别为 g_1 和 g_2，且假定模型一生产商生产产品的绿色度水平低于模型二生产商生产产品的绿色度水平，即 g_1 小于 g_2。g 表示企业可以享受优惠贷款利率所需达到的绿色度水平下限，低于该水平的企业为普通贷款。由于市场中的绿色产品需要满足规定的水平，为了达到该水平，供应商需要采购环保零部件、购置绿色生产线等，会带来一定的绿色研发成本，绿色研发成本与绿色度水平成二次方关系，为 $\beta(g-g_0)^2$。

市场中的消费者偏好绿色产品，对环保程度高的产品愿意支付更高的价格以获得更高的效用。本节用 θ 表示消费者对产品的绿色偏好系数，表示产品每增加一单位环境满意度，消费者愿意支付的费用。

政府为了鼓励绿色生产，向银行支付一定的补贴，补贴的范围即银行向满补贴条件的绿色产品供应商提供的优惠利率贷款部分。假设 r^j 为银行确定的绿色金融贷款利率（j=1，2），则有 $r^j = \begin{cases} rt(g-\underline{g}), & g > \underline{g} \\ r, & g \leq \underline{g} \end{cases}$，$0 < t \leq 1$，$0 < g - \underline{g} < 1$，$j = 1$，2。

r 为银行对未达到绿色度水平补贴下限的企业提供的贷款利率，当绿色度水平高于政府设定的补贴下限时，银行提供的贷款利率将低于普通贷款利率 r。根据上述假设可知，$r^1 = r$，$r^2 = rt(g-\underline{g})$。在模型一中，生产商只能按照普通贷款利率进行贷款；在模型二中，生产商可以从银行处获得优惠贷款，且绿色度水平越高获得的优惠越大。

本节主要研究在绿色供应链金融模式下，政府通过向银行补贴的方式促使银行向绿色生产商提供优惠贷款，以该方式实现间接监管。考虑政府补贴、银行贷款利率、产品绿色度等因素，建立生产商和销售商之间的博弈模型，并根据博弈结果确定生产商、销售商和银行的利润水平，根据模型结果确认不同参数对生产商绿色生产决策、销售商采购决策以及生产商、销售商和银行的利润的影响。本节针对一个二级供应链，主要对两种不同模型采取三个阶段的分析：

第一阶段：销售商选择自己的产品订购量；

第二阶段：供应商根据销售商的决策选择自己的绿色生产水平；

第三阶段：根据决策的绿色生产水平和产品订货量分别确定供应商、销售商和银行的利润。

对模型一和模型二进行以上三个阶段的分析后，将两种模型的结果进行对比分析，并对相关参数进行数值模拟得到影响因素分析结果，以期将最终结论为政府相关部门以及供应链中的生产商和销售商的决策提供相关参考建议。

8.2.2 模型参数

本节涉及的参数汇总如下：

j：给出的两种情况，$j = 1$，2。

W：供应商向零售商销售产品的单位批发价格。

P：零售商向市场销售产品的单位零售价格。

C_m：供应商的单位生产成本。

g：产品的绿色度水平，g_0 表示政府规定市场上产品要求达到的最低绿色度水平，供应商的产品至少应达到该绿色度水平，即 $g^j \geq g_0$。

$\underline{g}$：政府设定的可以享受银行优惠贷款利率的产品绿色度水平下限，达到或超过该水平的供应商可以享受优惠利率，低于该水平的供应商只能按照正常利率贷款。假设 $g^1 < \underline{g} < g^2$。

Q：零售商向供应商订货的数量。

θ：消费者的绿色偏好系数。

K：市场基础需求。

t：银行贷款优惠系数，当供应商生产的产品满足规定条件时，银行按照优惠贷款系数对供应商的贷款利率进行调整，$0 < t \leqslant 1$。

r^j：银行向供应商提供的贷款利率，r 为普通贷款利率，绿色度水平越高，银行贷款利率越低，$r^j = \begin{cases} rt(g - \underline{g}), & g > \underline{g} \\ r, & g \leqslant \underline{g} \end{cases}$，$0 < r < 1$，$j = 1, 2$。根据假设，有 $r^1 = rt(g - \underline{g})$，$r^2 = r$。

B：供应商自有的进行绿色生产专项资金。

ω：政府补贴系数，政府针对供应商的优惠贷款部分向银行提供补贴，$\omega = r(1 - t(g - \underline{g}))$。

β：研发成本系数，表示生产商选择提高一定的环保水平时会带来的成本的增加，生产商的研发成本为 $\beta(g - g_0)^2$。

ε：边际生产成本的降低率，表示供应商在提高产品绿色度的同时带来的成本降低率。供应商降低的成本为 $\varepsilon(g - g_0)$。

π：收益函数，π_m、π_r、π_B 分别表示供应商、零售商和银行的收益函数。

8.2.3 模型假设

本书为简化一些实际存在的较复杂的问题，在不影响模型本质的前提下做出如下假设：

（1）消费者对产品的绿色程度存在一定的敏感性，假设其敏感系数为 θ，根据价格的反需求函数以及价格与绿色度的线性关系，有 $P = K - Q + \theta(g - g_0)$。

（2）供应商有一定规模的绿色生产资金 B，当资金限度消耗完时，供应商可以向银行申请绿色贷款，但贷款金额只能用于绿色生产。供应商考虑到贷款成本，需要使自己的利润最大化，并用所得收入偿还贷款。当收入不能偿还银行贷款时宣告破产。本节主要研究可偿还银行贷款的情况，不考虑破产。

（3）供应商生产的产品须达到政府要求的最低绿色度水平 g_0，且当供应商的产品绿色度水平高于政府补贴要求的绿色度水平下限 $\underline{g}$ 时，从银行进行贷款的利率可以享受一定的优惠，优惠系数为 t，这部分优惠由政府进行补贴，补贴系数为 $\omega = 1 - t(g - \underline{g})$。相反，供应商的产品绿色度水平低于该绿色度水平下限 $\underline{g}$ 时，从银行贷款利率不享受优惠。

（4）绿色度水平的提高依赖于供应商的研发能力，基于技术管理中经典的 AJ 模型对研发成本函数的假设为：研发成果与研发投入成二次方关系，假设供应商的研发成本为 μ，且研发成本与绿色度水平的提升之间的关系为 $\mu = \beta(g - g_0)^2$，β 为研发成本系数。

（5）供应商提高绿色度水平的同时带来了资源和材料的节约，因此边际生产成本也随之下降，设 ε 为边际成本的降低率，则供应商由于绿色度水平的提高而降低的成本为 $\varepsilon(g - g_0)$。

（6）按照经济学的一般性，市场上的零售价格高于批发价格，批发价格高于生产成本，即 $P > W > C_m$。

8.2.4 政府不提供补贴的模型建立与求解

模型一主要讨论供应商生产的产品不满足政府补贴条件的情况下，供应商与销售商之间的 Stackelberg 博弈。博弈过程如下：首先，销售商作为领导者，确定其向供应商要求的订货量；其次，供应商根据销售商的采购决定，来计划自己的产品绿色度水平。

供应商的收益函数为

$$\pi_m^1 = (W - C_m + \varepsilon(g - g_0))Q - r(\beta(g - g_0)^2 - B) - \beta(g - g_0)^2 \quad (8.1)$$

销售商的收益函数为

$$\pi_r^1 = (K - Q + \theta(g - g_0) - W)Q \quad (8.2)$$

银行的收益函数为

$$\pi_B = r(\beta(g - g_0)^2 - B) \quad (8.3)$$

采用逆向归纳法对上述函数求解，首先将 π_r^1 关于 Q 求导得到销售商的最优订货量为

$$Q_1^* = \frac{K + \theta(g - g_0) - W}{2} \quad (8.4)$$

将上述（8.4）式代入式（8.1）和式（8.2），可以得到

$$\pi_m^1 = \left(\frac{(W - C_m)\theta}{2} + \frac{(K - W)\varepsilon}{2}\right)(g - g_0) - \beta(1 + r)(g - g_0)^2 + rB \quad (8.5)$$

$$\pi_r^1 = \frac{(K + \theta(g - g_0) - W)^2}{4} \quad (8.6)$$

根据式（8.5）和（8.6）可以得到结论1和结论2。

结论1：当 $g < \dfrac{\theta(W - C_m) + \varepsilon(K - W)}{4\beta(1 + r)} + g_0$ 时，$\dfrac{\partial \pi_m^1}{\partial g} > 0$，$\dfrac{\partial \pi_m^1}{\partial g_0} < 0$；当 $g > \dfrac{\theta(W - C_m) + \varepsilon(K - W)}{4\beta(1 + r)} + g_0$ 时，$\dfrac{\partial \pi_m^1}{\partial g} < 0$，$\dfrac{\partial \pi_m^1}{\partial g_0} > 0$。

根据结论1可以得到，供应商的利润和其生产产品的绿色度水平 g 以及政府要求的最低绿色度水平 g_0 之间的关系与贷款利率 r 的大小相关：当生产商产品绿色度水平低于某个值时，生产商的利润随绿色度水平的提高而增加；相反，当生产商的产品绿色度水平达到该值后，生产商的利润随绿色度水平的提高而降低。由此可见，供应商的利润并不一定与产品绿色度水平呈正相关关系，因此供应商在决定产品绿色度水平时需要考虑消费者的绿色偏好系数、生产成本节约系数、绿色生产研发成本率和银行提供的贷款利率之间的关系。

结论2：$\dfrac{\partial \pi_r^1}{\partial g} > 0$，$\dfrac{\partial \pi_r^1}{\partial g_0} < 0$。

根据结论2可以得到，销售商的利润与产品绿色度水平呈正相关关系，与政府规定的最低绿色度水平呈负相关关系。

将（8.4）式代入式（8.1）并将 π_m^1 对绿色度水平 g 求导，分别得到最优订货量 Q_1^* 和最优绿色度水平 g_1^* 如下：

$$Q_1^* = \frac{K-W}{2} + \frac{\theta(\theta(W-C_m) + \varepsilon(K-W))}{8\beta(1+r)} \tag{8.7}$$

$$g_1^* = g_0 + \frac{\theta(W-C_m) + \varepsilon(K-W)}{4\beta(1+r)} \tag{8.8}$$

将上述（8.7）式和（8.8）式代入供应商和销售商的收益函数中，得到：

$$\pi_m^{1*} = \left(W - C_m + \varepsilon \frac{\theta(W-C_m) + \varepsilon(K-W)}{4\beta(1+r)}\right)$$
$$\times \left(\frac{K - W + \frac{\theta(\theta(W-C_m) + \varepsilon(K-W))}{4\beta(1+r)}}{2}\right)$$
$$- \beta(1+r) \left(\frac{\theta(W-C_m) + \varepsilon(K-W)}{4\beta(1+r)}\right)^2 + rB \tag{8.9}$$

$$\pi_r^{1*} = \frac{\left(K - W + \frac{\theta(\theta(W-C_m) + \varepsilon(K-W))}{4\beta r}\right)^2}{4} \tag{8.10}$$

$$\pi_B^1 = r\beta \left(\frac{\theta(W-C_m) + \varepsilon(K-W)}{4\beta r}\right)^2 - rB \tag{8.11}$$

由上述公式（8.9）和（8.10）可以得到结论3和结论4。

结论3：$\frac{\partial Q_1^*}{\partial B} = 0$，$\frac{\partial g_1^*}{\partial B} = 0$，$\frac{\partial \pi_r^{1*}}{\partial B} = 0$，$\frac{\partial \pi_m^{1*}}{\partial B} = r > 0$，$\frac{\partial \pi_B^{1}}{\partial B} = -r < 0$。

根据结论3可以得到，在政府不提供补贴的情况下，销售商的最优订货量和产品的最优绿色度水平不受绿色生产专项资金 B 的影响，销售商的利润也不受绿色生产专项资金 B 的影响。而供应商的利润与绿色生产专项资金呈正比例关系，银行的利润与供应商绿色生产专项资金呈反比例关系。当供应商的绿色生产专项资金增加时，供应商的利润增加，银行的利润则减少。在实际中，如果企业可以从银行获取绿色生产资金，并向其支付利息，会增加企业的成本，从而削减供应商的利润；但对银行来说，供应商自有的绿色生产专项资金越少，就能更多地向银行获取资金支持，从而提高银行利润。

结论4：$\frac{\partial Q_1^*}{\partial r} < 0$，$\frac{\partial g_1^*}{\partial r} < 0$。

根据结论4可以得到，销售商的最优订货量和供应商的最优绿色度水平都随着银行贷款利率的提高而减少。

由式（8.11）可以得到，银行的收益随着贷款利率 r 的提高而降低。银行收益受到多种因素影响，所以银行在制定贷款利率政策时不能单一地采取过高或过低的利率，过高的贷款利率反而会使银行利润减少，所以应该具体情况具体分析，选取适中的利率水平。

8.3　政府提供补贴的绿色供应链金融决策分析

8.3.1　政府提供补贴的模型建立与求解

在模型二中，供应商生产的产品绿色度水平高于政府设定的补贴下限，供应商可以享受银行的优惠贷款利率。在这种情况下，考虑供应商与销售商之间的Stackelberg博弈。博弈过程如下：首先，销售商作为领导者，确定其向供应商要求的订货量；其次，供应商根据销售商的采购决定，来计划自己的产品绿色度水平。

供应商的收益函数为

$$\pi_m^2 = (W - C_m + \varepsilon(g - g_0))Q - r(\beta(g-g_0)^2 - B) \\ + rt(g - \underline{g})(\beta(g-g_0)^2 - B) - \beta(g-g_0)^2 \quad (8.12)$$

销售商的收益函数为

$$\pi_r^2 = (K - Q + \theta(g - g_0) - W)Q \quad (8.13)$$

银行的收益函数为

$$\pi_B^2 = r(\beta(g-g_0)^2 - B) - rt(g - \underline{g})(\beta(g-g_0)^2 - B) \quad (8.14)$$

因为销售商的收益函数与模型二一致，所以销售商的最优订货量 Q_2^* 为

$$Q_2^* = \frac{K + \theta(g - g_0) - W}{2}$$

将上式代入式（8.12），有

$$\pi_m^2 = \left(\frac{(W - C_m)\theta}{2} + \frac{(K - W)\varepsilon}{2}\right)(g - g_0) + \\ \left(\frac{\theta\varepsilon}{2} - \beta(1 + rt(g - \underline{g}))\right)(g - g_0)^2 - rtB(g - \underline{g}) \quad (8.15)$$

$$\pi_r^2 = \frac{(K + \theta(g - g_0) - W)^2}{4} \quad (8.16)$$

对式（8.15）求 g 的导数得到：

$$g_2^* = \frac{4\beta rt\, g_0 + 2\beta rt\, \underline{g} - 2\beta + \theta\varepsilon}{6\beta rt} + \\ \frac{\sqrt{\begin{array}{l}12B\beta r^2 t^2 + 6\beta\theta rt(W - C_m) + 6\beta\varepsilon rt(K - W) + 4\beta^2 r^2 t^2(g_0^2 + \underline{g}^2) \\ + 8\beta^2 rt(g_0 - \underline{g}) - 8\beta^2 r^2 t^2 g_0 \underline{g} + 4\beta^2 + 4\beta\theta\varepsilon rt(\underline{g} - g_0) - 4\beta\theta\varepsilon + \theta^2\varepsilon^2\end{array}}}{6\beta rt} \quad (8.17)$$

求 π_m^2 关于 g 的二阶导数，并使其小于0，可以得到结论5。

结论5：当 $g_2^* > \dfrac{\theta\varepsilon - 2\beta}{\beta rt} + 2\underline{g} + 4g_0$ 时，供应商收益函数有最大值。

根据结论5，供应商为了最大化自身收益，在制订产品生产方案时需要考虑多种因素，若产品绿色度水平不能达到上述条件，则不能实现收益最大化。

由式（8.15）和（8.16）可以得到结论6和结论7。

结论6：$\frac{\partial Q_2^*}{\partial B}>0$，$\frac{\partial g_2^*}{\partial B}>0$，$\frac{\partial \pi_r^{2*}}{\partial B}>0$，$\frac{\partial \pi_m^{2*}}{\partial B}<0$，$\frac{\partial \pi_B^{2*}}{\partial B}>0$。

根据结论6可以得到，当供应商的产品高于政府设定的补贴下限，可以享受银行优惠贷款利率时，销售商的最优订货量和供应商的最优绿色度水平与供应商自有的绿色生产专项资金正相关，销售商的利润也随着供应商自有绿色生产资金的增加而提高。不同于模型一的结果，供应商的利润随着供应商自有的绿色专项生产资金的增加而减少，银行的利润水平随供应商自有的绿色专项生产资金的增加而增加。也就是说，当政府向银行提供补贴时，供应商可以以更优惠的利率水平得到贷款，供应商会更加倾向于申请绿色优惠贷款而非使用自有资金，这样可以降低供应商的成本；而对银行来说，供应商向银行申请贷款的金额越少时，银行反而获利越多。

结论7：$\frac{\partial Q_2^*}{\partial r}<0$，$\frac{\partial g_2^*}{\partial r}<0$。

根据结论7可以得到，当供应商可以享受优惠贷款利率时，最优订货量和最优绿色度水平与银行利率呈负相关，与模型一的结论4相同。

由于模型二的公式比较复杂，关于其参数对最优绿色水平和最优订货量以及各参与者的利润水平的影响在下一章数值分析中进行更为详细的分析。

8.3.2 补贴前后绿色供应链金融决策对比研究

根据是否存在政府补贴，本节分别得到了模型一和模型二，并在两种模型的基础上得到相关结论。为了更清晰地区分两种情形下供应商、销售商和银行的决策及收益，本节将模型一和模型二的公式进行对比，得到结论8。

结论8：

① $Q_1^*<Q_2^*$，$g_1^*<g_2^*$。

② π_m^{1*}和π_m^{2*}的大小关系并不绝对。

③ $\pi_r^{1*}<\pi_r^{2*}$。

④ π_B^{1*}和π_B^{2*}的大小关系并不绝对。

结论8-①将是否存在政府补贴的两种模型的最优订货量和最优绿色度水平进行了对比，发现在提供政府补贴的情况下，销售商的订货量和供应商的绿色生产水平都有所提高。订货量的提高是由于产品绿色度水平的提高带来的绿色偏好消费者的需求的增加；绿色度水平的提高是由于当生产商的产品达到政府要求的补贴下限 $\underline{g}$ 时，生产商可以以更加优惠的贷款利率获得更高额的绿色生产资金。该结论说明当政府对企业的绿色生产通过银行优惠贷款利率的方式进行间接补助时，可以提高产品的绿色度水平，同时提高市场上绿色度高的产品的需求量。

结论8-②中，因为两种情形下的最优绿色度水平受到不同的参数影响，且在模型一中供应商的收益随其绿色生产专项资金 B 的增加而增加，模型二中供应商的收益随其绿色生产专项资金 B 的增加而减少,所以银行的优惠贷款利率能否带来供应商利润的提高需要进行具体分析。在 B 达到某一临界值时,优惠贷款利率可能会导致供应商利润的减少。

结论 8-③对比了是否存在政府补贴的两种模型中销售商的收益,可以看出,在供应商产品绿色度水平满足政府规定的补贴下限时,销售商可以获得更高的利润。这主要是因为绿色度水平的提高使绿色偏好消费者对产品的需求增加,从而提高了销售商的利润。

结论 8-④对比了模型一和模型二中银行的利润水平。可以看出,银行的利润与供应商的利润一样,并不一定因政府提供补贴而增加或减少。当某个变量达到临界值时,实施绿色贷款优惠利率会使银行利润低于不实施优惠贷款利率时的利润,因此这部分利润减少值需要由政府来进行补贴,才能提高银行实施绿色供应链金融的积极性,否则利润降低会使银行倾向于提供普通贷款。

8.4 绿色供应链金融决策仿真分析

8.4.1 生产商自有绿色生产专项资金 B 变化的影响分析

假设 $K = 50$,$W = 10$,$C_m = 5$,$\theta = 20$,$\beta = 100$,$\varepsilon = 5$,$g_0 = 1$,$\underline{g} = 2$,$r = 4\%$,$t = 0.5$。利用 python 软件得到生产商自有绿色生产专项资金 B 变化时对各个函数的影响分析如图 8-1 至图 8-5 所示。

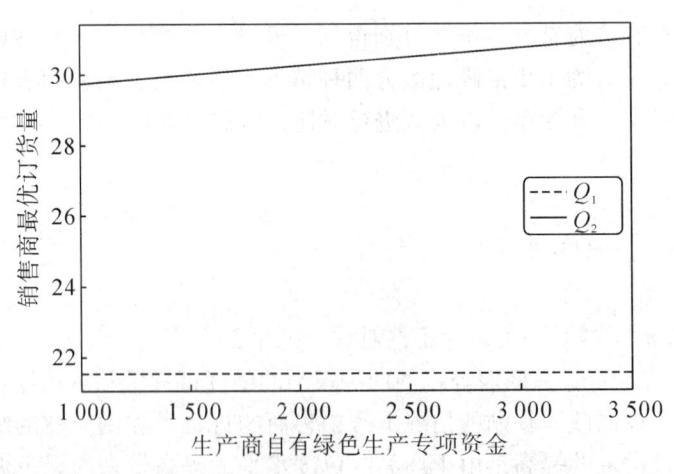

图 8-1 销售商最优订货量随生产商自有绿色生产专项资金 B 变化的趋势

由图 8-1 可以看到,当不存在政府绿色贷款补贴时,销售商的最优订货量 Q_1 不受生产商自有绿色生产专项资金 B 的影响;而存在政府绿色贷款补贴的条件下,销售商的最优订货量 Q_2 随着生产商自有绿色生产专项资金 B 的增加而提高。当供应商的自有资金比较充足时,会降低供应商向银行贷款的资金成本,从而降低产品售价,价格的降低带来需求的提高,因此销售商的订货量随之提高。

8 绿色供应链金融模式风险决策

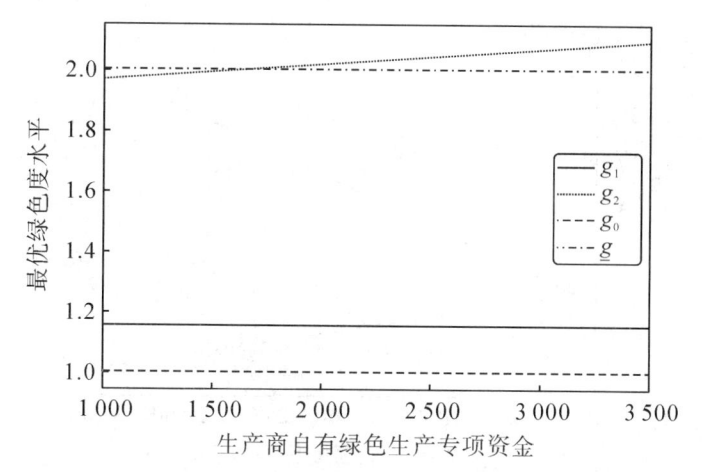

图 8-2 最优绿色度水平随生产商自有绿色生产专项资金 B 变化的趋势

由图 8-2 可以看到，当不存在政府绿色贷款补贴时，生产商生产产品的最优绿色度水平与生产商自有的绿色生产专项资金 B 无关，且始终保持高于最低绿色度水平 g_0，低于政府补贴下限水平 $\underline{g}$；当存在政府绿色贷款补贴时，生产商生产的产品最优绿色度水平随着生产商自有的绿色生产专项资金 B 的增加而提高，并且当绿色生产专项资金 B 低于某一临界值时，最优绿色度水平将跌至低于政府设定的补贴下限 $\underline{g}$。当企业自有的绿色生产专项资金低于某一标准值时，生产商的最优绿色度水平可能并不能达到政府希望的水平，因此政府在发展绿色供应链金融时应当关注企业自身拥有的碳减排资金规模，不能让生产企业完全依赖商业银行来提供绿色生产资金。

由图 8-3 可以看出，当不存在政府绿色贷款补贴时，生产商的利润随着生产商自有绿色生产资金 B 的增加而增加。当不存在优惠贷款时，生产商绿色生产资金不足的部分需要向金融机构以普通贷款利率取得融资，当其自有资金 B 越多时，向金融机构借款的金额越少，融资成本也就更低，因此利润会更高。然而，当存在政府绿色贷款补贴时，生产商的利润随着生产商自有绿色生产资金 B 的增加而减少。通过第 4 章的模型可知，模型二中的贷款利率随着绿色度水平的提高而降低，因而融资成本降低。因此，当生产商能够以更低的融资成本获得绿色生产资金时，其倾向于向银行贷款而不是使用自有资金，否则越高的自有绿色生产专项资金 B 将会产生越低的利润。

通过对比图 8-2 和图 8-3 可以发现，随着生产商自有绿色专项生产资金 B 的增加，生产商的产品绿色度水平提高，而生产商的利润水平下降。对生产商来说，其目的是提高自身的收益；而对政府来说，其目的是提高市场上产品的绿色度水平，两者之间的矛盾则需要政府制定相关政策规定生产商必须持有的最低绿色生产资金金额或向生产商支付部分补贴来进行平衡。

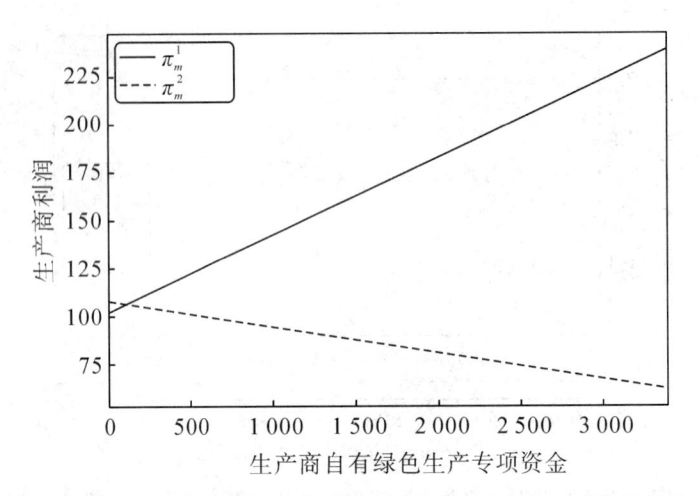

图 8-3　生产商利润随生产商自有绿色生产专项资金 B 变化的趋势

由图 8-4 可以看出，当不存在政府绿色贷款补贴时，销售商的利润与生产商自有绿色生产资金 B 无关；当存在政府绿色贷款补贴时，销售商的利润随着生产商自有绿色生产资金 B 的增加而增加。因此对销售商来说，生产商对于自身绿色生产资金的决策不会对其收益造成亏损。另外，政府补贴条件下销售商的利润远高于无政府补贴时销售商的利润，因此对于销售商来说，其受到政府补贴的红利更高。

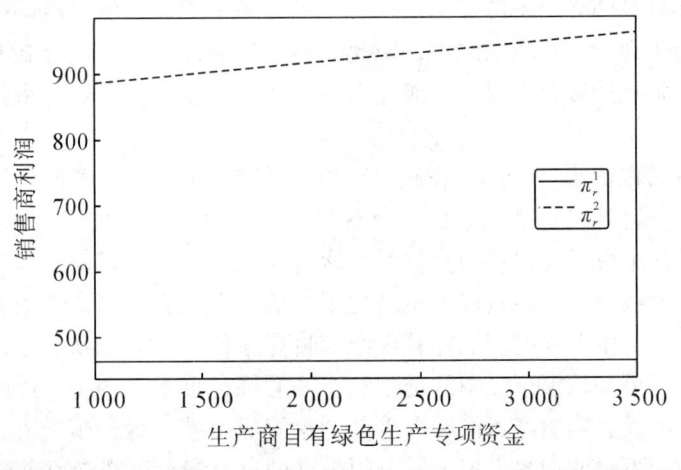

图 8-4　销售商利润随生产商自有绿色生产专项资金 B 变化的趋势

由图 8-5 可以看出，当不存在政府绿色贷款补贴时，银行的利润随着生产商自有绿色生产资金 B 的增加而减少。显而易见，当不存在补贴时，银行利率不受生产商产品绿色度水平的影响，生产商在银行处贷款的金额越高银行利润就越高。因此当生产商自有绿色生产资金增加时，其向银行贷款的金额就越少，银行的利润就越低。相反，当存在政府绿色贷款补贴时，银行的利润随着生产商自有绿色生产资金 B 的增加而增加。对银行来说，当存在政府补贴时，利润反而随着生产商贷款金额的增加而减少。所以当政府鼓励绿色生产时，需要将银行因为优惠贷款而损失的这部分利润进行补贴，以保证银行的利润。

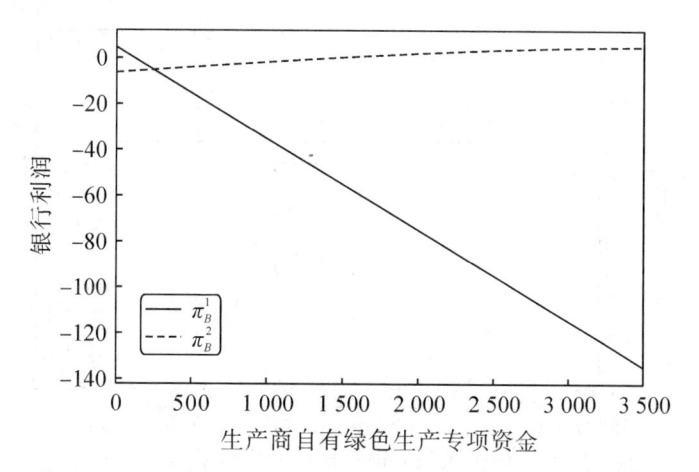

图 8-5　银行利润随生产商自有绿色生产专项资金 B 变化的趋势

8.4.2　商业银行普通贷款利率 r 变化的影响分析

假设 $K=50$，$W=10$，$C_m=5$，$\theta=20$，$\beta=100$，$\varepsilon=5$，$g_0=1$，$g=2$，$B=100$，$t=0.5$。利用 python 软件得到商业银行普通贷款利率 r 变化时对各个函数的影响分析图如图 8-6 至图 8-10 所示。

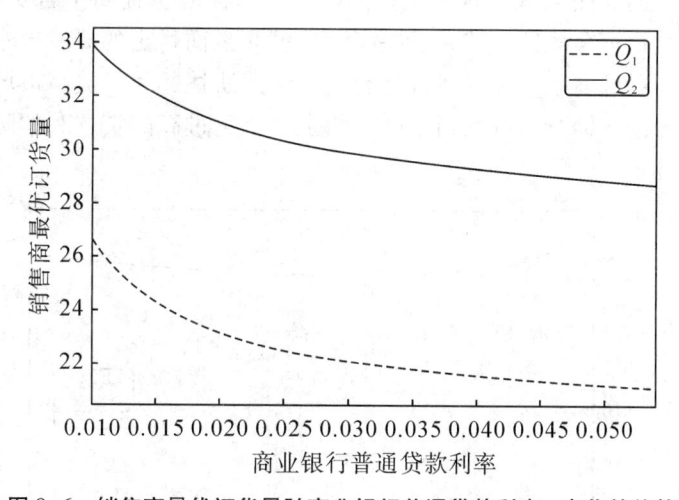

图 8-6　销售商最优订货量随商业银行普通贷款利率 r 变化的趋势

由图 8-6 可以看出，不管政府是否对贷款金额进行补贴，销售商的最优订购量都随着商业银行普通贷款利率 r 的提高而降低。银行贷款利率的提高增加了供应商的融资成本，产品的价格相应提高，导致市场需求减少，因此销售商的订货量随之减少。此外，模型二的最优订货量始终高于模型一的最优订货量，可以看出，政府提供补贴时能够为销售商带来更大的市场需求。

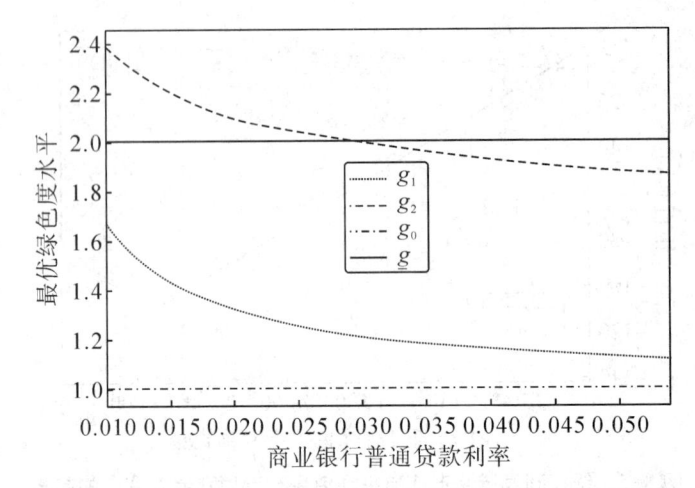

图 8-7 最优绿色度水平随商业银行普通贷款利率 r 变化的趋势

由图 8-7 可以看出，随着商业银行普通贷款利率 r 的提高，模型一和模型二的最优绿色度水平都降低，但模型二的最优绿色度水平高于模型一的绿色度水平。这一结果为银行利率水平的设定提供一定的参考建议。当存在政府补贴时，贷款利率 r 达到某一临界值时，最优绿色度水平将会低于政府设定的补贴下限 g_0。对生产商来说，绿色度水平的提高意味着贷款利率的降低，但同时也提高了自身的研发成本。当其享受的贷款优惠金额低于其为了提高绿色度水平而付出的研发成本时，生产商将会选择较低的绿色度水平以保证自身利润。综上所述，为了提高市场产品的绿色度水平，需要对商业银行的贷款利率进行约束，避免过高的贷款利率降低生产商绿色生产的积极性。

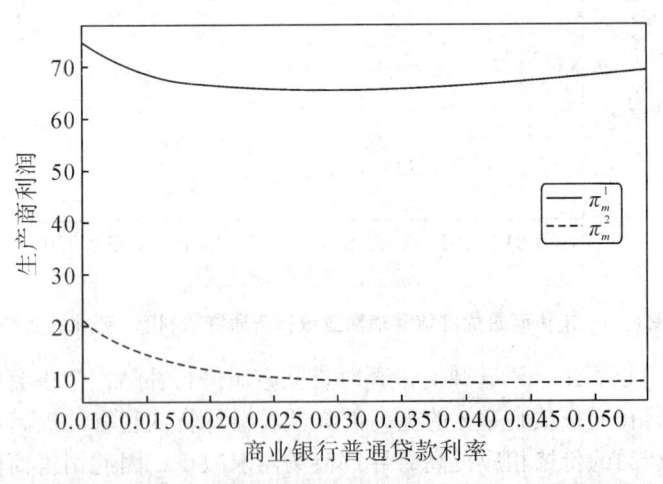

图 8-8 生产商利润随商业银行普通贷款利率 r 变化的趋势

由图 8-8 可以看出，当不存在政府绿色贷款补贴时，生产商的利润随着商业银行普通贷款利率 r 的提高而降低。当银行贷款利率提高时，生产商的融资成本提高，相应地减少了生产商的利润。当存在政府绿色贷款补贴时，生产商的利润随着商业银行普通贷款利率 r 的增加先降低后缓慢上升。结合图 8-7 和图 8-8 可以看出，当银行贷款利率达到某一临界值水平时,生产商会降低其产品绿色度水平,选择不享受优惠贷款而提高自身收益。该结论在图 8-8 中得到证实,当银行贷款利率接近 3%时,生产商的利润开始提高,说明生产商在贷款成本过高时确实会为了提高利润而降低产品的绿色度水平。因此,银行不能随意提高或降低贷款利率,政府需要对银行的贷款利率水平进行监管,使其保持在合理的区间,避免生产商采取低绿色度水平生产策略。

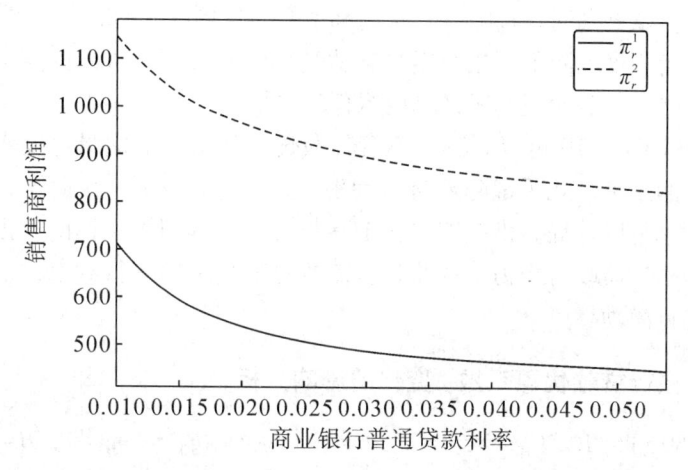

图 8-9 销售商利润随商业银行普通贷款利率 r 变化的趋势

由图 8-9 可以看出,无论政府是否对贷款金额进行补贴,销售商的利润都随着商业银行普通贷款利率 r 的提高而降低,且模型二中销售商的利润高于模型一中销售商的利润。由此可见,商业银行提高贷款利率会使销售商和生产商的利润均降低,但政府提供补贴的情况下能有效增加销售商和生产商的利润。

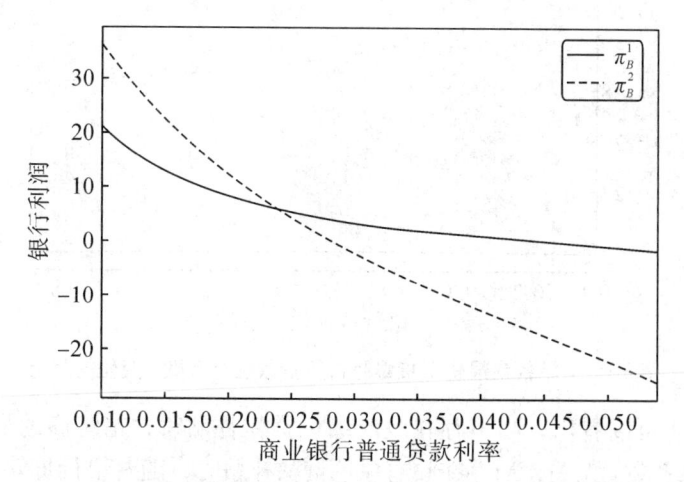

图 8-10 银行利润随商业银行普通贷款利率 r 变化的趋势

由图 8-10 可以看出,随着商业银行普通贷款利率 r 的提高,模型一和模型二的商业银行利润都降低,且模型二的利润降低速度比模型一的利润降低速度更快。由此可见,商业银行仅依靠提高贷款利率的方式并不能带来收益的提高。一方面,贷款利率的提高会增加生产商的融资成本，使生产商倾向于减少研发需要的投入以减少贷款金额；另一方面，较高的借款利率会使生产商选择使用更多的自有绿色资金来进行绿色生产，从而减少贷款金额。这种情况下，较高的利率反而导致商业银行更少的利润。当贷款利率高于某一临界值时，商业银行的利润为负值，这部分利润亏损额需要由政府补贴 ω 进行弥补。

当政府提供补贴时，商业银行利润的敏感性大于政府不提供补贴的情况。这说明在政府提供贷款补贴时，商业银行提高利率会导致更高速的利润降低。由此可见，政府补贴在一定程度上降低了银行提高贷款利率的积极性，从而保障了销售商和生产商的利润水平，进一步提高了产品的绿色度水平。

从图 8-6 至图 8-10 可以看到，不管是最优订货量、最优绿色度水平，还是各个参与者的利润水平，几乎都随着贷款利率 r 的提高而减少。因此，为了提高市场产品的绿色度水平以及提高供应链中各个参与者的减排积极性，商业银行需要设定合理的贷款利率，而政府作为市场监管者需要对贷款利率进行约束，以及利用补贴对商业银行进行激励。

8.4.3 银行贷款优惠系数 t 变化的影响分析

假设 $K=50$，$W=10$，$C_m=5$，$\theta=20$，$\beta=100$，$\varepsilon=5$，$g_0=1$，$\underline{g}=2$，$B=100$，$r=4\%$。利用 python 软件得到商业银行优惠贷款系数 t 变化时对各个函数的影响分析图如图 8-11 至图 8-15 所示。

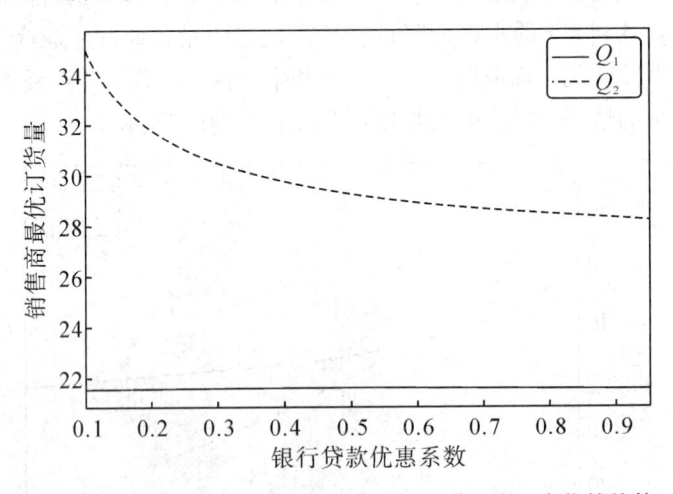

图 8-11 销售商最优订货量随银行贷款优惠系数 t 变化的趋势

由图 8-11 可以看出，当不存在政府绿色贷款补贴时，销售商的最优订货量与银行贷款优惠系数 t 无关；当存在政府绿色贷款补贴时，随着银行贷款优惠系数 t 的提高，销售商的最优订货量逐渐减少。在模型一中，生产商的利润与银行贷款优惠系数无关，因此模型一中的所有函数均不随 t 的变化而变化。在模型二中，当银行贷款优惠系数提高时，生产商的贷款成本提高，从而产品价格有所提高，故市场上产品的需求相应减少，销售商的订货量随之减少。

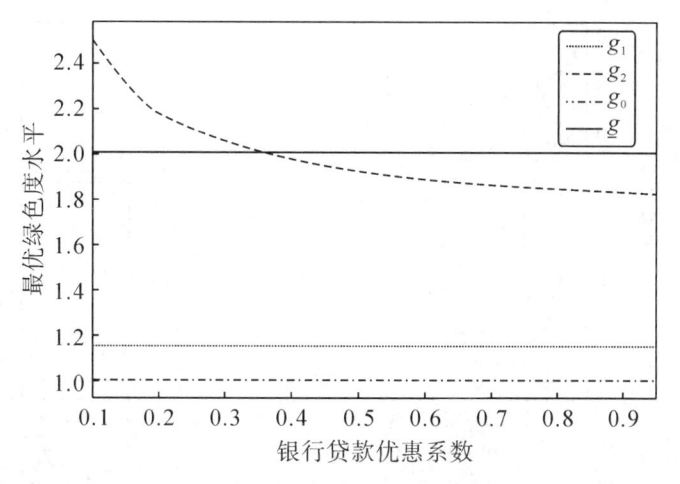

图 8-12 最优绿色度水平随银行贷款优惠系数 t 变化的趋势

由图 8-12 可以看出，当不存在政府绿色贷款补贴时，产品的最优绿色度水平与银行贷款优惠系数 t 无关；当存在政府绿色贷款补贴时，随着银行贷款优惠系数 t 的提高，产品的最优绿色度水平逐渐降低，当 t 提高到一定临界值时，g_2 会降低至低于补贴下限 $\underline{g}$。显然，随着贷款优惠系数 t 的增加，生产商的贷款利率提高，由于存在补贴的模型二中的产品最优绿色度水平高于不存在补贴的模型一中的最优绿色度水平，所以模型二中生产商的贷款金额和研发成本都高于模型一，如果贷款优惠系数过高，使贷款利息成本的节约值低于研发成本的增加值，将会导致生产商选择较低的绿色度水平，即不享受优惠贷款利率。

因为政府补贴系数 $\omega = 1 - t(g - \underline{g})$，所以政府在制定补贴系数时需要充分考虑其希望市场产品达到的绿色度水平及贷款优惠系数之间的关系：当政府期望达到较高的绿色度水平时，需要银行提供较低的贷款优惠系数，则政府需要支付较高的补贴成本；相反，当政府期望达到较低的绿色度水平时，银行提供贷款优惠系数相对可以高一点，则政府需要支付的补贴成本更少。但是，补贴系数存在一个下限，当其低于该下限时会导致银行对生产商的贷款优惠系数过高，从而使生产商产品绿色度水平低于政府设定的补贴下限。因此，对政府来说，设定适当的补贴系数，用以平衡政府补贴成本和产品绿色度水平之间的关系，是发展绿色供应链金融的重要步骤。

由图 8-13 可以看出，当不存在政府绿色贷款补贴时，生产商的利润与银行贷款优惠系数 t 无关；当存在政府绿色贷款补贴时，随着银行贷款优惠系数 t 的提高，生产商的利润水平逐渐降低，当 t 提高到一定临界值时，生产商利润会提高。这与图 8-12 的结果相符：当贷款优惠系数较高时，生产商会选择生产绿色度水平低于政府设定的补贴下限水平以获取更高的利润。

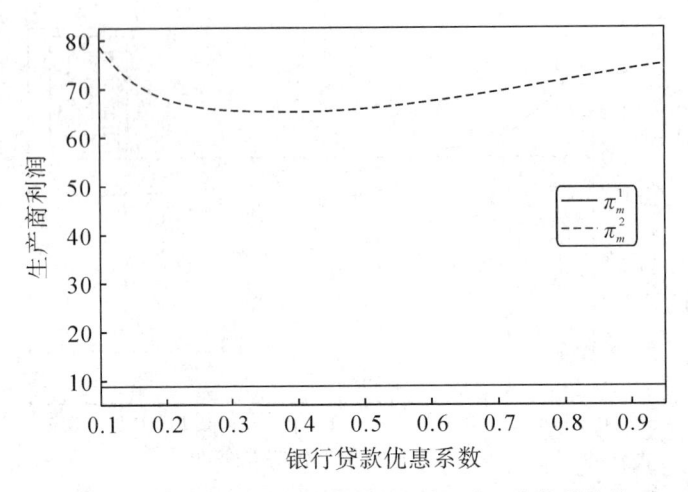

图 8-13 生产商利润随银行贷款优惠系数 t 变化的趋势

由图 8-14 可以看出，当不存在政府绿色贷款补贴时，销售商的利润与银行贷款优惠系数 t 无关；当存在政府绿色贷款补贴时，随着银行贷款优惠系数 t 的提高，销售商的利润水平逐渐降低。在模型二中，销售商利润水平的降低主要源于两方面原因：一方面，贷款优惠系数 t 的提高导致市场需求减少，订货量 Q 减少；另一方面，贷款优惠系数 t 的提高降低了产品绿色度水平，降低了绿色敏感型消费者的需求，压低产品价格。因此，价格的降低和需求量的减少使销售商的利润随着 t 的提高而减少。

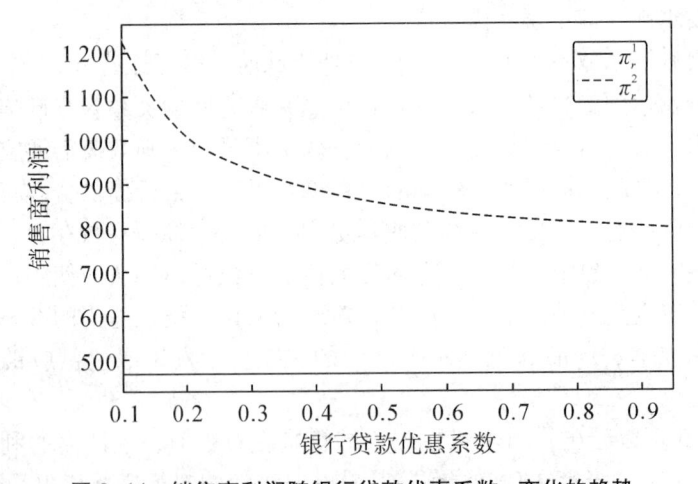

图 8-14 销售商利润随银行贷款优惠系数 t 变化的趋势

此外，由图 8-13 和图 8-14 可以看出，当政府提供补贴时，销售商和供应商的利润都高于无补贴的情况，可见政府的补贴激励能够提高销售商和供应商发展绿色供应链金融的积极性。

由图 8-15 可以看到，当不存在政府绿色贷款补贴时，银行的利润与银行贷款优惠系数 t 无关；当存在政府绿色贷款补贴时，银行的利润水平随着银行贷款优惠系数 t 的提高逐渐降低。银行利润的降低源于两方面：一方面，贷款优惠系数的提高会增加生产商的融资成本，使生产商倾向于减少研发需要的投入以减少贷款金额；另一方面，较高的借款利率会使生产商选择使用更多的自有绿色资金来进行绿色生产，从而减少贷款金额。这种情况下，较高的优惠系数反而导致商业银行更少的利润。

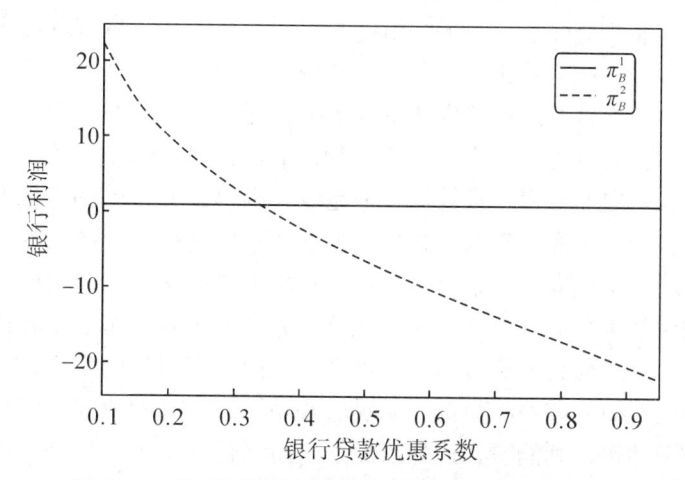

图 8-15　银行利润随银行贷款优惠系数 t 变化的趋势

由图 8-11 至图 8-15 可以看出，在模型二中，销售商的最优订货量、生产商的最优绿色度水平以及生产商、销售商和银行的利润水平几乎都随着贷款优惠系数 t 的提高而降低，因此对政府和市场参与者来说，都倾向于较低的贷款优惠。然而优惠系数低意味着较高的政府补贴成本，这部分需要由政府承担，所以这实际上是政府在补贴成本与期望的产品绿色度水平之间的权衡，高绿色度水平意味着高补贴成本，低绿色度水平意味着低补贴成本，政府需要根据其需求来选择合适的补贴系数。

8.4.4　结果讨论

本章将第 3 章和第 4 章的模型进行数值化的模拟，并基于模拟结果得出不同情形下的图表，根据结果，可以得到以下结论：

（1）政府补贴可以有效提高销售商的订货量和产品的绿色度水平，实现政府绿色管理的目标。观察销售商订货量和产品绿色度水平与生产商自有的绿色生产专项资金 B、商业银行普通贷款利率 r 和商业银行优惠贷款系数 t 之间的关系图可以看出，在政府向商业银行提供补贴的情形下，无论上述三种参数怎样变化，销售商的最优订货量和生产商的最优绿色度水平均高于政府不提供补贴的情形。由此可见，政府在绿色供应链金融发展中起着重要作用。不管是商业银行还是供应链中的销售商和生产商，都是营利性机构，它们的目标都是实现自身利益的最大化，而政府作为市场调节者，其想要实现绿色发展的目标，除了发布相关政策对金融机构和供应链企业进行强制性约束外，还需要合理提供一定的补贴，激发它们发展绿色供应链金融的积极性。

（2）无政府补贴的情形下，生产商自有资金越多，生产商利润越高，商业银行利润越低；有政府补贴的情形下，生产商自有资金越多，生产商利润越低，商业银行利润越高。根据5.1节数值分析的结果，在政府不提供补贴的情况下，最优订货量、产品最优绿色度水平、销售商的利润与生产商自有的绿色生产专项资金B无关，生产商的利润与生产商自有的绿色生产专项资金B呈正比例关系，商业银行利润与生产商自有的绿色生产专项资金B呈反比例关系；在政府提供补贴的情况下，最优订货量、产品最优绿色度水平、销售商的利润与生产商自有的绿色生产专项资金B呈正比例关系，生产商的利润与自有的绿色生产专项资金B呈反比例关系，商业银行利润与生产商自有的绿色生产专项资金B呈正比例关系。由此可见，当不存在政府补贴时，自有绿色专项资金B不影响产品的绿色度水平，故生产商自有专项资金储备越多，其向商业银行贷款的金额越少，则付出的贷款利息成本越低，生产商利润越高，银行的利润则越低。相反，当存在政府补贴时，产品的最优绿色度水平受到自有的绿色生产专项资金B的影响，该影响关系使得生产商的贷款金额并不只与自有专项生产资金B的变化有关，还会受到产品绿色度水平变化的影响。在这种双重影响下，生产商自有资金储备量越大时反而带来越低的生产商利润和越高的银行收益，且生产商的收益将会低于无政府补贴下的生产商收益，银行利润也会高于无政府补贴下的银行利润。在这种情形下，高绿色度水平和生产商的高收益存在一定的矛盾，这对于生产商的社会责任和政府的政策制定提出考验。

（3）较高的银行贷款利率会降低生产商和销售商的减排积极性，导致较低的绿色度水平。根据5.2节数值分析的结果，无论政府是否提供补贴，最优订货量、产品最优绿色度水平、销售商的利润、生产商的利润和银行利润均与银行贷款利率r呈反比例关系。贷款利率r越高，生产商的融资成本越高，将会导致产品售价提高，导致产品订货量减少；贷款利率r越高，生产商会倾向于较低的绿色度水平以降低研发成本，从而减少贷款金额，不利于鼓励生产商进行绿色生产。此外，贷款利率r的提高除了使生产商和销售商的收益减少外，也会导致银行的收益减少，所以合理的贷款利率水平除了保证生产商和销售商的收益外，也能够确保政府的绿色管理目标的实现和银行收益的实现，这需要商业银行采取适当的措施来设定合理的贷款利率。

（4）有政府补贴的情形下，较高的银行贷款优惠系数会降低生产商和销售商的减排积极性，导致较低的绿色度水平。根据5.3节数值分析的结果，在政府不提供补贴的情况下，最优订货量、产品最优绿色度水平、销售商的利润、生产商的利润和银行利润均与银行贷款优惠系数t无关，因为银行优惠贷款系数仅在绿色度水平满足政府补贴下限的模型二中作为参数对函数产生影响；在政府提供补贴的情况下，最优订货量、产品最优绿色度水平、销售商的利润、生产商的利润和银行利润均与银行贷款系数t呈反比例关系。显而易见，当银行贷款系数t提高时，生产商的融资成本增加，导致产品售价提高，从而减少产品订货量；银行贷款系数t提高时，生产商为了降低融资成本，会选择普通贷款，也就导致低于政府补贴下限的绿色度水平。此外，贷款补贴系数t的提高除了使生产商和销售商的收益减少外，也会导致银行的收益减少，甚至低于无政府补贴的情形，这要求政府设定合理的补贴系数，以激励生产商的减排行为和商业银行的绿色供应链融资贷款行为。

■ 课后习题

1. 简述绿色供应链的特征。
2. 简述绿色供应链金融业务的流程。
3. 分析政府提供补贴的绿色供应链金融决策分析。

■ 案例分析

木质林产品的绿色供应链金融模式

木质林产品是指木材及以其为原料的木质产品,参考《中国林业统计年鉴》中的分类,木质林产品主要包括:木材、人造板、木制品、木家具、木浆、造纸、纸制品等产品。

木质林产品绿色供应链是指将生态环境保护和可持续利用理念,贯彻到整个木质林产品供应链中的木材原料开采加工、木材原料采购、木质林产品加工制造、木质林产品物流运输、木质林产品营销、木质林产品回收各环节,达到整个木质林产品供应链的社会、经济、环保整体效益的最优。

1. 木质林产品的绿色供应链金融的模式

(1) 应收账款融资模式。当木质林产品绿色供应商与核心企业进行商品交易,形成应收账款时,可以通过应收账款融资以维持资金周转,进行绿色生产。木质林产品的应收账款融资模式如图 8-16 所示。主要分为以下步骤:第一步,木质林产品绿色供应商与核心企业签订合同,形成应收账款;第二步,由第三方认证机构对木质林产品原料供应商进行绿色评级;第三步,木质林产品绿色供应商向金融机构提出贷款申请,并提供合同与绿色评级信息由金融机构进行审核,然后转让应收账款给金融机构;第四步,由核心企业确认应收账款并承诺付款;第五步,金融机构将资金贷款给木质林产品绿色供应商进行绿色生产;第六步,木质林产品核心企业支付应收账款给金融机构。政府完善并统一木质林产品绿色供应链相关标准及绿色信息披露制度,监督第三方企业的绿色评估认证规程,监督金融机构是否公平公正地将资金贷款给木质林产品绿色供应商,以及木质林产品绿色供应商是否进行绿色生产,是否合理披露绿色信息,在出现系统风险或市场风险时,政府给予受损方一定的资金补偿。

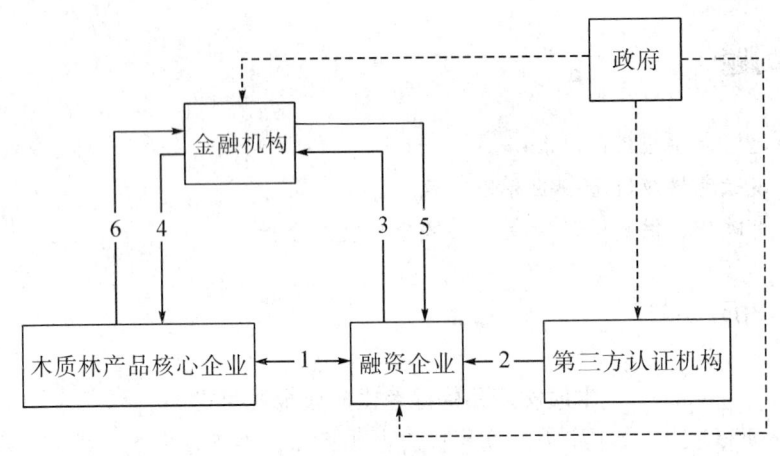

图 8-16　木质林产品的应收账款融资模式

（2）预付账款融资模式。在木质林产品供应商购买由核心企业研发的绿色设备、绿色原料时，往往需要预付账款，木质林产品供应商可以通过将绿色设备、绿色原料或未来收益权抵押给金融机构，来获得金融支持以维持绿色生产经营。木质林产品的预付账款融资模式如图 8-17 所示。主要分为以下步骤：第一步，木质林产品核心企业与木质林产品供应商签订购销合同；第二步，由第三方认证机构对木质林产品供应商进行绿色评级；第三步，木质林产品供应商向金融机构提出贷款申请，并提供购销合同与绿色评级信息，金融机构审核合同、绿色评级的真实性、核心企业的信用以及核心企业是否回购；第四步，核心企业向金融机构提供担保；第五步，木质林产品供应商购买保险；第六步，金融机构将贷款拨给木质林产品供应商以进行绿色生产；第七步，金融机构将木质林产品供应商的绿色生产情况反映给木质林产品核心企业；第八步，木质林产品供应商在期限内还款；若木质林产品供应商不能按时还款，则执行第九步和第十步，由保险公司对金融机构进行一定金额的赔付，并且向木质林产品供应商追偿；政府执行监督和风险补偿的职能。

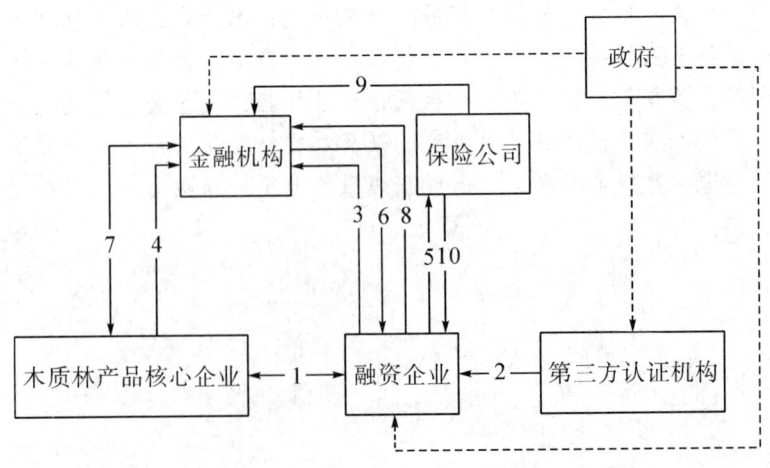

图 8-17　木质林产品的预付账款融资模式

(3) 动产融资模式。当木质林产品材料绿色供应商或销售商出现存货等动产积压和资金空缺时,可以将动产质押给金融机构以获得融资资金,以维持绿色生产经营。主要分为以下步骤:第一步,由第三方认证机构对木质林产品绿色供应商或销售商进行绿色评级;第二步,向金融机构提出贷款申请,并提交绿色评级信息;第三步,木质林产品绿色供应商或销售商购买保险;第四步,金融机构委托第三方物流企业对所质押物进行监管;第五步,木质林产品绿色供应商或销售商交付质押物;第六步,金融机构向木质林产品绿色供应商或销售商提供贷款资金,以进行绿色生产经营;若木质林产品绿色供应商或销售商能够在期限内偿还贷款,则执行第七步和第八步,企业还款后,由第三方物流企业发放质押物;若木质林产品绿色供应商或销售商不能按期偿还贷款,则执行第九步和第十步,由保险公司向金融机构赔偿一定金额,再向木质林产品绿色供应商或销售商进行追偿;政府执行监督和风险补偿的职能。

(资料来源:李思怡,许向阳. 木质林产品的绿色供应链金融模式研究[J]. 物流科技,2022,45(8):160-163.)

问题分析
1. 用SWOT方法分析木质林产品发展绿色供应链金融的优劣势。
2. 根据案例内容,画出动产融资模式的结构图。

参考文献

[1] 郭沛源. 绿色供应链融资助力中小企业绿色转型[EB/OL]. (2016-07-01)[2023-10-20]. http://greenfinance.xinhua08.com/a/20160701/1648192.shtml.

[2] 高嘉华. 我国银行业绿色信贷发展与创新研究[D]. 北京:北京交通大学,2011.

[3] 张力红. 加快建立绿色供应链的管理机制[EB/OL]. (2015-03-03)[2023-10-20]. http://science.china.com/cn/2015-03/03/content_7717345.htm.

[4] 单明威. 多方参与下的绿色供应链金融模式研究[J]. 环境与可持续发展,2019,44(3):64-67.

[5] 周月秋,殷红,马素红,等. 商业银行构建绿色金融战略体系研究[J]. 金融论坛,2017(1):3-16.

[6] Narasimhan R, Schoenherr T, Jacobs B W, et al. The Financial Impact of FSC Certification in the United States: A Contingency Perspective [J]. Decision sciences, 2015, 46 (3): 527-563.

[7] 牟伟明. 中小企业绿色供应链金融及其风险控制研究[J]. 会计之友,2016(13):94-98.

[8] 徐耀芬,童志龙. 基于循环经济模式下的供应链管理研究[J]. 对外经贸,2013(1):109-111.

[9] Bohringer C, Rutherford T F, Springmann M. Clean-Development Investments:

An Incentive-Compatible CGE Modelling Framework [J]. Environmental and resource economics, 2015, 60 (4): 633-651.

[10] Van B R, et al. Industrial and urban symbiosis in Japan: Analysis of the Eco-Town program 1997—2006 [J]. Journal of environmental management, 2009, 90 (3): 1544-1556.

[11] Soundarrajan P, Vivek N. Green finance for sustainable green economic growth in India [J]. Agicultural economics & policy, 2016, 62 (1): 35-44.

[12] Wang Y, Zhi Q. The role of green finance in environmental protection: Two aspects of market mechanism and policies [J]. Energy procedia, 2016 (104): 311-316.

[13] González J D, Ruiz C A, Arboleda S, et al. A proposal for green financing as a mechanism to increase private participation in sustainable water infrastructure systems: The colombian case [J]. Procedia engineering, 2016 (145): 180-187.

[14] Scholtens B, Dam L. Banking on the equator: Are banks that adopted the equator principles different form non-adopters [J]. World development, 2007, 35 (8): 1307-1328.

[15] Li W, Hu M. An overview of the environmental finance policies in China: Retrofitting an integrated mechanism for environmental management [J]. Frontiers of environmental and science engineering, 2014, 8 (3): 316-328.

[16] Zhang B, Yang Y, Bi J. Tracking the implementation of green credit policy in China: Top-down perspective and bottom-up reform [J]. Journal of environmental management, 2011, 92 (4): 1321-1327.

[17] Li K, Liu C. Construction of carbon finance system and promotion of environmental finance innovation in China [J]. Energy procedia, 2011 (5): 1065-1072.

[18] 安伟. 绿色金融的内涵、机理和实践初探 [J]. 经济经纬, 2008 (5): 156-158.

[19] Aizawa M, Yang C. Green credit, green stimulus, green revolution? China's mobilization of banks for environmental cleanup [J]. The journal of environment development, 2010, 19 (2): 119-144.

[20] 郑迎飞, 赵旭, 华燕青. 绿色供应链管理 [J]. 决策借鉴, 2002 (3): 2-5.

[21] 黄凤文, 吴育华. 绿色供应链管理及其发展前景研究 [J]. 天津大学学报 (社会科学版), 2003 (3): 252-256.

[22] Benjaafar S, Li Y, Daskin M. Carbon Footprint and the Management of Supply Chains: Insights From Simple Models [J]. IEEE transactions on automation science and engineering. 2013, 10 (1): 99-116.

[23] Ghosh D, Shah J. A comparative analysis of greening policies across supply chain structures [J]. International journal of production economics, 2012, 135 (2): 568-583.

[24] 付秋芳, 忻莉燕, 马健瑛. 考虑碳排放权的二级供应链碳 Stackelberg 模型 [J]. 工业工程, 2013, 16 (2): 41-47.

[25] XU X, HE P, XU H, et al. Supply Chain Coordination with Green Technology under Cap-and-trade Regulation [J]. International journal of production economics, 2017 (183): 433-442.

[26] 美国环保协会. 绿色供应链东莞指数助力东莞绿色转型中国家居绿色供应链联盟引领行业可持续发展 [EB/OL]. (2017-09-01) [2023-10-20]. http://www.cet.net.cn/html/news/CET/2017/0901/279.html.

[27] 刘丹, 赵嵩正, 刘静. 绿色供应链买方视角下的合作影响因素实证研究 [J]. 机械制造, 2012, 50 (11): 70-73.

[28] 王雨馨. 政府补贴下绿色供应链金融风险控制研究 [D]. 成都: 西南财经大学, 2021.

[29] 李思怡, 许向阳. 木质林产品的绿色供应链金融模式研究 [J]. 物流科技, 2022, 45 (8): 160-163.

第三部分　未来与展望

9 数据资产质押融资模式

学习目标

1. 了解数据资产质押融资及其实践现状。
2. 学习区块链技术在数据质押模式中的应用。
3. 了解数据质押融资模式风险的评价指标。

9.1 数据资产质押融资模式概述

"数据质押"是指：客户在接受银行金融服务时，将自身与信用相关的数据以"质押"的方式授权给金融机构使用，为自身提供担保，为金融机构防范风险。如果"数据质押"得到广泛应用，人们的生产生活方式（包括金融领域在内）将会发生极大的改变，"数据质押"可成为数据生产者和所有者（包括个人和企业）开展生产生活的关键依据。以个人的生产生活为例，无须通过第三方，签证者可通过"数据质押"将与签证相关的所有数据呈献给使馆直接进行签证，理赔者可通过"数据质押"将与理赔相关的所有数据呈献给保险公司直接进行理赔，贷款者可通过"数据质押"将与信贷相关的所有数据呈现给银行进行贷款审批和发放。

9.1.1 数据资产质押市场

目前，各地的数据要素市场主要围绕数据的确权和交易进行探索，也出现了以数据资产为质押客体的新型融资模式。在国内，数据资产质押融资在实践上最早出现于 2016 年。贵阳银行根据东方科技公司所提供的储存在公司电脑中的水文数据作为质押物并发放了 100 万元的融资贷款，这也是国内第一单数据资产质押贷款。不过，由于当时的大数据市场仍处于早期探索阶段，且囿于数据市场监管制度的缺失，公众对数据交易的概念和模式都不甚了解，也对数据资产质押的安全性缺乏认识和信心，从而使得数据资产质押的实践出现停滞，并在此后的数年间销声匿迹。

直至 2021 年 9 月底，全国首单基于区块链的数据知识产权质押在杭州落地，这是近年来数据要素市场融资实践的又一亮点。在本次实践中，作为出质人的数据公司将其加工处理而形成的企业数据经过省数据交易中心安全脱敏后存至区块链存证平台，而作为质权人的商业银行则通过数据资产质押的方式为出质人提供相应融资贷款。尽管两次实践都为数据资产质押提供了范本，但后者与前者相比，其在模式和技术上都有了更为科学的质押方案。后者通过对接银行、担保机构、数据公司等多方主体，利用大数据、区块链等技术手段，采集科技公司在生产经营过程中所合法获取的各类数据，借助区块链存证平台发放存证证书，从而一并解决了数据权属的追溯性和透明性难题。

9.1.2 数据资产确权和交易市场的实践现状

数据权属规则的确定与完善，是数据要素进行交易、质押、融资、流通等市场化配置实践的基础，也是理论界和实务界长期以来关注的热点。从当前的实践来看，运用数据资产在确权登记、使用、交易等领域的数字凭证成为数据要素市场的主流做法。2021年10月，广东省政府与南方电网广东电网公司联合推出全国首张公共数据资产凭证的实践尝试，通过"数据资产凭证""三方授权"等模式，以契约为载体、权属确定为内涵，构建了让各方互信的"多方授权与共识机制"以解决数据资产的确权难题。2021年11月25日，在《上海市数据条例》出台的同一天，上海数据交易所正式揭牌落地，同时在全国范围内首次推出数据使用凭证，通过数据交易凭证与数据登记凭证的发放，实现数据交易的全流程可追溯、可审查。

9.2 区块链技术下的数据资产质押融资模式

9.2.1 区块链技术介绍

区块链是源于比特币的信息技术术语，是一种底层技术。它将所有的信息都存储在一个公共账本中，使用者可以直接使用这个账本来进行数据交易、融资申请等实现日常业务的运营。区块链也被称为共识算法或安全协议。它主要利用加密数字货币作为基础。其实质是通过密码学建立分布式点对点账本、共享数据库。它具有如下特点：一是每个成员只需管理自己的账户；二是成员之间不存在信任关系；三是成员之间可以自由交换信息；四是成员间没有利益冲突。这种系统被称为分布式账本系统。所有成员都有相同的权利和义务，账簿上的交易记账由所有节点维护和执行，不受任何个体机构的控制。

区块链作为底层开发技术，其需要进行分层结构处理数据和运行。主要有五个层级结构，其名称及功能介绍如下：①数据层，存放着区块链上所有的数据信息；②网络层，包括点对点机制、数据传输和验证机制，所有资源和服务都分布在节点之间，需要它们共同维护系统；③共识层，主要是共识算法机制，在全网形成一个统一的、所有节点一致认可的规则，以此来维护和更新区块链系统这个总账本，共识机制在很大程度上决定了系统运行效率和安全性；④合约层是区块链的可编程基础，它由脚本、代码、智能合约和算法组成，智能合约原理是通过将代码嵌入系统中，设置约束条件，而不要第三方做背书，即可实现实时可操作；⑤应用层，作为实际应用的入口，使用者无须技术基础，直接可以进行业务操作。

9.2.2 区块链技术在数据质押融资的应用

经过众多参与者的实践和研究，区块链（block chain）的含义已经为大众所熟悉，是通过去中心化和去信任的方式集体维护一个可靠数据库的技术方案的统称。这类技术方案主要使参与系统中的任意多个节点，通过一串使用密码学方法相关联产生的数据块（block），每个数据块中包含了一定时间内的系统全部信息交流数据，并且生成数据指纹用于验证其信息的有效性和链接（chain）下一个数据库块。

Melanie Swan（2015）将数据发展分为三个阶段：第一阶段，数据是无序的，并没有经过充分检验；第二阶段，伴随着大数据和大规模社交网络的兴起，通过大数据的交叉检验和推荐，所有的数据将会根据质量进行甄别，这些数据将不再杂乱无章，而是能够通过人工智能算法进行质量排序；第三阶段，伴随着区块链技术的兴起，数据将采用全球共识的区块链机制进行生产、储存和运用，数据的质量将获得前所未有的提升。因而，区块链技术使实施"数据质押"的难题迎刃而解，使数据质押成为可能。

（1）确保数据的真实性。

一方面，区块链技术能够有效防止数据篡改的行为。区块链技术在没有中央控制点的分布式对等网络下，使用分布式集体运作的方法，构建了一个点对点的自组织网络。通过复杂的校验机制，区块链数据库能够保持完整性、连续性和一致性，即使部分参与人造假也无法改变区块链的完整性，更无法篡改区块链中的数据（林小驰，2016）。

另一方面，区块链技术能够有效减少数据恶意造假的行为。区块链技术下的信用评价是一个简单的数学问题，作弊不会对信用产生影响，恶意造假行为将大幅降低。具体而言，区块链技术可将"币天销毁"作为信用评价因子对交易行为数据（不区分作弊交易还是真实交易）进行分析，"币天销毁"的大小与信用评价的权重成正比。假如信用主体想通过短时间反复交易刷好评，则第一次交易的评价是有效的，历史上累积的币天在交易完成之时便已销毁。短时间内进行第二笔交易的币天积累非常小，对信用评价的贡献微乎其微。因而不管进行多少次交易，其最终效果与第一笔交易所带来的信用评价几乎一样。同理，短时间内反复交易刷差评也无法对信用产生本质影响。

（2）增强数据的安全性。

区块链技术从多个角度确保了数据的安全性。首先，区块链技术下的数据采用分布式存储方式，避免了单一服务器崩溃所产生的不确定性，数据的安全性会得到显著提升。其次，数据统一存储在去中心化的区块链上，通过私钥保证数据私密性，只有获得授权的人们才可以对数据进行访问。最后，由于在分布式网络上，每个参与节点都有一份完整数据库，须同一时间入侵51%以上的用户账本并完成数据篡改操作才能修改数据。因此，数据和用户量与修改的难度成正比，区块链的节点越多，计算能力越强，数据修改的难度就越大，数据安全性就越高。

（3）提高了数据的价值性。

区块链技术使数据成为产权清晰的资产，进而成为未来新型信用体系的基础。一方面，区块链技术让数据生产者对数据的掌控能力大幅加强，消减了数据资产认定的法律障碍。区块链能够确认数据的来源、所有权、使用权和流通路径，区块链上的数据一旦产生，便永远带着初始生产者的印记，即使经过无数次复制、转载和传播，还能对数据的生产者和拥有者进行溯源和追踪，保障了数据的交易活动。另一方面，区块链技术有效地推动了实物资产的数字公共账本登记记录，提高了数据资产计量的可行性。区块链上，几乎所有的文件或资产都能够以代码或分类账户的形式体现，不仅货币可以数据的形式表现，其他任何资产也可用数据进行定义。因而，区块链上的数据可以承载任何与价值存储及转移有关的行为，例如股权、债权、产权、版权、公证、合约，等等。

（4）促进了数据的流动性。

其一，能够减少传输成本，打破数据孤岛。区块链技术对增量区块的开放性将大大提升数据的共享水平，有利于减少数据传输壁垒成本，打破信息孤岛，建立数据横向、纵向流通机制，促进多方数据融合，逐步推动形成基于全球化的数据交易场景。

其二，能够维护数据的隐私，提高数据控制者共享的意愿。区块链技术的多种加密手段使得只有被授权者才能对数据进行读取和访问，数据的去中心化存储使得数据的使用者可以在不访问原始数据的情况下进行数据分析，等等，这些手段都从不同角度提高了数据控制者的数据共享程度。

其三，可以降低数据易复制性的交易弊端，提升数据交易的可行性。如前文所述，区块链技术下的数据是可溯源的。数据的购买者可以对数据进行查询和追溯，能够清晰地了解数据是否被使用、被复制过多少次，等等。

9.3 数据资产质押融资模式下的中小企业信用风险指标

供应链金融融资企业信用评价的特点是将主体评级和债项评级合二为一，将核心企业与其上下游的中小企业进行信用捆绑，进而达到为中小企业融资的目的。在数据质押融资模式下，不再过度注重企业的抵质押物，也推动了核心企业的去担保化，更加关注真实的交易数据和行为数据，以数据信用弥补主体信用的不足。考虑到指标的数据可得性以及主观因素的影响，借鉴前人研究的思想，为了有效地进行实证研究，我们对指标进行了简化和改进，得到了表9-1所示的指标体系，以进行实证分析，改进后的指标体系更注重对中小企业包括交易状况在内的数据信用的评估。

表 9-1 指标体系

一级指标	指标符号	二级指标	指标描述
经营能力	X_1	经营周转能力	销售收入/（预付平均余额+应收平均余额+存货平均余额）
盈利能力	X_2	销售利润率	利润总额/营业收入
	X_3	净资产收益率	税后利润/[（期初净资产余额+期末净资产余额）/2]
偿债能力	X_4	流动比率	流动资产/流动负债
	X_5	速动比率	（流动资产-存货）/流动负债
	X_6	资产负债率	负债总额/资产总额
	X_7	现金流量负债比率	年经营现金净流量/流动负债
	X_8	利息保障倍数	息税前利润/利息支出，息税前利润/利息费用=（净利润+利息费用+所得税费用）/利息费用
发展能力	X_9	销售收入增长率	（本期销售收入-上年同期销售收入）/上年同期销售收入
	X_{10}	净利润增长率	（本期实现净利润-上年同期实现净利润）/上年同期实现净利润
	X_{11}	总资产增长率	（本期总资产-上年同期总资产）/上年同期总资产
交易情况	X_{12}	前五名交易对象中稳定交易商数量	上一年度前五名交易对象仍然存在于本年度前五名交易对象中的客户数量
	X_{13}	前五名交易对象销售增长率	本年度前五名交易对象的交易额较上一年度前五名交易对象的交易额增长情况
	X_{14}	前五名交易对象中稳定供应商交易增长率	上一年度前五名交易对象仍然存在于本年度前五名交易对象中的交易商交易额增长情况

■ 课后习题

1. 尝试补充数据质押融资模式下，中小企业信用风险的评价指标。
2. 试分析基于区块链技术的数据质押融资模式，存在哪些风险点。

■ 案例分析

党的十八大以来，党中央高度重视数字经济的发展，将其上升为国家战略。2021年8月，《北京市关于加快建设全球数字经济标杆城市的实施方案》发布，提出打造中国数字经济发展"北京样板"、全球数字经济发展"北京标杆"，加快建设全球数字经济标杆城市。

2021年，浙江凡聚科技有限公司将从可穿戴产品上分析得到的沉浸式儿童注意力缺陷与多动障碍测评数据，经过数据脱敏、安全加密后存至区块链存证平台，计划许可用于儿童多动症干预治疗项目。通过担保公司增信，上海银行滨江支行通过数据资产质押形式，为其授信100万元。同年，蔚复来（浙江）科技股份有限公司将垃圾分类运营活动产生的环保测评数据，存至区块链存证平台，计划许可用于居民垃圾分类分析项目。杭州银行科技支行通过数据资产质押形式，为其授信500万元。

2022年，北京银行与中国电子技术标准化研究院及首批数据资产评估单位深入沟通，与全国首批数据资产评估试点单位——罗克佳华科技集团股份有限公司就数据资产化、数据资产抵押贷款达成合作意向，对其持有的某行业数据资产质量评价与价值评估项目资产评估报告进行分析，在市经信局、市大数据中心的指导帮助下，北京银行城市副中心分行成功落地首笔1 000万元数据资产质押融资贷款。

（资料来源：人民资讯 https://baijiahao.baidu.com/s?id=1710391589464580117&wfr=spider&for=pc）

问题分析

1. 企业管理层为迎接数据资产化时代，应做好哪些准备？
2. 分析上述数据资产质押融资案例中，银行、企业分别存在哪些风险。

■ 参考文献

[1] 张建同，丁烨，邱伟. 数据质押融资模式下的中小企业信用风险评估研究[C] //第十二届（2017）中国管理学年会论文集，2017：291-299.

[2] 李冰琨. "区块链+存货质押"的供应链金融创新发展研究[J]. 会计之友，2022（5）：155-160.

[3] 胡锦浩. 数据资产质押融资的法律障碍与立法突破[D]. 广州：广东财经大学，2022.

[4] 满红智，刘浩武，李倍林. 无形资产质押融资存在的问题与对策：以甘肃省庆阳市为例[J]. 银行家，2022（12）：122-124.

[5] 罗勇，陈治亚. 以动产质押融资为例构建供应链金融风险评价指标体系[J]. 华东交通大学学报，2013（6）：99-107.

[6] 刘明. 基于Logistic模型的供应链金融信用风险评价研究[D]. 哈尔滨：哈尔滨工业大学，2013.

[7] 李宽. 线上供应链金融信用风险综合评价研究[D]. 武汉：武汉理工大学，2014.

[8] 龙云安，张健，艾蓉. 基于区块链技术的供应链金融体系优化研究[J]. 西南金融，2019（1）：77-78.

[9] 胡启磊. 区块链技术在会计领域的应用研究：基于"一带一路"视角[J]. 财会通讯，2019（25）：104-105.

[10] 姜浩. 信用多级流转的供应链金融模式与国内实践研究 [J]. 西南金融, 2019 (9): 32-37.

[11] 曾诗钦, 霍如, 黄韬, 等. 区块链技术研究综述: 原理、进展与应用 [J]. 通信学报, 2020, 41 (1): 134-151.

[12] 马可-斯达德勒, 佩雷斯-卡斯特里罗. 信息经济学引论: 激励与合约 [M]. 管毅平, 译. 上海: 上海财经大学出版社, 1995.

[13] WANG Y, TANG C, LIN F, et al. Pool strategies selection in pow-based blockchain networks: Game-theoretic analysis [J]. IEEE access, 2019 (7): 8427-8436.

[14] 毕瑞祥, 孙君鹏. 财政支出绩效评价指标研究 [J]. 中国管理信息化, 2009 (24): 66-67.

[15] Lennon M M, Folkinshteyn D. From Bit Valley to Bitcoin: The NASDAQ Odyssey [J]. Global journal of business research, 2017, 11 (1): 85-103.

[16] 姚前. 区块链与央行数字货币 [J]. 清华金融评论, 2020 (3): 65-69.

[17] Sundarakani B, Ajaykumar A, Gunasekaran A. Big data driven supply chain design and applications for blockchain: An action research using case study approach [J]. Omega, 2021 (102): 102452.

[18] Berdik D, Otoum S, Schmidt N, et al. A survey on blockchain for information systems management and security [J]. Information processing & management, 2021, 58 (1): 102397.

10 智慧供应链金融模式

■ 学习目标

1. 了解大数据、人工智能及区块链技术在供应链金融实践中的应用前景。
2. 了解中小企业在对智慧供应链金融发展的促进作用、共享风险识别及防范。
3. 掌握智慧供应链金融发展趋势及ICT赋能的服务模式创新。

10.1 中小企业智慧供应链的信用共享风险

人工智能、大数据、区块链、云计算、物联网等新兴信息通信技术的快速应用与发展，为供应链尤其是供应链运营提供了极富创新的发展路径和手段，并直接导致供应链管理等众多领域中管理范式的转变，即供应链的智慧化。中小企业作为我国经济的"毛细血管"，在经济发展中占有重要地位，但是由于经营风险大、生存周期短等先天性不足，很难获得其他企业的认可，难以寻求合作。在面对融资成本高的情况下，中小企业仍具备"三有"的独特优势，即有订单、有技术、有前景。在这种竞争优势下，中小企业得以实现与大企业的合作，具有合作关系的大企业均为中小企业提供背书，进而提高中小企业的信用，带来更好的融资成本，形成信用共享体系。

随着智慧供应链研究领域的兴起，越来越多的人开始关注在该环境下信用共享如何能够帮助成员企业取得快速发展。目前，已有不少学者证明信用共享可以增加内部成员彼此之间的紧密性，增强其智慧供应链的稳定性，有助于企业健康持久的发展。但是，智慧供应链的信用共享在带来收益的同时，也产生了风险问题。信用共享的风险问题主要分为风险识别、风险评估及风险控制。

目前，关于智慧供应链环境下中小企业信用共享所产生的风险问题研究宽度较窄，主要集中在金融机构以及企业之间的担保、延期付款问题等方面，而暂未拓展到企业与企业之间的信用共享。在分析信用共享风险之后，需要对建立的指标体系进行评价。目前关于风险评价的方法有很多，主要可以分为：定性评价、半定量评价以及定量评价三大类，不同行业采用不同的方法进行评价分析，帮助企业全面管理和控制，当前风险评价的研究方法在不断创新，研究模型不断丰富。参与信用共享的节点企业作为独立的经济实体，总是追求利润最大化。但由于企业在信用共享过程中的信息不对称等原因，智慧供应链的企业间发生信用共享风险，从而产生逆向选择和道德风险，需要我们及时对风险进行控制。

从中小企业发展趋势来看，智慧供应链的迅速崛起以及大数据、物联网等信息的必不可少，迫切需要全面分析中小企业在信用共享过程中存在的潜在风险，完善中小企业信用共享风险理论，解决中小企业当前发展瓶颈，结合智慧供应链与信用共享特点，建立中小企业智慧供应链信用共享的风险评价模型。

10.2 智慧供应链导向的企业风险管理

智慧供应链不仅要求供应链与信息技术的高度融合，也要求企业间协同进一步深化。南方电网公司早在 2010 年的时候已经参考国内外先进同行企业的经验，结合自身的实际情况，编制了具有电网特色的供应链管理体系，旨在联合上下游企业，整合资源，实现利润的最大化。到 2019 年，"智慧供应链"的建设已经被电网公司到了发展战略目标的高度，成为电网公司重要的工作之一。但是由于供应链是由不同企业主体构成的系统，偶尔会出现企业自身利益最大化与系统利益最大化之间产生冲突的情况，因此，供应链系统内部存在一定的脆弱性，任何环节的风险都有可能影响整个供应链的运作。近年来，供应链中断的案例并不罕见，许多可能发生的事件都有可能极大地破坏公司正常的运营，当企业间合作形成一个组织联盟，风险管理体系的建设不能再仅限于企业内部管理，更要拓展深化至供应链系统中，如何有效地运用管理手段来降低供应链风险的不利影响逐渐成为学者们关注的焦点。

智慧型供应链的核心是通过信息技术手段尽可能提升企业间的沟通顺畅性和协同性，使供应链业务可以运用一个准确有效的标准去执行，尽可能降低人为因素导致的风险以及不公平的现象，最后提升企业间合作的效率问题。风险管理是企业重要的管理工具，其主要的目标是以最小的管理成本为企业生产经营保驾护航，对于会计信息的质量，保护资产的安全和完整都具有十分重要的作用。

10.3 现代 ICT 赋能的智慧供应链金融创新与发展

供应链的智慧化并非指提高单个流程效率、增强局部风险的控制能力，而是推进供应链参与者整体之间互联的深度与广度。从大量底层射频识别技术应用到更大范围互联的本地物联网（IoT）构建，到 IoT 情景下大数据、人工智能、云计算等嵌入的工业互联网，再到依托区块链技术的信任机制打造，供应链的智慧化将传统孤立的单一企业应用程序扩展到供应链范围的智慧互联系统，以实现包括人、物、信息系统等在内的供应链全实体互联、供应链全流程的数字化和供应链运营的可视化，推动供应链决策的智能化，提高整体运营效率及响应速度。在这一过程中，多种现代 ICT 手段融合性地作用于供应链整体，协同构建智慧系统的底层基础，因而"工具性"是智慧供应链的重要特征。

相比于传统供应链，智慧供应链还具有以下特征：首先，智慧供应链极大拓展了系统结构和范围，有效结合商流、物流、信息流、资金流、知识流等进行多方互动和价值共创，呈现出多相关行业、多供应链条的多主体协同；其次，借助人工智能、大数据等 ICT 手段，智慧供应链可以更好地应对复杂烦琐的运营决策问题，通过自动化、智能化收集、分析、处理供应链网络中的数据和信息，实现大规模的决策优化和高效运转；最后，智慧供应链极大地推动了供应链业务的创新发展，不仅提供整合性的解决方案以解决既有需求痛点，还衍生出更丰富的全新业务场景并创造新的价值点，如主体和范围都更广泛的供应链资金流优化。

具体而言，ICT 对供应链资产端的赋能主要体现为"底层交互客观化、末端业务自治化"，ICT 同时也对资金端进行赋能，表现为"债项结构客观化、主体信用自治化"。融合性 ICT 对供应链资产端和资金端的全面赋能，使供应链金融产生决策智能化、管理可视化、服务生态化和活动服务化的智慧效应。

■ 课后习题

1. 简述智慧供应链金融的概念、特征以及发展趋势。
2. 分析中小企业在智慧供应链金融中的共享风险识别及防范。
3. 分析智慧供应链金融中 ICT 赋能的服务模式创新。

■ 案例分析

伴随中国经济步入新常态，经济结构正从要素驱动、投资驱动转向创新和效率驱动。供给侧结构性改革是未来较长一段时期中国经济改革、实现转型升级的重要策略；2016 年 2 月，中国人民银行、国家发展和改革委员会、工业和信息化部等八部委联合发布《关于金融支持工业稳增长调结构增效益的若干意见》，国务院常务会议首次提出"大力发展应收账款融资"。外部需求巨大，且招商银行正在积极实施战略转型，急需赢得优质资产，深耕战略客户，做核心客户的核心银行。恰逢此时，付款代理业务创新推出，其深耕应收账款蓝海市场，激活优质核心企业在招商银行长期闲置的授信，绑定核心企业日常结算，帮助银行实现客户结构调整、客群拓展、资本节约、收入增长、风险管控等，并最大限度地实现了核心企业、供应商和银行的三方共赢。

而针对票据业务四大难题给予银行的进一步提示：一是企业流动资产大多，其中票据特别多，而"两小一短"（小银行、小面额、短余期）票据的经营管理很难；二是收、付两端的票据等流动资产"要素不匹配"，极大地影响了企业流动资产的流通性，导致流动资产经营管理特别难；三是在产业互联网时代，B2B 平台企业采购订单与财务支付信息割裂造成的"采购与财务分离",让流动资产经营管理尤其难;四是"大型集团跨区域集中管理"让流动资产经营管理难上加难。为更好解决摆在招商银行面前的"四大难题",招商银行随即推出了"C+智慧票据池",从问题的根源着手,深入挖掘、创新进而全面根治了票据业务长期以来的"顽疾"。

"C+智慧票据池"开创了企业"流动资产池"服务领域,并实现"动态授信、总控担保、池化融资、低风险提用"的模式创新;开创性地完善了票据池产品体系,极大地拓宽了票据池业务的服务对象。不只是单一客户票据池,更进一步拓展至集团票据池、财务公司票据池和B2B平台票据池。基于"C+智慧票据池"的"池"系列产品还在不断迭代扩充,即将实现针对出口企业信用证(L/C)托收(D/P或D/A)或赊销(O/A)等结算方式项下未到期出口应收账款,与应退未退出口退税款的"出口资产池";并结合招商银行在"现金池"领域的传统优势,实现"票据池+现金池"的全面财资管理。

具体业务流程如图10-1所示。

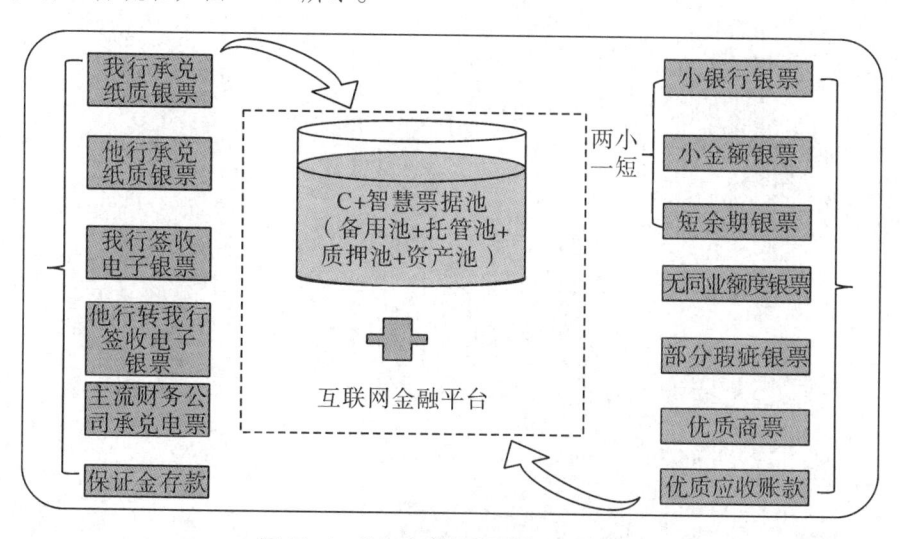

图10-1 "C+智慧票据池"业务流程

(资料来源:招商银行的"智慧供应链金融4.0",https://m.jiemian.com/article/1782495.html)

问题分析

1. 分析"C+智慧票据池"是如何攻克票据业务四大难题的。

2. 结合智慧供应链金融的概念,分析招商银行在金融服务创新中有哪些实践意义。

■ 参考文献

[1] 魏雪梦. 中小企业智慧供应链的信用共享风险评价与控制研究 [D]. 烟台:山东工商学院, 2021.

[2] 李倩. 智慧供应链导向的企业风险管理协同研究 [D]. 广州:暨南大

学，2020.

[3] 宋华，杨雨东. 现代 ICT 赋能的智慧供应链金融创新与发展 [J]. 中国流通经济，2019，33（12）：34-41.

[4] BEN-DAYA M，HASSINI E，BAHROUN Z. Internet of Things and supply chain management：a literature review [J]. International journal of production research，2019（15-16）：4719-4742.